Date Due

THE SHORT STORY IN SPAIN
IN THE SEVENTEENTH CENTURY

SMITH COLLEGE FIFTIETH ANNIVERSARY PUBLICATIONS

FORTVNA

CIGARRALES DE TOLEDO
1ª parte Com: puestos Por el
Maestro Tirso de Molina
Natural de Madrid.

VTINAM

A DON SVERO DE QVIÑO
NES Y ACVÑA, Cauallero
del habito de San Tiago
Regidor perpetuo y Alferez.
mayor de la Ciudad de leon
Señor de los Concejos y
Villas de Sena y Hibias.

FAVOR

INGENIVM

EN MADRID POR
Luis Sanchez Inpressor
del Rey Nuestro Señor
Año de 1624.

CIGARRALES DE TOLEDO, BY TIRSO DE MOLINA, MADRID, 1624

THE
SHORT STORY
IN SPAIN

IN THE

SEVENTEENTH CENTURY

WITH A BIBLIOGRAPHY OF THE NOVELA
FROM 1576 TO 1700

BY CAROLINE B. BOURLAND, PH.D.

Associate Member of the Hispanic Society of America
Professor in Smith College

NORTHAMPTON, MASSACHUSETTS

PRINTED FOR SMITH COLLEGE

M. DCCCC. XXVII

863.09
B66

TO THE MEMORY

OF

GRACE SARA WILLIAMS

FOREWORD

THE present essay attempts to characterize the seventeenth-century Spanish novela as a whole and, in addition, to discuss in greater detail some of its special aspects. It is concerned only with the short story proper, that is, with those short works of prose fiction, complete in themselves, which can properly be classed as stories because of the relative importance of the plot as an element of their structure and the restriction of the action to a central theme. The majority of these were written with the sole purpose of entertaining the reader, although, as will be shown, a few were intended to teach or to warn as well as to amuse. Certain other brief prose compositions of the period, while akin to the novela in several of its characteristics, can more accurately be included in other literary categories and for that reason are not dealt with here. Such are, for example, Quevedo's *Sueños,* the satirical character sketches of Salas Barbadillo gathered under the title of *El curioso y sabio Alejandro, fiscal y juez de vidas ajenas,* the various works of Francisco Santos and Juan de Zabaleta's pictures of customs and manners. In all these the plot interest is secondary; primarily they are either social satires or examples of *costumbrista* literature.

The main body of the paper deals with the novela

after 1613. Its history before that time has been exhaustively treated by Menéndez y Pelayo, who with his accustomed mastery has traced its rise during the fifty years preceding the publication of the *Novelas ejemplares*.[1] Cervantes' stories have been the subject of much first-class criticism: to dwell either upon them or upon the novela in the sixteenth century would be a work of supererogation. These topics have therefore received here only the treatment necessary to provide an adequate approach to the study of the short story after those of Cervantes.

Of the seventeenth-century novela after 1613 there is, I believe, no fundamental study. Ticknor[2] gives a concise summary of the Spanish short story from its origin to its disappearance in the late seventeen hundreds; Fernández de Navarrete[3] in the Introduction to Volume XXXIII of the *Biblioteca de autores españoles* discusses briefly the authors whose tales he reproduces, and Cotarelo y Mori[4] in the prefaces of his *Colección selecta de antiguas novelas españolas* has contributed valuable articles on the work of the seven *novelistas* represented in his series. There are monographs on

[1] *Orígenes de la novela* . . . por D. M. Menéndez y Pelayo. Madrid, Bailly-Baillière e Hijos, 1905-1915. (Nueva biblioteca de autores españoles, vols. 1, 7, 14, 21). Tomo II, pp. i-cxl.

[2] *History of Spanish Literature* by George Ticknor. In three volumes. Boston, Houghton, Mifflin and Company, 1871. Vol. III, chap. xxxvi, pp. 150-159.

[3] *Bosquejo histórico sobre la novela española.* Escrito por D. Eustaquio Fernández de Navarrete. Madrid, Rivadeneyra, 1854. (Biblioteca de autores españoles, tomo xxxiii, pp. v-c.).

[4] *Colección selecta de antiguas novelas españolas.* Madrid, Librería de la Viuda de Rico, 1906-1909. 12 vols.

María de Zayas[5] and Mariana de Carabajal,[6] and as I complete my manuscript, Mr. E. B. Place of the University of Colorado brings out a short but compendious essay on the short story and the *cuento* of the Golden Age.[7] But the Menéndez y Pelayo of the seventeenth-century novela has not yet arisen. The brief discussion offered here makes no pretensions to completeness. If it adds something to the existing body of knowledge about the short story in Spain, awakens fresh interest in the subject, or suggests unexplored avenues of investigation, its purpose will have been met.

I am glad to take this opportunity to thank the friends and colleagues who have helped me by suggestion and criticism or in gathering data. To Dr. Eleanor S. Duckett of Smith College I am particularly grateful for her examination of books in several English libraries to which I could not go. Miss Jessie Smith, Fellow of the C.R.B., also did me great service in scrutinizing the catalogue of the Bibliothèque Royale at Brussels. To my brother, Dr. B. P. Bourland of

[5] *Doña María de Zayas y Sotomayor. A contribution to the study of her works.* By Lena E. V. Sylvania, Ph.D. New York, Columbia University Press, 1922.—*María de Zayas, An Outstanding Woman Short-story Writer of Seventeenth-Century Spain.* By Edwin B. Place. Boulder, Colorado, June, 1923. (University of Colorado Studies. Vol. XIII. No. I).

[6] *Aspectos de la vida del hogar en el siglo XVII según las novelas de Da. Mariana de Carabajal y Saavedra.* Por Caroline B. Bourland. Madrid, Sucesores de Hernando, 1924. (Homenaje a Menéndez Pidal, Tomo II, pp. 331-368).

[7] *Manual elemental de novelística española. Bosquejo histórico de la novela corta y el cuento durante el siglo de oro.* Por Edwin B. Place. Madrid, Victoriano Suárez, 1926. (Biblioteca española de divulgación científica. VII).

Western Reserve University, I am much indebted for his assistance in the laborious task of proofreading.

C. B. B.

Northampton, Massachusetts,
September, 1926.

CONTENTS

THE SHORT STORY IN SPAIN
IN THE SEVENTEENTH CENTURY

THE
SHORT STORY IN SPAIN
IN THE
SEVENTEENTH CENTURY

The Short Story before Cervantes

THE epoch of the short story in Spain begins in
1613 with the *Novelas ejemplares* of Cervantes.
Only two collections of tales which have any title to be
called *novelas* were produced in the Spanish tongue before that time, Timoneda's *Patrañuelo* (1566?)[1] and
Eslava's *Noches de invierno* (1609),[2] and these, interesting as they are as the earliest efforts in the language
to compose stories in the Italian manner, are rather in-
genuous attempts at the novela than accomplished examples of the form. The claim made by Cervantes that
he was the first to write, in Castilian, novelas with original plots, is substantially valid: in the *Novelas ejemplares* he virtually created the genre for Spain.

Although we have no record of any collections of
original short stories in Spanish between the *Patrañuelo*
and the *Noches de invierno*, there are numerous evidences from the middle of the sixteenth century on of
an awakening taste for the brief prose narrative. Collections of "cuentos," witty sayings and anecdotes make
their appearance:[4] Timoneda's *Sobremesa y alivio de*

3

caminantes in 1563, his *Buen aviso y portacuentos* in 1564, the popular *Floresta española* of Melchor de Santa Cruz in 1574, Julián de Medrano's *Silva curiosa* in 1583, and after the turn of the century, in 1605 or possibly a year or two earlier, Gaspar Lucas Hidalgo's *Diálogos de apacible entretenimiento.* These little books won great favor. Three of them, particularly, became very popular and were reprinted again and again. The *Sobremesa,* whose success had encouraged the author to bring out the *Portacuentos,* ran through eight editions before 1609; the *Floresta* was reissued twelve times during the same period and the *Diálogos* at least five times in as many years.[5]

Story-telling, both in fiction and in real life, constitutes a form of social entertainment. Episodic tales are introduced in longer narratives or in works whose principal material is of another literary category. As early as 1561[6] the story of the Moor Abindarráez is interpolated in the *Diana,* where it is narrated by Felismena after supper for the diversion of her table companions. In 1599, by analogous devices, Mateo Alemán inserts four independent tales in *Guzmán de Alfarache.*[7] In 1604 Arce Solórceno, in his *Tragedias de amor,*[8] represents the pseudo-shepherd Eusebio as telling to the misogynist Marcelo the novela of Isabela, the daughter of the King of Scotland, a "strange and ancient" tale in defense of women, which he says he has read in Italian, French, Castilian and English. And it is needless to cite the case of the *Curioso impertinente* read by the priest at the inn table to Don Quijote's motley companions, while the knight shed the blood of mine host's wine skins on the floor above. That these and other similar instances are but the reflexion of a social custom popular at the time is abundantly shown in Lucas Gracián Dantisco's quaint little treatise on manners, *El Galateo*,[9] an arrangement for Spaniards of Giovanni della Casa's work of the same name. In the section entitled *De las novelas y cuentos* the author lays down the principles which should guide the "*gentil-hombre que se pone a contar algun cuento o fabula*," instructing him in the matters of plot construction, vocabulary and style. To illustrate his precepts he tells the *Novela del gran Soldán con los amores de la linda Axa y el Príncipe de Nápoles*, and on finishing it reminds the reader that no one individual in a group should monopolize the story-telling; each member should have his turn; moreover, however acceptable a person may be as a *conteur*, he must take care not to make a nuisance of himself by offering his services out of season or too generously.

Translations of novelas, mainly from the Italian, begin to be made. The dedication of the earliest edition of *El Galateo* is dated January 10, 1582.[10] The following year brought Francisco Truchado's Spanish version of Straparola's *Piacevoli Notti*[11] (Granada, Rabut, 1583). This was the first collection of Italian tales to be translated since the Decameron[12] and it was reprinted twice, in 1598 at Madrid and in 1612 at Pamplona. Meanwhile, in 1589, a Spanish rendering of fourteen of Bandello's tales, based on the French version of Boistuau and Belleforest and entitled *Historias tragicas* appeared in Salamanca,[13] and in 1590 (Toledo) the first two *Decadas* of Giraldi Cinthio's *Hecatommithi* were translated into Castilian by Luis Gaytan de Vozmediano.[14] This translator's interesting *Prologo al Lector* gives a clear idea of the contemporary state of fiction in his country. "Mouiome a sacarle [el libro] a luz, el ser de gusto y entretenimiento, y ver que no ay en nuestra lengua cosa deste subjecto que sea de importancia, pues son de harto poca los que llaman *entretenimientos de damas y galanes,* y pesauame que a falta de otros mejores los tomasse en las manos quien alcançò a ver las Nouelas de Iuan Bocacio que vn tiempo anduuieron traduzidas, pues va de vno a otro lo que de oro terso y pulido a hierro tosco y mal labrado. Aora tambien han salido algunas de las historias Tragicas traduzidas de Frãces, que son parte de las Nouelas del Vandelo, autor Italiano, y no han parecido mal. A cuya causa entiendo que ya que hasta aora se ha vsado poco en España este genero de libros, por no auer començado a traduzir los de Italia y Francia, no solo aura de aqui adelante quien por su gusto los traduzga, pero sera por ventura parte el ver que se estima esto tanto en los estrangeros, para que los naturales hagan lo que nunca han hecho, que es componer Nouelas. Lo qual entiendo haran mejor que todos ellos . . ."

Upon the beginnings of the Spanish short story, as was inevitable, Italian influence is paramount.[15] Of Timoneda's twenty-two *Patrañas,* thirteen are of Italian origin;[16] Gracián Dantisco's model novel is taken from the Italian;[17] Alemán's *Dorido y Clorinia* is set in Naples and is entirely in the Italian manner, while his story of *Don Rodrigo de Montalvo y Don Luis de*

Castro is founded on Masuccio's forty-first novela;[18] the germ of *El curioso impertinente* is found in the *Orlando furioso*.[19] In Eslava's *Noches de invierno* the scene, the interlocutors and a good share of the material are Italian.[20] Moreover, it heads the long list of Spanish collections of novelas in which the different stories, like those of the Decameron, are told in turn by a number of friends assembled for mutual entertainment.[21]

Cervantes: *The Novelas Ejemplares*

THE contrast is striking indeed between Eslava's ill-written tales[22] and Cervantes' twelve novelas which were printed only four years later.[23] Various in type, these range from purely realistic pictures of life such as *Rinconete y Cortadillo* to tales of a characteristically romantic order like *Las dos doncellas*. They are of unequal merit, the most successful of them being, as is usual with their author, those based upon observation. However, even the weakest of them, *El amante liberal*, with its banal plot and affected language, is in structure and characterization far in advance of any of the efforts of Cervantes' predecessors, while the best of the novelas, *Rinconete y Cortadillo*, *El celoso extremeño*, *El coloquio de los perros*, are masterpieces which it has become a commonplace to say would have established his lasting fame as a writer of fiction even if he had never produced *Don Quijote*. Indeed, the *Novelas ejemplares* represent the highwater mark of the short story in the seventeenth century, for as Cervantes overtops the earlier *novelistas*, so he remains superior to those who followed him. Not one of his successors reached the same level of attainment, none articulates his stories so well or writes with the same mastery of style; not one approaches him as a psychologist or observer; none, with the possible exception of Salas Barbadillo, compares with him in his power to depict life truly and to create character. The gamins Rinconete and Cortadillo; Monipodio; poor old Carrizales, tortured by jealousy, and crafty, "mellifluous" Loaysa; Leocadia, plucky and sensible in the midst of disaster; even the knowing dogs Cipion and Berganza — all are creations of marked individuality. Preciosa herself, although unconvincing as a gypsy, is a person. It is doubtful whether the whole body of short stories after the *Novelas ejemplares* could yield a group of characters so living and so highly individualized.

Cervantes excelled not only in delineating character, but also in describing the scenes in which his stories take place. His seeing eye and understanding heart enabled him to turn to account his great experience of life and to depict with truth and accuracy the various milieux in which his personages move.[24] The life of the Christian captives in Algiers, the thieves' community in Seville, the circumstances of daily existence in the Posada de la Sangre in Toledo are painted with a veracity which nothing but first-hand acquaintance could give. Only when he sets his scene in an unknown land, as in *La española inglesa*, does he depart from reality; for even stories like *La gitanilla* and *La ilustre fregona*, in which the plot and characters are largely conventional, are admirably true in their background and local details, while *La señora Cornelia* and *Las dos doncellas*, the most romantic and Italianate of the collection, if they have not specific local color, have, as Icaza puts it, "color de época," the color of the times.

The success of the *Novelas ejemplares* was immediate and lasting: twelve editions were made within ten years of their first appearance, and twelve more had been issued by 1665. They were translated into French as early as 1615 (the privilège is dated November 24, 1614) and into Italian in 1626. Six of them were rendered into English in 1640, presumably by James Mabbe, and a German version of *Rinconete y Cortadillo* was made in 1617.[26] But in spite of their widespread popularity, Cervantes' direct influence upon the art of short story writing in Spain in the seventeenth century was apparently but slight.[27] It was general rather than particular, and is to be found mainly in the impulse that he gave to this type of composition, not in specific imitation by subsequent writers. There is scant allusion[28] to him as a novelista in the works of his contemporaries and few traces of his plots[29] or verbal reminiscences[30] are to be detected in the later short stories, although their authors frequently followed him in tagging their tales as "morales" or "ejemplares," meaning by those adjectives not that the stories were moral in themselves but that they were designed to inculcate a moral lesson. In some cases the writer even prefaces or ends his narrative with a statement of its intended teachings.[31]

The Novela after Cervantes

WHETHER inspired by the success of Cervantes' venture, or merely following a pronounced literary current of the day, other authors began to compose short stories very soon after the publication of the *Exemplary Novels* and within a few years the country was abundantly supplied with that form of entertainment. Beginning about 1620 the novela entered upon a period of efflorescence which lasted approximately to the middle of the century. After that time fewer stories were produced and after 1665 new ones almost entirely ceased to be written, although several of the old collections were reprinted more than once and indeed continued to be reissued all through the eighteenth century. The majority of these novelas are love stories of the romantic type and vary from highly improbable fictions like Castillo Solórzano's *La cruel aragonesa* and *El Duque de Milán* to such simple pictures of domestic manners as Carabajal's *El amante venturoso*, and *La industria vence desdenes*, the more romantic types preponderating. There are a few collections which represent the picaresque tradition: Liñán y Verdugo's *Guía y avisos de forasteros en la corte*, Salas Barbadillo's *Corrección de vicios* and Cortés de Tolosa's *Novelas morales*,[32] while isolated stories of this order are found in the works of other writers.[33]

Italian Influence in the Seventeenth Century

ITALIAN influence continues to predominate in the seventeenth century.[34] Even Cervantes, whose claim to originality of subject matter is so valid, could not escape his inheritance. He owes to the Italians the novela form, the idea of reflecting life within the compass of a brief narrative.[35] Moreover, profoundly personal both in matter and presentation as are his realistic stories, his purely romantic tales (*La española inglesa, Las dos doncellas, La señora Cornelia*), are reminiscent of the Italian novelas alike in structure and quality.[36] The followers of Cervantes frequently carried their indebtedness much farther. They found in the *novelle* of Italy not only models of form but an inexhaustible supply of plots,[37] and looking upon their authors as masters in the art of story writing, again and again, in Prefaces and Introductions, expressed their admiration for them,[38] while in the tales themselves they repeatedly used Italian themes.[39] The very disclaimers of such men as Tirso de Molina, Castillo Solórzano and Pérez de Montalbán show how prevalent this practice was. Tirso in the preface of his *Cigarrales de Toledo* promises "doze Nobelas, ni hurtadas a las Toscanas, ni ensartadas vnas tras otras, como procession de diciplinantes, sino con su argumento que lo comprehenda todo," and Solórzano, in the foreword to his *Tardes entretenidas*[40] assures the reader "que ninguna cosa de las que en este libro te presento es traducción italiana, sino todas hijas de mi entendimiento; que me corriera mucho de oir de mí lo que de los que traducen o trasladan, para hablar con más propiedad." Montalbán is equally explicit in his repudiation of indebtedness to Italy,[41] but notwithstanding their denials, both he and Castillo Solórzano helped themselves each at least once to an entire Italian story, without mention of its original author.[42] Moreover, all three (Montalbán only in the *Para todos*), like almost all the other seventeenth-century novelistas, modeled the arrangement of their collections upon the Decameron,[43] that is, the novelas, plays, discussions or other diversions which constitute the book, are divided into a number of entertainments, provided in turn by a group of friends whom some particular occasion has brought together. The general fiction connecting the tales (or other pastimes) may have many variations. The company gathers now to pass the cold Christmas holidays in the agreeable warmth given off by the braseros, now to divert a convalescent friend, now to while away the torrid dog days. Or perhaps the stories are told by a group of travellers at some wayside inn. In some cases, as for instance in Castillo's *Quinta de Laura*, there is an attempt to imitate in the introductions and conclusions of the novelas the tone and style of Boccaccio's prologues and epilogues. The same author in his *Tardes entretenidas* borrows Straparola's idea of including one or two enigmas in verse in each afternoon's diversion.

Far more significant than such merely external imitation is that revealed in the body of the stories. In general tenor as well as in the use of specific episodes of frequent occurrence in the Italian *novelle*,[44] the romantic short Spanish story of the seventeenth century repeatedly makes plain its Italian ancestry: it moves among the same classes of society and rehearses the same types of incidents. Young love thwarted by parental tyranny, the hostilities of rival families, shipwrecks, capture by pirates, the reuniting of long separated parents and children, the recognition and restoration to power of hapless princes, these and other themes common in the old Italian short stories are repeated in the Spanish novela. More than this, the appropriation by Spanish authors of Italian arguments in their entirety is by no means unknown.[45] In such event the original story may either be taken over almost without change, even in place of action, or, localized in Spain, treated in the Spanish manner and invested with characteristically Spanish details, it may take on a thoroughly national tone. In both cases the Spanish *rifacimento* is likely to be considerably longer than the original, for even when no new episodes are introduced the greater discursiveness of the Spanish novelistas, their habit of developing or illustrating an idea stated simply in the Italian, generally adds not a little to the length of the story.[46]

The difference in treatment mentioned above is well exemplified in Agreda y Vargas' *Carlos y Laura* (number 11 of his *Novelas morales*) and Pérez de Montalbán's *La mayor confusión* (the fourth of the *Sucesos y prodigios*). The former is Deca V, nov. vii of Cinthio's *Hecatommithi*[47] and the latter Giornata iii, nov. iv of Sansovino's *Cento Novelle*.[48] Agreda has made no significant changes in Cinthio's plot, while he has in many passages followed so closely the language of the original that the likeness is tantamount to translation. This is clearly shown by a confrontation of the opening passages of the two versions and of other passages chosen at random:

Cinthio, Deca v, nov. vii, f. 229 v (ed. 1584).

Nel tempo, che Ludouico duodecimo Re di Francia, mandò le sue genti in Italia, frà le altre gloriose impresse, che furono fatte da Francesi, fu molto honorata la presa di Rauenna.

f. 230 v.

Menando adunque Costanza in Venetia colla buona donna, uita non pure lodeuole, & honesta, ma santa, era sempre con l'animo al suo caro marito congiunta: Ma essendo bellissima, ui furono molti Venetiani, & ricchi, & nobile, che cercarono, con ogni studio, di hauerla per moglie. Et ui furono di quelli, che usarono il mezzo della medesima donna, con cui la Costanza uiueua. La quale spesse uolte le diceua; Tu sei giouane, figliuola mia, & di tal bellezza dalla natura dotata, che mi pare cosa molto pericolosa, che tu senza marito ti stia . . .

Agreda, nov. 11, p. 578 (ed. 1724).

En el tiempo que Ludovico Duodezimo, Rey de Francia, passò con gruesso Exercito en Italia, entre otras muchas, y muy grandiosas empressas que hizieron los Franceses, fuè vna la mas honrosa, è importante, la presa de Rabena . . .

p. 591

[Viviendo] Laura con exemplar recogimiento, conservando la memoria de el difunto marido, para librarse de mil importunos ruegos, y persuasiones, empezò a divulgar su muerte, con cuya ocasion mudò el abito. Mas como era hermosissima, y gallarda, no la falta de galas, y compostura, junto con la sobra de su recogimiento, pudieron refrenar los deseos de algunos Cavalleros mozos, y ricos, que llevados tanto de su virtud, como de su belleza, viendo que otra cosa era impossible, con muchas diligencias procuraron alcançarla por esposa, y vno de ellos, que las hizo con mas deseo de que luziessen, tuvo modo de que la persuadiesse la misma parienta con quien ella estaba, de quien no podia temerse,

ni presumirse cosa menos que
justa, y que à ella le con-
viniesse; y assi con esta con-
fiança de Laura, era muy
bien escuchada, y ella con-
forme à su buen zelo, no mo-
vida de ruegos, sino de que
la parecia, que eran conformes à la razon, y à lo que à
su deuda le importaba, muchas vezes à solas le dezia;
Laura, tu eres moza, gallarda,
y de tanta hermosura, que
juzgo por muy peligroso, que
vivas sin marido . . .

Montalbán's method is totally different. Taking over
entire the unpalatable Italian tale, he has added much
material of his own, including an account of the mother's history prior to her widowhood and several episodes in the life of her son, in Flanders and in Madrid.
He has further considerably extended the story by in-
troducing letters and verses after the manner of the
Spanish novela of the day. By these changes and addi-
tions he has converted the concise, rectilinear Italian
tale of about 2,000 words into a diffuse slow-moving
recital of some 8,500, which, in its abundance and variety of incident, and in the historical method, so to say,
of its narration is typically Spanish. The transfer of
the scene from Venice to Madrid and the use of characteristically Spanish allusion and detail complete its
transformation and give a thoroughly native air to the
borrowed material.[49] For example, in praising the
swordsmanship of Don Bernardo, Montalbán says (fol.
71 r.): "Aguardòle Don Bernardo, sossegado y valiente,
por ser el mas diestro que en aquel tiempo se conocia,

como en este lo es el insigne don Luis Pacheco de Naruaez,[50] gloria y honor del mundo y a quien deue nuestra nacion su credito en esta parte, pues ha reduzido a ciencia lo que hasta aora ha sido acertar por acidente." Don Felix, the object of his mother's abnormal love, is sent by her to Flanders, the refuge of so many restless Spanish youths of the day, "no sin gusto suyo, porque deseaua ver mundo, y salir de España, por saber que nunca la patria trata a sus hijos como madre" (f. 75 r.). The description of Fulgencia (f. 81 v.), walking abroad one May morning to take the waters for her health, is like a vignette of contemporary Spanish life: "Deue de auer ocho meses, que saliendo vna mañana de Mayo con dos amigas y vna criada a curar el achaque de vna opilacion, aunque con mas deseo de ser vista que con animo de tomar el azero,[51] me vio Don Felix, y llegando a comprar vnos ramilletes en Prouincia, donde todas las mañanas de este mes ay vn jardin portatil, segun èl dixo, le pareci bien . . ." A little later she gives us a picture of herself as she went out the following day, more careful both in dress and in demeanor, since now she has an admirer (f. 81 v.): "Sali con mas cuydado assi en el vestido como en la cara, pareciendome que ya tenia quien me mirasse con alguna atencion. Lleuaua vn faldellin de damasco verde, con pretinillas de lo mismo, sombrero de color con plumas, pies pequeños, con çapatos de ambar, y sobre todo muy poco juizio."

No details of this character are to be found in the Italian original, which adheres strictly to the main theme.

Not all types of the Italian *novella* were equally

popular in Spain; those imitated or borrowed are, as a rule, of a romantic or adventurous cast. Few imitations are found of those which recount the "piacevoli beffe" so often and so successfully played by women upon their husbands, or those whose point hinges upon a witty answer.[52] Stories showing the clergy in an unfavorable light[53] were naturally not reproduced in Spain at a time when the license to print was granted only upon recommendation of the Holy Office; nor, in general, were the most grossly licentious; and even in the immoral stories borrowed the scabrous details were usually toned down or omitted. The exclusion of the more indecent novelas was, probably, at least to a certain degree deliberate, if we may judge from statements made by early translators from the Italian. Thus Francisco Truchado, in the prologue of his version of Straparola's *Piacevoli Notti,* warns the reader not to be surprised at certain changes that he may find in the text: "No os marauilleys, amigo lector, si a caso huuieredes leydo otra vez en lengua Toscana este agradable entretenimiento; y agora le hallaredes en algunas partes (no del sentido) differente: lo que hize por la necessidad que en tales occasiones se deue vsar, pues bien sabeys la diferencia que ay entre la libertad Italiana y la nuestra." Seven years later Luys Gaytan de Vozmediano, translating the *Hecatommithi,* after he has praised the stories contained therein as "muy conformes a verdad y a razon, exemplares y honestos," continues: "Honestos digo, respecto de los que andan en su lengua, que para lo que en la nuestra se vsa, no lo son tanto que se permitieran imprimir sin hazer lo que se ha hecho, que fue, quitarles lo que notablemente era lasciuo y deshonesto. Para lo que vuo necessidad de quitar clausulas enteras, y aun toda vna Nouela, que es la segunda de la primera Decada, en cuyo lugar puse la del Maestro que enseña a amar, tomada de ciento que recopilò Sansovino" (*Prologo al Lector*). Bandello's *Historias tragicas*, translated from the French version of Boistuau and Belleforest, were also expurgated by the Spanish translator, Vincente de Millis Godínez, who removed certain "cosas superfluas, y que en el Español no son tan honestas como deuieran, attento que la [lengua] Francesa tiene algunas solturas que aca no suenan bien" (*Al Lector*).

Characteristics of the Spanish Novela

IT has been shown that the Spanish novela, even if based upon a specific Italian original, may have a distinctively Spanish character; and this is naturally the more true of those which are of native inspiration. A different technique and the mention of particulars idiosyncratic to Spanish life and genius, often found even in the least realistic of the stories, stamp them with an individuality of their own. A case in point is furnished by the *Historias peregrinas*[54] of Céspedes y Meneses, which, although produced when novela-writing was still young in Spain (1623), reveal no trace of Italian suggestion. Based as their author claims upon real events that occurred in the cities in

which they take place, they are Spanish in spirit, sub-
ject-matter, setting and manner of telling. Even in external arrangement they diverge from the Italian tradition, for instead of following the popular Decameron-
esque grouping, the stories are entirely separate; each is
laid in a different Spanish city, a short historical account of which precedes the novela.

Whether original or borrowed, the novelas of the romantic order have certain typical characteristics. They
are marked, generally speaking, by multiplicity of incident and frequent shifting of scene, two features
common also to the drama of the period. The plot is
likely to be loosely constructed and to be burdened with
digressions or extraneous episodes which are very detri-
mental to the structure of the story, although in many
cases interesting to the student of social history for the
light they throw upon contemporary conditions. Letters, usually love letters, quoted *in extenso*, are often
introduced, as well as verses, which may be texts of
serenades or of songs sung in social gatherings, poems
recited for the entertainment of friends or used by
lovers as vehicles to express their feelings of joy or of
despair. These interpolations, without adding much to
the substance of the novela, retard its action and greatly
extend its length, which is often further increased by
the method *à tiroir* employed in their telling. A single
story sometimes includes two or three almost independent narratives, in which certain of the characters give
their life histories up to the time of their appearance
upon the scene. These autobiographies not only tend
to make the story very long but also to keep the centre

of interest shifting from one person to another, and thus to produce an impression of non-coherence in the action greater than exists in reality, since the different threads are usually brought together at the end of the novela and the various personages find the solution of their individual problems in the general dénouement.[55]

The characters of the stories of this variety have, as a rule, little personality; they are types, not individuals, and it is hard to remember them since they have in the main the same mental and physical attributes, identical accomplishments and similar experiences. Among the many figures a few, of course, stand out as characterized with greater truth and vividness. Several of Lope de Vega's personages, for example, fix themselves in the reader's mind because of the warmth and sincerity with which their emotions are painted. Such are the lovers, Diana and Celio, of *Las fortunas de Diana*, and Felisardo, the hero of *La desdicha por la honra*, an aristocratic youth, who, prosperous in love and in his political career, suddenly discovers that he has Moorish blood. His mortification and dismay are extreme and are feelingly drawn by Lope, who takes occasion to state (through another character) his conviction that no stigma attaches to such an inheritance, since it is a man's life and not his birth that determines his worth.[56] The attribution of Moorish blood to a Spanish romantic hero is in itself enough to differentiate Felisardo from the conventional protagonist and the views expressed by the author still further distinguish him from the rank and file. Doña Mariana de Carabajal, one of the least known novelistas of the time, has also occasionally succeeded in endowing her creations with a genuine personality. Her story *La industria vence desdenes* is a veritable picture of domestic manners. The characters of the efficient Doña Guiomar and her petulant daughter Beatrice are like portraits from life, and the relation of mother and daughter, with its ups and downs of mutual affection and irritation, is nature itself.[57] Generally speaking, however, there is little to distinguish one hero or one heroine from another, and the Claras, Leonardas, Elviras of Montalbán, Castillo Solórzano, Zayas, Lozano and the rest, seem cut from the same piece of cloth.[58]

In style, as has been suggested, the Spanish romantic novela is usually deliberate and explicit. There is relatively little dialogue, as conversations are more frequently reported than quoted directly. There are, however, many long stretches of narrative in direct quotation. The language shows in many passages the influence of the bad taste prevalent at the period. While written in general straightforwardly enough in the purely narrative portions, the opening sentences and the paragraphs intended to express great emotion are often florid in the extreme, and marred by excessive use of classical allusions or rhetorical figures.[59] Few writers escape altogether the influence of the new "estilo culto," and even Cervantes succumbed more than once to the fashionable temptation to use high-sounding apostrophes and exaggerated and antithetical expressions.[60] Long and involved sentences and the abuse of comparison and metaphor are faults frequently found in the novelistas who followed him, even in the works of so competent a man as Castillo Solórzano,[61] an author who many times showed himself capable of clear and simple expression, and who was sufficiently alive to the absurdities of "cultismo" to satirize it at length in one of his novelas.[62] Among the short story writers of the time, Lope de Vega is one of those least affected by the new vogue. Few traces of gongorism are to be found in his stories and in several passages he speaks slightingly of that style of writing.[63]

Reminiscences of the pastoral novel occur occasionally, notably in some of the novelas of Lope de Vega and of his disciple, Pérez de Montalbán. The second episode of *Las fortunas de Diana* is entirely in the pastoral vein, a style which Lope evidently admired, for he says at one point of the narrative: "Pareceme que le va pareciendo a V. merced este discurso mas libro de pastor que nouela, pues cierto que he pensado que no por esso perdera el gusto el sucesso, ni que puede tener cosa mas agradable que su imitacion" (p. 22). Montalbán's *La villana de Pinto* and *La prodigiosa*[64] both show the influence of the pastoral. The former is set in the country; the hero and heroine, both nobly born, appear during certain episodes of the story in the guise of country folk, and respectively utter their amorous plaints in verse to the trees and breezes, quite in the manner of the usual pastoral lovers. *La prodigiosa* recalls the type in the descriptions of nature at the beginning of the novela, and in the figure of the heroine, a "pastorcilla" who sings romances of unrequited love and turns out to be a princess.

The Novela as a Picture of the Times

FOR the modern reader the greatest interest of the seventeenth-century novela lies, I think, in its portrayal of contemporary manners, in which word I would include both the daily customs and the ethical and social standards of the time. Like the dramatists of the Golden Age, the short-story writers had little historical sense or realization of the differences in national psychologies. They may set their stage in Scotland or in Muscovy, but the customs they describe are those of their own country and their characters are seventeenth-century Spaniards.

In stories of the picaresque type we naturally look for a truthful reflexion of certain aspects of contemporary life; and such we find, for example, in Liñán y Verdugo's *Guía y avisos de forasteros en la corte* and in Salas Barbadillo's *Corrección de vicios*, which acquaint us with the environment and practices of various types of undesirables, while they also give us occasional glimpses of the more honorable and fortunate classes of society. From the romantic novelas, even from those in which the episodes described are obviously imaginary, considerable information may be gathered incidentally about the living conditions, behaviour and points of view of the bourgeoisie and the aristocracy.[65] In its entirety the seventeenth-century short story affords a fairly comprehensive picture of the life of these classes in the cities and towns. It tells us little of the peasant[66] or the villager, whom we generally see, if at all, not in his own habitat, but as the victim of sharpers at the capital.[67]

Family relations are represented more completely and more naturally in the novela of the seventeenth century than in the drama of the same period, in which the picture of domestic life is both incomplete and distorted, owing to the almost total elimination of the mother and the stereotyped behavior of father to daughter and brother to sister. The conventions of the *comedia* do, it is true, also obtain not infrequently in the short story, but they are not inevitable. Several stories suggest, if they do not describe, the mutual relations of a family group, and in these the mother, when there is one,[68] plays her normal role, while the ties of affection between the various members are close and strong as they are in the Spanish family today.[69] Although the organization of the household is patriarchal, its head is not necessarily an unreasoning tyrant. He may be a fond husband,[70] and a loving father, who is on terms of friendly companionship with his son, indulgent to his daughter, and sometimes even under her thumb.[71] Brothers play not only the role of implacable guardian of the family honor, but that of affectionate comrade as well. Truly fraternal relations exist between them and their sisters. They promote each other's interests: a brother sacrifices his share in the family inheritance to give his sister a competence; sisters help their brothers in their love affairs.[72] It must be admitted, however, that even a good brother is likely to feel a proprietary right over his sister and to resent, for example, her arranging her marriage without his knowledge and consent. Such independence of action on the part of a young woman is the source of the complications and misfortunes which occur in Agreda y Vargas' *El hermano indiscreto,* the early pages of which paint one of the pleasantest pictures of family relations to be found in the novela. They show us an aristocratic family of Granada, composed of a father and his two children, a son and a daughter. Devotedly attached to them both, he gives as one of his son's titles to his love the young man's attentions to his sister, who is the apple of her father's eye: "grandes son las obligaciones que tengo a mi hijo, por la obediencia grande que siempre me ha mostrado, por las pocas pesadumbres de que me ha sido causa, por la afable cortesia, con que, como galan, sirve a su hermana, dirigiendo las demas y esta accion a mi gusto, sabiendo, que es ella la cifra de todas en las que puede agradarme . . ."

This youth, one Don Juan de Vargas, is typical of the well-born young man who, as the protagonist of most of the romantic novelas, is the character most completely presented in the short story of the times. We see him not only as son and brother, but as lover, friend and enemy; we learn of his social and moral standards, his daily occupations, his accomplishments, his relaxations and his vices. He appears most frequently in the role of lover, and in this capacity the novela adds little to our conception of the young hidalgo of the seventeenth century. He is the typical South European gallant, prone to fall in love at first sight, hot in pursuit, and capable of the extremes of fidelity and of fickleness. Like Romeo he is at the mercy of his feelings,[73] and like Mercutio easily offended in his dignity and reckless of his life. In friendship the caballero has high standards. Friends are the greatest blessing he can possess,[74] and true friendship, "la amistad estrecha," lays binding obligations upon those who profess it. Such friendship implies perfect trust and a confidence without reserves even about the most personal concerns; and a lack of such complete confidence is just cause for resentment.[75] Upon one subject, however, the caballero's code permits him to maintain silence, and that is about the women of his household, his wife, his sister or other female relative: "que es platica digna de escusarse al mayor amigo." It would naturally be indecorous to speak ill of them, and to praise them to a male friend is to invite trouble. On the same grounds, he should avoid bringing his friends to his house, especially if they are young.[76] As for his enemies, ideally at least, the well-bred young man never disparages them or treats them otherwise than with courtesy, "que no ay agravio que la niegue al mas conocido enemigo";[77] and he is merciful to a fallen foe.[78] In short, to sum up here his moral qualities, the perfect caballero is brave, truthful, liberal, loyal, kind, well-spoken and discreet.[79]

Being human, he naturally often falls short of these standards. Both Montalbán and Salas Barbadillo complain of the stinginess of the caballero ("En Madrid," says the latter, "no dan sino los relojes"),[80] and lying and slander are frequently mentioned as vices of the aristocracy.[81] It must, moreover, be admitted that the gentleman's code allowed strange inconsistencies. Its principles of truthfulness and fair dealing did not, of course, extend to women, whom the novela not infrequently pictures as victims of his cruelty and disloyalty; but even in the relations of men to each other it countenanced curious contradictions. Céspedes y Meneses, for example,[82] tells us that the two Mendoza brothers, who are represented as the very pink of caballeros, discontented with the style in which their father supported them, connived with their servants to rob him of his best horses, harnesses and silver plate. With these they fled from the family estate to Madrid where they set up an establishment of their own more in accord with their notions of what was becoming to their rank. As they were both "bizarrisimos mozos, lindos ginetes, diestros en todas armas, callados, comedidos y en extremo valientes," they at once became the darlings of the capital. They were applauded and backed by their relatives and as no proof of their guilt was obtainable, were able within a short time to compel their father by legal means to grant them an allowance adequate for their maintenance on their own terms. It sometimes happens, too, that the duties of the Christian and the caballero are mutually inconsistent: "como ofendido, y Cauallero," says one of Montalbán's characters, "parece que tenia obligacion de matarle; pero como Catholico, la tuue de suspender el braço para que se saluasse."[83]

A gentleman was expected not only to have a high ideal of conduct: much also was required of him as a physical and social being. He is always an expert swordsman, and indeed needed to be at a time when duelling and street brawling were affairs of the com-

monest occurrence. He is likewise skillful in the use of
the lance, both of the jousting lance and the shorter
rejón used in bull-fighting, and is a master of horse-
manship in both types of saddle. He knows how to play
several musical instruments, perhaps the harp and the
vihuela or the guitar; and he is proficient in the complicated evolutions of such dances as the *gallarda, capona,
canario* and *pavana.*[84] About his schooling, reading or
other intellectual pursuits the novelas reveal little. We
may gather from them, however, that the sons of the
wealthy received their early education from masters at
home[85] and that many well-born young men continued
their studies later at Salamanca or Alcalá. In a few instances we are told that the hero is given to books or is
a pretty Latin scholar,[86] but as a rule, both the process
of his education and his intellectual interests are matters of inference and not of statement. Among the
imaginative short stories I have read I remember only
one that has as protagonist a caballero in residence at a
university, namely Sanz del Castillo's *El estudiante
confuso.*[87] Even here student activities as such have no
part in the plot, which is romantic. The story is, however, evidently written from first-hand acquaintance
with the city of Salamanca and the ways of her famous
school, and makes one or two references to university
customs which are not without interest. Such are the
"vejamen de extranjero" (in this case a kind of verbal
hazing), to which foreign students were subjected and
in which even ladies sometimes took a hand, and the ad-
mission of women to the cloisters of the schools upon
certain festal occasions.[88] The hero is an aristocratic

young Florentine, a student of canon law, and is accompanied even at lectures by his personal servant. For attendance "a escuelas" he dons his long scholar's robe. A few meagre details like these seem to be the only trace left upon the romantic novela by the student life of the caballero, a circumstance due perhaps to the fact that episodes of his university career were likely to furnish stuff rather for picaresque stories than for romantic.

Among the young gentleman's daily occupations are practice at arms (jugar las armas), horseback riding (your true caballero despised the effeminate carriage) and gallantry. The theatre and the promenade, "Comedias, Calle Mayor y Prado," also form a part of his usual program.[89] Towards noon he goes to mass and in the church lobby, or even within the edifice itself, has an opportunity to address compliments (which are not resented) to the young women who pass him with their duenna on their way to mass,[90] or to enter into conversation with his friends,[91] for, to the scandal of the pious, the church frequently served as a meeting place for friends, lovers, and even for persons who had business to discuss.[92] The talk of the young men turned upon all sorts of topics: current events, the foreign and domestic policies of the nation, the theatre and women, bad and good,[93] and was apparently carried on with entire indifference to the sacred character of their surroundings. In such conversations slander and backbiting had their part, for scandal mongering was a fault of the day in respect to which the caballero was a sad sinner, although it was regarded as a great blemish in a man of gentle birth.[94] This was particularly true if its

victim was a lady, since one of the natural obligations
of his status was to defend women and their good name
even at the risk of his life.[95]

Games of various sorts helped to fill the caballero's
busy day. He played at *trucos,* a kind of billiards, at
bowls, *argolla, pelota* and dice; but far more absorbing
than any of these was gambling at cards, a prevalent
vice during the period covered by the novela, and in-
dulged in without fear and without reproach by all
classes. Young men of the best families squandered
time and money in the *casas de conversación*[96] and *casas
de juego* and were not infrequently wounded or killed
in quarrels that arose around the gaming table or by
robbers lying in wait outside the house.[97] These might
be the very persons to whom shortly before the lucky
player had distributed *barato,* a share of his winnings,
for gambling houses were infested with a low type of
idler who lived upon such munificence.[98] It was even apparently not inconsistent with the dignity of a gentleman
to maintain a gambling house, provided he exercised a
certain discretion in the choice of his clientèle.[99] Contemporary short stories contain considerable censure of
this engrossing habit, but although it may have been
frowned upon by the stricter portions of society, none
of the novelas represent any young man as losing
prestige because he practised it.[100] Young women, however, dreaded gambling as the destroyer of domestic
happiness and were fearful lest in the selection of a husband for them the choice might fall upon a man ad-
dicted to this dangerous pursuit.[101]

Neither ethics nor religion seems to have restrained

the caballero in his relations with women. There was little or no public opinion against the sowing of wild oats in any form and if the testimony of the novela is to be trusted, the young gentleman of the period, however distinguished his family or his personal attainments, did not feel himself dishonored by casual episodes of the basest character.[102] So uncritically assumed in the short stories is moral carelessness on the part of young men that the discovery in a novela of Montalbán's of a youth who has qualms of conscience about his loose living comes as a surprise.[103]

As counterpart to the youthful caballero, the novelas give us a picture of the well-born young girl of the period, in whose portrayal, however, due allowance must be made for the conventional idealization of the heroine in romantic fiction, and for the fact that the world of the seventeenth-century short story is in the main a man-made world.[104] As we see this young person in the novela, she is generally from sixteen to twenty years old. Her life is hedged about with conventions and is largely confined to her own home where she lives in real or feigned submission to her father, brother or mother. No matter how aristocratic her family, she learns how to wash, sew, embroider, and manage the house.[105] She has also frequently the more ornamental accomplishments of singing, dancing and playing one or more musical instruments, and is sometimes represented both as composing and reciting verses.[106] The latter attainments and the many letters she exchanges with her lover imply her ability to read and write, and we may assume that "book-learning" of this elementary character was common,[107] although we find it suggested that women's penmanship was poor,[108] and it is certain from more than one passage in the novelas that fathers discouraged or forbade their daughters learning to read and write, because they considered these accomplishments dangerous to their morals.[109] On the part of the girls themselves there was evidently some desire for at least the rudiments of education. María de Zayas conveys the impression in several passages of a real thirst among women of her class for educational opportunity and for their recognition by men as intelligent beings. One of Montalbán's heroines gets her brother's servant-companion to teach her to read, and Andrés de Prado represents even two young courtesans as longing for the same accomplishment.[110] Two or three of the young women in the novelas read as a pastime, Liñán's Leonarda (*Novela* 14), Montalbán's Lisarda (*Al cabo de los años mil*), and Céspedes' Floriana (*El desdén del Alameda*).[111] Zayas and Carabajal make frequent reference to the native intelligence, liveliness of mind and wit of the young girl, and although in the stories by men these traits are mentioned less often, it is probable that she possessed them then as she does now.

A well-born young woman left the house comparatively little, and of course, never alone. Unless the family had a private chapel — and this was by no means unusual — she went every day to mass at church, accompanied by an older relative, by an escudero, duenna or other servant. Girls exchanged familiar visits with young friends of their own sex and also attended religious festivals, wedding parties, balls, theatrical performances and certain other public spectacles such as bull-fights, equestrian parades and cane tourneys, in which gentlemen of their own class took part.[112] These sallies into the world afforded the young lady an opportunity to become acquainted with members of the other sex, with whom otherwise she had little opportunity for contact.[113]

Although "el recato," modesty and discretion of demeanor, is the characteristic most admired in the young woman of the time, her most striking trait, as she is represented in the short stories, is her intensity and rashness in love. Victim of a social system which forbade all natural friendly intercourse between young men and women, and which relegated to her father or brother the selection of her husband, she does not hesitate to resort to deceit and stratagem and to run the gravest risks in order to escape a hateful marriage or to secure as her husband the man upon whom she has set her affections. The early stages of her acquaintance are usually carried on by letters of which trusted servants are the bearers.[114] These are followed by clandestine interviews by night at the grated window or in the garden. Finally, having received from her lover "mano (or "fe" or "palabra") de esposo," a formal promise of marriage, often given in the presence of a witness, or before a crucifix or other religious symbol, she admits him to her room. From that time on she refers to him as her "esposo" and maintains marital relations with him with little or no sense of wrongdoing, since she regards herself as his wife.[115] Men, too, often look upon this

C

sort of marriage agreement as binding and redeem their promise, sometimes even after long years of enforced separation.[116] The male relatives of the young woman were, however, not optimistic on this score, and the complications of the plot usually arise from the actual or impending discovery of the relation of the lovers by the girl's father or brother.

These circumstances, which recur again and again in the seventeenth-century novela, improbable as they seem to the modern reader, may well have had some foundation in fact. "Crecio el amor," says Lope de Vega with evident sincerity, "cultiuado de la vista y de las priuaciones de la execucion de los deseos, en conuersaciones largas que tantas honras han destruydo y tantas casas abrasado."[117] The restrictions under which young girls lived were severe and moral standards relaxed. Moreover, as Icaza puts it, "lo novelesco estaba en la atmósfera de España,"[118] and occurrences, if not entirely parallel to those of the short stories, still fully as remarkable, are on record in contemporary documents. Witness, for example, the following extract from a letter written by Barrionuevo, under date of December 12, 1654 (vol. 1, p. 172): "La Princesa de Esquilache, viuda de su primo, el hijo de D. Melchor de Borja, la tenía su agüelo en un encierro o reclusión notable en su casa, porque no se casase contra su voluntad. Salió un día de estos a misa, y a la vuelta se apeó en casa del Conde de Galve, donde halló al Duque de Ciudad-Real y al cura, que les desposó sin amonestaciones con un Breve del Señor Nuncio. Hacía grande frío aquel día, y acostaronse luego por arroparse mejor, que la mujer del de Galve es hermana del de Ciudad-Real. Fué tan secreto este casamiento, que si no es una dueña por donde se carteaban, nadie lo supo hasta que se halló hecho. Mucho lo ha sentido el agüelo; pero es tan viejo, que le acallarán presto como a niño." Other extraordinary incidents of a distinctly novelistic character are told in letters dated August 8 and 16 and October 17 of the same year.

The novelas give us occasional interesting glimpses of older women, competent persons who coöperate with their husbands in the management of their affairs,[119] direct the family if he is an invalid, or, in the event of his death, administer the estate as executrix and even increase its value, the better to dower their daughters. If left without property, they are frugal and industrious in the conduct of their households, and not above eking out a meagre income or entirely supporting themselves and their children by sewing and embroidering.[120] If there is no grown son, the widow as head of the family looks to the preservation of its honorable name,[121] arranges the marriages of her children, and even goes to Madrid "a pleitar" or "a pretender" — i.e., to carry on a lawsuit or to solicit from the king some reward for her dead husband's services to his country.[122] Other minor figures on the large canvas of the novela are the numerous servants and other dependents that helped to make up the ménage of the well-to-do: the duennas, squires, lackeys, pages and general servants of both sexes, and the slaves, male and female, usually of Negro or Moorish blood. Relations of friendly familiarity not infrequently existed between masters and servants, the latter participating in the family pleasures or even contributing to them by getting up entertainments of various sorts for the amusement of the household and its guests.[123] Certain servants were on the most intimately confidential terms with their young masters and mistresses and, depending upon the degree of their honesty or venality, were great factors for good or for evil in their lives.[124] The duenna particularly, both because of her respectable years and her peculiarly close relation to her young charge, might either stand between her and disaster or be a valuable ally in her intrigues. The latter is the role played by the Dueña Hernández in Lugo y Dávila's first novela, *Escarmentar en cabeza ajena,* and the author remarks, after describing her (p. 35), that duennas are "strange folk" and that it is almost impossible to find one without an overwhelming array of faults. Fully as strange a figure to us is that of Octavio in Castillo Solórzano's *Tardes entretenidas.*[125] Hardly a servant, yet not a social equal, he is a kind of sublimated buffoon, who is clothed and fed gratis in the houses of the rich, where he is always welcome because of his wit and his accomplishments.

The short stories depict not only contemporary types of men and women but also many conditions and usages current both among private individuals and in the country at large. Written during a period which coincides almost exactly with the reign of Philip IV, they reflect the various characteristics of those years of Spain's political decline: the general interest in different forms of aesthetic expression — in music, painting, poetry and the drama — the love of pleasure, the extravagance and luxury, and the widespread moral degeneracy. The rottenness of the social fabric is described of set purpose in the graphic scenes of Liñán y Verdugo's *Guía y avisos de forasteros en la corte,* so often referred to in these pages, and is also suggested incidentally in frequent passages of other novelas, both realistic and imaginative.

As has already emerged, the romantic novelas are rich in details about the daily life of the gentry. From them we may reconstruct in a large measure the domestic life of the comfortable classes and learn of their physical living conditions, their habits of social intercourse, the style of their clothes and hairdressing, even their tastes and their fads. They give us, for example, an idea of their houses and gardens, and particularly of the rooms in which they carried on their social life.[126] These were often hung with valuable Flemish tapestries — towards the middle of the century sometimes with paintings and engravings — and were provided at one end or on one side with a slightly raised platform called the *estrado* which was reserved for the women. This was furnished with hangings and with cushions upon which the ladies of the family sat at their embroidery or when entertaining their friends. The men occupied chairs on the floor[127] and it was considered a compliment to a gentleman not a member of the family to be invited by a lady to join her upon the *estrado*.[128] In winter Turkish carpets were sometimes spread upon the floor, and heat was furnished by great braziers of silver, a metal so recklessly used, for household objects, since the reign of the Catholic sovereigns, that frequent pragmatics had been issued forbidding its application to such purposes.[129] Other domestic articles made of the same precious material mentioned in the novelas are *velones* (lamps), *candeleros* and *blandones* (candlesticks of different sizes), and *bufetillos* (a kind of small table).

Within doors the gentlefolk amused themselves in mixed companies with "academias"[130] and other pastimes such as story telling, reciting verses, singing and dancing.[131] The two latter arts apparently played a great part in the social life of the time. The friends assembled might play, dance, and sing themselves, for mutual entertainment; or these accomplishments might be exhibited before them by the servants of the house or by persons hired for the purpose.[132] Out of doors, picnics at country houses or along the river, were among the favorite forms of private diversion. The public sports of the time, bullfights, cane tourneys, equestrian parades, riding at the ring and the like are often referred to in the short stories and are sometimes described with the minuteness of an eyewitness' report.[134]

The elaborate fashions shown on the canvases of the time find their counterpart in the costumes worn by the heroes and heroines of the novelas. Made of costly materials like silk, satin, plush, gold and silver cloth, they are described as variously slashed and trimmed with embroideries, fringes, braid, appliqué work, frogs and clasps. As a part of their complicated coiffure, women used numerous adornments of ribbon, such as *colonias* and *mariposas* and jeweled bands called *apreta-*

dores.[135] Jewelry was much in vogue even for men, who wore diamond chains and buttons and hatbands set with diamonds.[136] Rings and gold chains were frequently given as rewards and valuable trinkets as prizes.[137] Perfumes were also much in use; especially ambergris, which is continually spoken of as employed for scenting garments of all kinds, even shoes,[138] and toilet accessories such as gloves, purses (carteras), and "pockets" (bolsos). An individual's "good odor" is mentioned as a probable indication of his gentility.[139]

Of the popular fads of the day, the most striking mentioned in the novelas are the passion of women for riding in carriages[140] and their craze for chewing the shards of certain vessels made of porous clay called *búcaros,* a mania so fashionable that ladies are said to have lost prestige who did not practise it. Overindulgence in this strange habit brought on various disorders, of which the chief was anemia. For this trouble the treatment, also often referred to in the short stories, was exercise and "taking steel," that is some preparation of iron, generally, to judge by the stories, water or some other liquid containing iron either in tincture or reduced to a powder.[141] Other vogues mentioned are the wearing of very high-soled mules (chapines) by women[142] and excruciatingly tight shoes by men.[143] The extreme care which the latter gave to their moustaches is also noted and the use of gum or of the newfangled *bigoteras* to make them stand erect.[144] María de Zayas tells us that bull dogs(?) were fashionable[145] and Agreda that it was "the thing" for husbands to address their wives as *prima* instead of as *esposa.* He also alludes with scorn to the fact that among "los Poderosos" husband and wife occupied separate rooms.[146] A fashion, though not a fad, referred to by Zayas in 1637 as a "curiosidad usada en la corte," was that of having one's portrait painted.[147] Portraits also enter into the stories of several other writers and the general interest in painting at the time is suggested by the fact that characters in two of the novelas are represented as owning collections of pictures,[148] and also by the allusions to paintings and engravings as wall decorations instead of tapestries.

Love being the main theme of most of the short stories, there are few which do not allude to the customary practices of gallantry, particularly to the lover's habit of haunting the street in which his lady lives. By day he walks up and down before her house, and sometimes, with the help of his friends, engages in athletic exercises and feats of skill beneath her window;[149] by night he offers her serenades, performed by himself, if he has musical ability, and if not, by his servants or by hired musicians.[150] We may indeed study, in one of the least known of the novelistas, all the steps of a courtship en règle as it is carried on in good society, from its incipiency through the festivities that follow the marriage ceremony.[151] The description of these post-nuptial celebrations is particularly interesting as it shows that the historic *tornaboda* (celebration at the house of the bridegroom's family) still existed in modified form at the middle of the seventeenth century.

Turning from the picture of domestic manners presented in the novela to that of conditions obtaining generally in the country, we find that this also tallies with historical record. Morality was at a low ebb. Even the romantic stories reveal the vicious conditions which prevailed, in their references to robbers who infested the countryside and even the very outskirts of Madrid,[152] and to the ease with which hired assassins could be had,[153] while their repeated descriptions of the duels and street brawls which were provoked by the most trivial causes show the appalling lightness with which life was held. Stories of this type, as well as the more realistic narratives, tell of the idlers of all sorts of which the court city was full. "Pretendientes" (solicitors of royal favors) and "pleiteantes" (litigants) flocked to the capital, the former often old soldiers who came to beg preferment of the king as reward for services in Flanders or in other remote possessions of the crown.[154] These strangers frequently contributed to the immorality of the city either by their own bad ways or by giving encouragement to the courtesans, bullies, marriage brokers, false lawyers, venders of sham articles and "gold bricks," astrologers, thieves and grafters of every sort, to whose machinations the innocent among them fell victim.[155] So-called witches and necromancers also played upon popular credulity, for the belief in magic had considerable acceptance even among the more intelligent. Several instances are cited in the novelas of recourse to such persons, whose spells are sought both to induce love and to cause harm to an enemy.[156]

The activities of the "ronda" (night watch) are often referred to, sometimes with praise for its efficiency, but more frequently with scorn for its incompetence. Made up of an *alcalde* (mayor) and of several *alguaciles* (constables) and *corchetes* (policemen), it patrolled the city at night with a lantern and so much clatter that the law-breakers, warned of its approach, had a fair chance to escape.[157] The constables come in for contemptuous treatment at the hands of several of the novelistas: Castillo Solórzano tells of one who was too cowardly to follow an escaping offender into a dark doorway;[158] Agreda y Vargas speaks of another who was amusing himself in the house of a courtesan when he should have been upon his rounds, "for this is the best sort of patrolling they usually do";[159] while Salas Barbadillo, who had personal acquaintance with the tribe, observes that a certain girl who associated with demons during the day, consorted with an alguacil at night so as not to change her company.[160]

Whatever the efficiency of this, or of other agencies of the law, offenders of all classes had a wholesome fear of "la justicia." Aristocrat and commoner, brave and cowardly, alike dreaded to fall into its clutches, and with reason. Arrests were often made upon suspicion, torture was used to extract confession and circumstantial evidence had great weight. Liñán's account (Novela 4) of the arrest for murder and condemnation on purely circumstantial evidence of Filardo, is more than matched by the historical case of Amada described in Barrionuevo's letters dated August 15, 19, 22, 29, and September 9, 1654.[161] The fictitious Filardo was saved by the timely intervention of a friend, but the historical Amada's innocence was established only after

he had been executed and his hand nailed to a pole
opposite the palace of his supposed victim. The terrible
severity with which crime was punished is instanced
more than once in the short stories. Lashes with six
years' service in the galleys or with life imprisonment
are mentioned as penalties for thieving;[162] lashes with
six years' exile from Madrid for defamation of an honorable person;[163] death is imposed for attempted rape
or for seduction and kidnapping.[164] As Liñán reminds
us, the whipping of criminals was regarded as a spec-
tacle and people hired windows from which to witness
it along the route to be followed by the wretched crea-
tures during their punishment.[165]

Two thoughts were evidently continually present in
the mind of the seventeenth-century Spaniard: danger
of attack by Moors upon the sea, and the opportunity
of military service abroad, most frequently in Flanders,
though sometimes in Italy. Capture by pirates had been
a theme often treated in fiction from the time of the
Greek novel, and its revival in Spain in presence of the
reality was natural. A majority of the novelistas of the
time, in at least one story, use as main subject or as an
episode capture by corsairs with the ensuing period of
bondage in Moorish territory;[166] and in many other
novelas there are incidental allusions to such events.
Flanders furnished a refuge for fugitives from justice
and a field of activity for the adventurous or disaf-
fected, the ambitious or the unhappy.[168] Young men
seek military service in the Low Countries as an opportunity to win their spurs and later a reward from the
King.[169] Younger sons of great families go there in the

hope of gaining a personal distinction which shall make them independent of their older brothers;[169] and unhappy lovers to find distraction from their sorrows in the alarms of war or in death.[170] But the conditions that favored the rise of the strong permitted the easy disintegration of the weak; the temptations to loose living were many and we find the hero of one story saying: "después que me perdí en Flandes."[171]

Conclusion

A SURVEY of the Spanish short story of the Golden Age leads to the conclusion that while many of the novelas have specific features of interest, few if any can be regarded as of the first rank. Lugo y Dávila, for instance, may be read not only because he is one of the earliest of the novelistas and almost the only one definitely to imitate Cervantes, but for local color and for the excellence of some of his pen portraits, like that of the Dueña Hernández in *Escarmentar en cabeza ajena*. The novelas of Agreda y Vargas, in spite of their tiresome style, are valuable as revealing the attitude toward life of a high-minded aristocrat of the period. Himself of distinguished family, this author, both in the persons of his heroes and in his frequent long digressions, shows his conception of the moral and social obligations laid upon a gentleman by his status and also of the exceptional treatment due him because of his noble birth. The *Historias peregrinas* of Céspedes y Meneses stand out for their interesting plots, good character drawing and distinctively Spanish tone. They are among the rare stories of the time that arouse in the reader any curiosity about their outcome, although their long sentences and heavy style detract somewhat from his pleasure in their perusal. Lope de Vega's four tales were composed merely to please his mistress Marcia Leonarda (Marta de Nevares Santoyo). He did not regard prose fiction as his field, and laughs at himself for trying to write novelas. But lightly as he considered them, they reveal a personal quality and a mastery of expression not to be found in his more fertile and less self-critical contemporaries in this field. Frequently interrupted by whimsical remarks addressed directly by the author to the lady Marcia Leonarda, the stories have both humor and charm of presentation. The personages are well conceived and begin by being lifelike and natural. But they fall off in verisimilitude as the plot becomes more involved and conventional through the introduction of various commonplace devices and episodes, such as the disguise of the heroine as a man, capture by Moorish pirates or the murder of an unfaithful wife by her husband.

Castillo Solórzano, the most prolific of the seventeenth-century novelistas, is perhaps more important for the quantity than the quality of his work. An excellent writer in the picaresque vein, his purely imaginative stories are often extravagant and improbable. Although they show considerable skill in plot construction and are agreeably written in the main, they rarely hold the reader's attention, and are interesting chiefly for the incidental information they give about contemporary conditions. *El proteo de Madrid*, a picaresque novela, and *El ayo de su hijo*, which smacks somewhat of the same genre, are among his most successful tales. He wrote nine collections of novelas but no one of them was printed more than three times. Montalbán's two volumes, on the other hand, were reprinted again and again until the end of the eighteenth century. Conventionally romantic in plot, it is hard to account for the extreme popularity of these stories, although they are written in an easy and discursive, if sometimes over-ornamental style.[172] That they were a great success, however, is clear from the number of editions made and from the fact that one of them, *La mayor confusión*, was attributed to Lope de Vega, as Montalbán himself tells us.[173] Ticknor refers to another, *La desgraciada amistad*, as "one of the best in the language."[174] Another writer praised for manner if not for matter, is Matías de los Reyes.

Each of the two women writers, María de Zayas and Mariana de Carabajal, makes a special contribution to the literature of the short story. The novelas of María de Zayas, much the more vigorous intellect of the two, are perhaps better known outside of Spain than those of any other novelista of the Golden Age except Cervantes. Written with facility and variety, they seem to me inferior both in substance and in structure. Their author, nevertheless, possessed some skill in character drawing, and in Don Marcos, the protagonist of *El castigo de la miseria*, created a miser who has been suggested as the possible inspiration of Harpagon.[175] Zayas' stories, particularly those of the *Parte segunda*, possess great interest as documents because of her intense feminism, truly a strange note in seventeenth-century Spain. The best of Carabajal's *Navidades*, while they have no pretensions to style, have the virtues of simplicity and truth to nature. They are especially interesting in their delineation of feminine character and in their reflection of domestic manners.

A few of the collections of novelas are didactic in intention. This is true of the little volume composed in the leisure hours of his soldier's life by Ensign Baltasar Mateo Velázquez and entitled *El filósofo del aldea y sus conversaciones familiares*. These unassuming tales deal with such subjects as the bringing up of children, marriage, good and bad government, etc. They are written with agreeable simplicity and give considerable information about contemporary customs. More important from this point of view are the graphic pictures of Liñán y Verdugo's *Guía y avisos de forasteros en la corte*, which throws more light on the life of the times than any other single group of short stories.

To the category of satirical-didactic fiction belong in general the works of Alonso Gerónimo de Salas Barbadillo, undoubtedly the subtlest intelligence among the seventeenth-century short story writers after Cervantes. Looking upon life with a keen and ironic eye, Salas Barbadillo gave expression to his versatile talent in prose and in verse, in plays, longer novels, short stories and satirical character sketches. His earliest novelas are those contained in the *Corrección de vicios* (1615), a volume made up of eight short stories interspersed with brief moralistic treatises on the vices and foibles of the time. Three of the novelas are in verse. Of the prose narratives, the first and most interesting is *La dama del perro muerto,* an unforgettable portrayal of the courtesan Teodora and of certain humiliating episodes in her career. Novelas three and eight, *El escarmiento del viejo verde* and *La niña de los embustes,* are picaresque stories which depict the machinations of the old *Celestina* Emerenciana and her apt young pupil Teresa, types of character apparently highly congenial to the pen of the author. The two remaining tales, much less interesting, are satires on pretentiousness and lying.

The *Casa del placer honesto,* published five years after the *Corrección de vicios,* includes poetry, novelas and dialogues in verse. The best of the six stories are the first, *Los cómicos amantes,* a tale in the spirit of Boccaccio, the second, *El coche mendigón y envergonzante,* a satire on the excessive use of coaches by women, and the fourth, entitled *El gallardo montañés,* a condensation of the ideal portrait of a gentleman drawn by the author in *El caballero perfecto.* The fifth is a purely romantic novela in the Italian manner and the two remaining are satirical tales whose main figures are respectively a slanderer and a blockhead. Episodic stories are scattered here and there through Salas Barbadillo's other works and are found, for example, in *La ingeniosa Elena, Fiestas de la boda de la incasable mal casada, La estafeta del dios Momo* and *El caballero perfecto,* Pt. II.[176]

With these and with the remaining productions of

his many-sided and original genius this study is not concerned, although it might almost include his *Don Diego de noche* and *La ingeniosa Elena, hija de Celestina,* for the former is in reality a series of separate stories with a single hero and the latter, if long for a novela, is short for a picaresque novel. It may be recalled here that this is the story made famous by Scarron as *Les Hypocrites.*[177]   His biographer Morillot praises it as the best short story of the seventeenth century and one of the few of the author in which we find "des caractères fortement tracés."   "Avec quelle vérité," he exclaims, "il a dépeint ce sinistre trio qui exploite Tolède, Madrid, Séville!"   And he goes on to say: "Le bienheureux Montufar est donc l'ancêtre direct de Tartuffe, et par conséquent d'Onuphre: il est digne de leur être comparé."[178]

NOTES

NOTES

1. See Bibliography. The earliest edition of the *Patrañuelo* known to exist at present is that of Alcalá, 1576. The *approbatio* of this edition, however, is dated Valencia, 1566, and as Mayans y Siscar in his *prólogo* to *El pastor de Fílida*, Valencia, 1792, p. lxii refers to an edition of Valencia, 1566, it has been assumed that there was an edition of that time and place. If this never existed, the first collection of novelas produced in the Spanish peninsula was probably in Portuguese, not in Castilian, namely, Gonzalo Fernandes Trancoso's *Contos e historias de proveito & exemplo*, 1575(?). See Menéndez y Pelayo, *Orígenes*, t. II, pp. lxxxvii-xcvii, and *Trancoso*, Paris-Lisboa, 1921 (Antología portuguesa) with bibliography of all the editions of the *Contos*, pp. l-liv.

2. See Bibliography. Menéndez y Pelayo, *op. cit.*, p. lviii et seq., says that at least four somewhat important collections of *cuentos* appeared between the *Patrañuelo* and the *Novelas ejemplares*. Those referred to are Trancoso's *Contos e historias de proveito*, 1575(?), Gaspar Lucas Hidalgo's *Dialogos de apacible entretenimiento*, 1605, the *Noches de invierno*, 1609, and Sebastián Mey's *Fabulario*, 1613. I have eliminated Trancoso's *Contos* because they are in Portuguese, Hidalgo's *Dialogos* as a collection of witty sayings and anecdotes rather than novelas, and Mey's *Fabulario* because, while it does contain two tales in the Italian style, it was printed, like the *Exemplary Novels* in 1613 and is of slightly later date, if one may judge by the two *aprobaciones:* that of Cervantes' stories is dated July 9, 1612, and that of the *Fabulario*, January 20, 1613. In the same year, but with *privilegio* of 1607, were published the curious symbolical-didactic fictions of Diego Rosel y Fuenllana, entitled *De varias aplicaciones*, etc. (See

---

Only works not listed in the Bibliography are given with full title in the Notes. Collections of novelas cited without mention of the edition used are included in Cotarelo's *Colección selecta de antiguas novelas españolas*. Other volumes of stories frequently referred to are quoted in the following editions: Agreda y Vargas, *Novelas morales*, Madrid, 1724; Carabajal y Saavedra, *Novelas entretenidas*, Madrid, 1728; Castillo Solórzano, *La quinta de Laura*, Madrid, 1649; Liñán y Verdugo, *Guía y avisos de forasteros en la corte*, Barcelona, 1885; Lope de Vega, *Novelas*, ed. J. D. and L. A. Fitz-Gerald, Erlangen, 1913; Pérez de Montalbán, *Successos y prodigios de amor*, Barcelona, 1640; *Para todos*, Alcalá de Henares, 1661; Isidro de Robles, *Varios prodigios de amor*, Barcelona, 1760; Salas Barbadillo, *Casa del plazer honesto*, Barcelona, 1624; *Corrección de vicios*, ed. Cotarelo y Mori, Colección de escritores castellanos, Madrid, 1907; Zayas y Sotomayor, *Novelas ejemplares y amorosas*, Paris, 1847. Older editions specifically referred to are cited with the spelling, accentuation and punctuation of the originals. Otherwise modern usage has been followed.

Bibliography). These are told to one another by a group of four gentlemen met together in a garden at Madrid. Their main intention is moralistic.

3. ". . . yo soy el primero que he novelado en lengua castellana; que las muchas novelas que en ella andan impresas, todas son traducidas de lenguas estranjeras, y estas son mías propias, no imitadas ni hurtadas: mi ingenio las engendró y las parió mi pluma, y van creciendo en los brazas de la estampa." (*Novelas ejemplares.* Leipzig, Brockhaus, 1883, Prólogo, p. ix.) One artistic short story in Spanish did, however, exist before the *Novelas ejemplares,* namely the anonymous *Historia del Abencerrage y de la hermosa Jarifa,* found in the *Inventario* of Antonio de Villegas, *privilegio,* 1551, first edition, 1565. On the possible connection of an incident of this story with an Italian source see J. P. Wickersham Crawford: *Un Episodio de El Abencerraje y una "novela" de Ser Giovanni,* Revista de filología española, X, 281-287.

4. *La Zucca del Doni,* an Italian book of this type, had been translated into Spanish in 1551, and another, Guicciardini's *Horas de recreacion* came out in the same language in 1586. Cf. Menéndez y Pelayo, *op. cit.,* pp. xviii and xx.

5. Cf. Menéndez y Pelayo, *op. cit.,* pp. xli, n. 1, lxiv, n. 4, and cxvii, n. 1. The *Buen aviso y portacuentos* was reprinted with a critical Introduction by Dr. R. Schevill in the *Revue Hispanique,* 1912. Vol. 24, pp. 171-254.

6. Cf. Menéndez y Pelayo, *Orígenes,* vol. I, pp. cdlxii-cdlxiii with note and vol. II, p. 306 and note.

7. Those of *Osmín y Daraja,* Pt. I, ch. viii; *Dorido y Clorinia,* Pt. I, ch. x; *Don Rodrigo de Montalvo y Don Luis d Castro,* Pt. II, ch. iv, and *Bonifacio y Dorotea,* Pt. II, ch. ix.

8. Tragedias | de amor, de | gvstoso y apacible | entretenimiento de historias, fabulas, etc. | . . . Compvesto por el Licen-|ciado Iuan Arze Solorzeno | . . . En Madrid, Por Iuan de la Cuesta. | Año M. DC. VII. | 172v.-190v. (The corresponding reference in the *princeps* (1604) is f. 126r.-138r. The Boston Public Library owns a copy of this but it lacks the title-page.)

9. GALATEO | Español. | De lo que se deue hazer, y guar-|dar en la comun conuersacion | para ser bien quisto y ama-|do de las gentes. | Compuesto por Lucas | Gracian de Antisco, | criado de su Ma-|gestat. | Woodcut. | Con licencia del Ordinario. | En Barcelona, en casa de Pablo | Malo, Año, 1595. | A costa de Bernat Cuffana Librero de | lante la Diputacion. | This little book, whose *princeps* dates probably earlier than 1593, was reprinted a score of times before the end of the eighteenth century. (See Salvá, *Catálogo,* vol. II, nos. 1834-1839, and the Library of

the Hispanic Society of America, New York). It was translated into English in 1640 by William Style, and "adapted to the manners of the British Nation" in 1778 by C. Wiseman, with the title: *"Narcissus, or the Young Man's Entertaining Mirror."* In the edition referred to here, the *Novela del gran Soldan,* etc., occurs f. 68v. It may be recalled in this connection that Timoneda described his *Patrañuelo* as a collection of stories "para saber contar el sabio y discreto relatador." Almost fifty years later the Portuguese, Rodrigo Lobo, devoted *Dialogo X* of his *Corte na Aldea* (*princeps,* 1619), to a discussion "Da maneyra de contar historias (i. e., novelas) en conversaçaô." cf. Menéndez y Pelayo, *op. cit.,* pp. xcvii-xcviii.

10. Cf. Salvá, *Catálogo,* vol. II, no. 1834.

11. PRIMERA | PARTE DEL HO-|nesto y agradable entretenimineto | de Damas, y Galanes. | COMPVESTO POR IOAN FRANCIS-|co Caruacho, Cauallero Napolitano. Y traduzido de | Lengua Toscana en la nuestra Vulgar, por | Francisco Truchado vezino | de Baeça. | Coat of arms. | CON LICENCIA. | En Pamplona, en casa Nicolas de Assiayn, Impressor | del Reyno de Nauarra, y a su costa. Año 1612.

12. The Decameron was first printed in Spanish in Seville in 1496. Reprints were made in Toledo, 1524; Valladolid, 1539; Medina del Campo, 1543; and Valladolid, 1550.

13. HISTORIAS | Tragicas exemplares, | sacadas de las obras del Bandello | Verones. Nueuamente traduzidas de las | que en lengua Francesa adornaron | Pierres Bouistau, y Francisco | de Belleforest. | Contienense en este libro catorze Historias nota-|bles, repartidas por capitulos. | Año (Printer's mark) 1589. | Con Priuilegio Real. | En Salamãca, por Pedro Lasso impressor. | A costa de Iuan de Millis Godinez. | Esta tassado en —. | For a very detailed description of this book see Menéndez y Pelayo, *op. cit.,* pp. xxii-xxiii. The Boston Public Library owns a copy with shelf-mark **G. 4075.7.

14. PRIMERA PARTE | DE LAS CIEN NOVE-|LAS DE. M. IVAN BAPTISTA GI | raldo Cinthio: donde se hallaran varios discursos de en-| tretenimiento, doctrina moral y politica, y senten-|cias, y auisos notables. Traduzidas de su len-|gua Toscana por Luys Gaytan de | Vozmediano. Dirigidas a don Pedro Lasso de la Vega, señor de las villas de | Cuerua y Batres y los Arcos. | Escudo. | Impresso en Toledo, por Pedro Rodriguez. 1590. | Acosta de Iulian Martinez mercader de libros.

15. Cf. Menéndez y Pelayo, *op. cit.,* p. cxxxvii: "No faltan elementos indígenas en las colecciones que quedan reseñadas (i. e., those preceding the *Novelas ejemplares*) pero lo que en ellas predomina es el gusto italiano. Y aun pudieran multiplicarse las pruebas de esta imitación, mostrando cómo

se infiltra y penetra hasta en las obras de temple más castizo, y que son sin duda emanación genuina del ingenio peninsular."

16. Namely numbers 1, 2, 3, 6, 7, 8, 13, 15, 18, 19, 20, 21, 22. Cf. Menéndez y Pelayo, *op. cit.*, pp. li-lviii.

17. *Ibid.*, p. cxxxix: "Esta novela es seguramente de origen italiano."

18. Cf. supra, n. 7. and Menéndez y Pelayo, *op. cit.*, p. cxxxviij, n. 2.

19. Cf. *El ingenioso hidalgo Don Quijote*, etc., ed. "La Lectura," t. 3, p. 171, note.

20. Cf. Menéndez y Pelayo, *op. cit.*, p. cxxii: "Todo en el libro de Eslava anuncia su filiación italiana; nadie diría que fué compuesto en Navarra," etc. It may be said here that both Trancoso's *Contos* and Mey's *Fabulario* (see above, n. 2) also show marked evidences of Italian influence. For a discussion of Trancoso's use of Italian stories, see Menéndez y Pelayo, *op. cit.*, pp. lxxxix and xcv-xcvi. On Mey's *Fabulario*, see the same work, pp. xcix-cxvi, and Milton Buchanan, *Modern Language Notes*, June and November, 1906, pp. 167-171 and 201-205.

21. Although Eslava's *Noches* is the first collection of Spanish novelas to be thus grouped, it is not the first Spanish book of entertainment in which a similar arrangement is adopted. The jests and anecdotes of Hidalgo's *Dialogos de apacible entretenimiento* (1605) are also told in turn by a group of friends gathered for mutual cheer. But the *Dialogos* are not short stories. Cf. Menéndez y Pelayo, *op. cit.*, pp. cxvii et seq., and above, n. 2.

22. Of Eslava Menéndez y Pelayo says, *op. cit.*, p. cxxii; "Eslava, cuyos argumentos suelen ser interesantes, es uno de los autores más toscos y desaliñados que pueden encontrarse en una época en que casi todo el mundo escribía bien, unos por estudio, otros por instinto."

23. For studies of all the novelas, see: *Las novelas ejemplares de Cervantes, sus críticos*, etc., por Francisco A. de Icaza, Madrid, 1901; *Las novelas ejemplares*, ed. Schevill and Bonilla, 3 vols., Madrid, 1922-1925, Int., vol. I; Paolo Savi-López, *Cervantes* (trans. Solalinde), Madrid, 1919, pp. 133-166; *Exemplary novels:* Translated by N. MacColl. Introduction by Fitzmaurice Kelly. Gowans and Gray, Glasgow, 1902. Studies of special novelas: *Rinconete y Cortadillo*. Ed. crítica por Fr. Rodríguez Marín. Seville, 1905; *La ilustre fregona*. Ed. crítica por Fr. Rodríguez Marín. Madrid, 1917; *El casamiento engañoso y El coloquio de los perros*. Ed. anotada por Fr. Rodríguez Marín. Madrid, 1918; *El casamiento engañoso y El coloquio de los perros*. Ed. crítica por G. de Amezúa y Mayo. Madrid, 1912; *Cervantes, El licenciado Vidriera*. Edición, prólogo y notas de Narciso Alonso Cortés. Valladolid, 1916.

24. Cf. Icaza, *op. cit.*, pp. 98, 112, 126, 137, 152-153, 181.

25. *Ibid.*, pp. 190 et seq.

26. Cf. *Bibliografía crítica de las obras de Miguel de Cervantes Saavedra* por D. Leopoldo Ríus. 3 vols. Madrid, Librería de Murillo, 1895-1904. Vol. I, pp. 329, 350, 340 and 345. The six stories translated into English were: *Las dos doncellas, La señora Cornelia, El amante liberal, La fuerza de la sangre, La española inglesa* and *El celoso estremeño. El curioso impertinente* had been translated into French in 1608. Cf. Ríus, vol. I, p. 329.

27. Cf. Icaza, *op. cit.*, pp. 235, 249 and 270.

28. We may recall once more Tirso de Molina's threadbare allusion to Cervantes in the *Cigarrales* (Madrid, 1624, pp. 193-194) as "nuestro español Bocacio," and mention the reference to the *Novelas ejemplares* in Lugo y Dávila's *Teatro popular, Introducción a las novelas* (ed. Cotarelo p. 21): "Aunque los italianos, dijo Celio, con tanto número de novelas pudieran excusarnos hacer nuevas imaginaciones e inquirirnos nuevos sucesos en la antigüedad, hallamos en los griegos dado principio a este género de poemas, cual se ve en la de *Teágenes y Cariclea, Leucipo y Clithophonte;* y en nuestro vulgar, el *Patrañuelo, Las Historias trágicas,* Cervantes y otras muchas."

29. In the same work (vol. I, p. 327, n. 10), Cotarelo shows that novela 4, *La hermanía*, is an imitation of *Rinconete y Cortadillo*, and he also states (prologue, p. xxiv), that novela 7, *El andrógino* is "not a little like" *El celoso estremeño*. But while it is possible that a few details at the beginning derive from Cervantes, the story is in fact Firenzuola's Novela seconda: *Fulvio se innamora in Tigoli, entra in casa della sua innamorata in abito di donna: ella trovatolo maschio si gode sì fatta ventura; e mentre d'accordo si vivono, il marito si accorge che Fulvio è maschio, e per le parole sue e d'un suo amico si crede che e' sia divenuto così in casa sua; e ritienlo in casa a' medesimi servigi per fare i fanciulli maschi."* — Salas Barbadillo's *La peregrinación sabia* may have been suggested by *El coloquio de los perros*, to which, however, it has little likeness (cf. Icaza, *Salas Barbadillo, La peregrinación sabia y El sagaz Estacio, marido examinado.* Madrid, La Lectura, 1924. Clásicos castellanos, v. 57, Prólogo, pp. xl-xliv); and it is certain that the *Coloquio* inspired Luis de Belmonte's *Historia del perro Cipión*, the first of twelve novelas, all of them now lost (cf. Icaza, *Las novelas ejemplares*, p. 249, and Fitzmaurice Kelly's *Introduction* to N. MacColl's *Exemplary Novels*, p. xxxviii with n. 1). The traces left by the *Novelas ejemplares* on the drama, both of Spain and of other countries, are considerable. See Icaza, *Las novelas ejemplares*, pp. 251-268, MacColl, *op. cit.*, pp. xxxviii-xxxix, and L. Ríus, *op. cit.*, vol. 2, pp. 325-380.

30. Of the *Quijote*, however, several such verbal reminiscences are found. For example the famous passage occurring in Pt. I, chap. xviii, is imitated by Castillo Solórzano in *La cautela sin efeto* (Noches de placer, p. 69) as follows: "Este que ves armado de todas piezas, terciar la pica al hombro y la mano izquierda ocupar el pomo de su cortadora espada, es el belicoso Manfredo, rey de Sicilia, que teniendo guerras con el rey de Nápoles, se ostenta así a su poderoso ejército para animar a sus soldados a una batalla que espera dar a su contrario.—Este que debajo de aquel dosel de brocado ocupa la vista en la lectura de aquel libro que tiene entre sus manos, cercado de otros muchos que ocupan el bufete que tiene delante de sí, es el estudioso Roberto, rey de Bohemia, doto en varias ciencias, experto en saber hablar muchas lenguas y erudito príncipe en todo lo especulativo, con que tiene siempre una profunda melancolía. — Este que oprime los lomos de aquel andaluz caballo, y le bate los dos hijares en la veloz carrera, es Ladislao, rey de Polonia, cuya inclinación es hacer mal a caballos; espérale una desgracia en este ejercicio que le costará la vida. — Este que entre las flores de aquel oloroso jardín va formando dellas un oloroso ramillete, es Alberto, príncipe de Albania, poco dado a las armas, mucho a las delicias y regalos, por donde perderá el reino brevemente, tiranizándosele un hermano suyo menor. — Este que vestido de pieles miras luchando con un fuerte oso (ejercicio en que siempre se ocupa), es el valiente Pinabelo, hijo segundo del rey de Escocia, vecino tuyo, áspero de condición y temido de los vasallos del rey, su padre." Other briefer examples are found in Solórzano's *El proteo de Madrid*, Tardes entretenidas, ed. Cotarelo, p. 183, and Salas Barbadillo's *Don Diego de noche*, Barcelona, 1624, f. 2 v. Cotarelo, Lugo y Dávila, *Teatro popular*, p. 333, calls attention to that author's translation in *El andrógino*, p. 197, of the passage of Boethius immortalized in Cervantes' version in *Don Quijote*, Pt. I, chap. xi: "Dichosa edad y siglos dichosos aquellos, etc."

31. Cf. among others Agreda y Vargas' *Novelas morales*, and Castillo Solórzano's *Tardes entretenidas*.

32. These stories are not always "picaresque" in the strict sense of the word, since not all of them have a *pícaro* as protagonist. But as the episodes they describe or the milieu in which they are set (or both) are those characteristic of the picaresque novel, I have not thought it amiss to apply this adjective to them.

33. For example, Lugo y Dávila, *La hermanía* (Teatro popular, nov. 4); Castillo Solórzano, *El proteo de Madrid* (Tardes entretenidas, nov. 3); María de Zayas, *El castigo de la miseria* (Novelas, Parte primera, nov. 3); Sanz del Castillo, *La muerte del avariento* (La mogiganga del gusto. nov. 4); Andrés de Prado, *Ardid de la pobreza* (Meriendas del ingenio y entretenimientos del gusto, nov. 6); Agreda y Vargas, *El viejo enamorado*

(Novelas morales, nov. 12); Alcalá y Herrera, *La carroza con las damas* (Varios efetos de amor, nov. 2); Camerino, *El pícaro amante* (Novelas amorosas, nov. 2).

34. I have not attempted to examine any possible sources of Italian influence other than the *novelle*, and have not considered at all the question of possible French influence, deriving either from short stories or from other types of literature. The presumption seems to me against any French influence of importance. Except the *Histoires tragiques* of Boistuau and Belleforest I do not find evidence that collections of tales in French were translated into Spanish before 1600 (see above, p. 6, the excerpt from the prologue of the translation of the *Hecatommithi*), and it cannot be assumed that the Spaniards could read them in the original as they could the early Italian stories.

35. As Icaza puts it (*Las novelas ejemplares*, p. 98): "Los italianos sugirieron a Cervantes la idea de que la vida era novelable." He reiterates this statement with further comment in *Salas Barbadillo*, etc., Prólogo, pp. xxiii-xxiv.

36. Cf. Icaza, *ibid.*, pp. 140, 160 and 188, and MacColl, *The Exemplary Novels*, Int. pp. xxx and xxxii, where (p. xxxii) Fitzmaurice Kelly refers to *La señora Cornelia* as "apparently an effort to beat the Italians on their own ground." — E. B. Place, *Manual de novelística*, pp. 40-45, also deals with Italian influence in the *Novelas ejemplares*.

37. Cf. note 28, above.

38. Cf. C. B. Bourland, *The Decameron*, etc., pp. 193 and notes.

39. I have not attempted to study this point exhaustively, but even a cursory investigation furnishes ample confirmation. For the use in Spanish short stories of plots from the Decameron, cf. C. B. Bourland, *The Decameron*, etc., pp. 189-192. For Italian themes in María de Zayas see E. B. Place, *María de Zayas*, etc. The following are also based upon the Italian: Agreda y Vargas, *Novelas morales*, novs. 1, 4, 5, 10 and 11, which are respectively, Bandello *Novelle*, Part II, nov. 9, nov. 37, nov. 25; Cinthio, *Hecatommithi*, Deca 2, nov. 2; Deca 5, nov. 7; Lugo y Dávila, *Teatro popular*, nov. 7, which is Firenzuola, nov. 2 (cf. note 29, above); Castillo Solórzano, *El pronóstico cumplido* (Noches, nov. 4), whose original is Sansovino, *Cento novelle*, Giorn. 7, nov. 4; *La cruel aragonesa* (Jornadas, nov. 3), which combines ideas from Sansovino, Giorn. 9, nov. 6, and Bandello, Pt. I, nov. 42; and the last episode of *La libertad merecida* (Jornadas, nov. 4), which is suggested by Bandello's famous story of Don Juan de Mendoza, Bandello, Pt. II, nov. 44. Pérez de Montalbán, *Sucesos*, nov. 4, is based on Sansovino, Giorn. 3, nov. 4 (cf. p. 13, above). *El médico de Cádiz* (Lugo y Dávila, Teatro popular, nov. 6) also seems to me ob-

viously of Italian origin, although I have not identified its specific source. It will be remembered that in Castillo Solórzano's *Las harpías en Madrid* one of the characters tells the story of *Filiberto y Madama Flor*, which he had read in the *Cento novelle* (Giorn. 6, nov. 10).

40. *Cigarrales de Toledo*. Madrid, 1624, f. 8 v. (unnumbered). *Tardes entretenidas*. Ed. Cotarelo, p. 13.

41. Cf. Pérez de Montalbán, *Sucessos y prodigios de amor*, Prologo, which reads: "Lector amigo, ai te presento ocho Nouelas, que llamo Sucessos y prodigios de Amor, ellas te diran lo que son, y de ti fio que las darás lo que merecieren. Solo quiero que me agradezcas, que no las has de auer visto en la lengua Italiana: culpa de algunos que las escriuen, no sin agrauio de la nuestra, y de sus ingenios, pues para cosa de tan poca importancia piden a otras naciones pensamientos prestados; deue de ser porque con solo el trabajo de traduzir (que en mi opinion es lo mismo que trasladar) se hallan Autores de libros, como si el titulo no los desmintiera. Lo que te suplico es, que si hallares algunos defectos, assi en el estilo, como en la sustancia, los mires piadosamente, disculpandome contigo los pocos años: y si a caso te agradàren porque cumplen con lo que intentan, y al parecer de Quintiliano, *Abunde dixit quisquis rei satisfecit*, siruete de darme toda la alabança, porque, como te he dicho, no tiene parte en ellas, ni Bocacio, ni otro Autor estrangero. Vale."

42. Cf. p. 13 and note 39, above.

43. Cf. C. B. Bourland, *The Decameron*, etc., p. 196, note.

44. Such as the concealment of the lover in a chest and the burial of a girl apparently dead, either as a result of natural causes or of taking a soporific, and her revival.

45. Cf. note 39, above.

46. Cf. the comparative texts on p. 14, above.

47. Cf. *Hecatommithi ouero Cento Novelle di M. Giovan Batista Giraldi Cinthio*. . . . In Venetia, M.D.LXXXIIII. Appresso Fabio y Agostin Zoppini Fratelli, f. 229 v.: *Giglio Lvchini in Ravenna con dve figlivoli à fatto prigione; La Moglie si salua, si credono tutti morti & con molta consolatione si ritrouano tutti uiui in bonissimo stato.*

48. Cf. *Cento novelle scelte da piv nobili scrittori della lingva volgare* . . . M. D. LXXI. In Venetia, Appresso gli Heredi di Marchiò Sessa. f. 58 r.: *Madonna Lisabetta vedova rimassa, del figliuolo s'innamora, ilquale d'una fanciulla seruente della madre fieramente innamorato, con lei trouar credendosi, con la madre si giace, & ne nasce una figlia, dellaquale il figliuolo, fratello, padre, & marito ne deuiene.* This repulsive story seems to have been a favorite. In a slightly different version it appears as the

30th tale of the Heptameron and the 35th of Bandello's *Novelle*, Pt. II. The same plot was used by Horace Walpole in *The Mysterious Mother*. On these and other appearances of the theme see Dunlop, *History of Prose Fiction*. Revised by Henry Wilson. London, G. Bell and Sons, 2 vols. Vol. II, pp. 219-224.

49. In 1707 the last paragraph of this story, as it had read up to that time, was suppressed by the Inquisition. It ran thus (f. 88 r.): "Leido el papel, quedo el afligido don Felix qual puede considerar aquel que sentimiento tiene, boluio en si, y aduirtiendo que se hallaua en la mayor confusion que jamas se auia oido, como era jouen de claro entendimiento pensò en su remedio, acudiendo a hombres doctos, los quales le dieron el consejo que conuenia para su quietud: el qual siguio los años que Dios le dio de vida con segura y sana conciencia." Editions printed after 1707 (see Bib.) ended with the last words of the "papel" referred to above: "y no quieras viuir como barbaro, ofendiendo al cielo y a la naturaleza." A *Nota* follows saying: "Lo que falta en esta Novela, esta prohibido por el Santo Oficio."

50. Luis Pacheco de Narváez, the famous fencing master of Philip IV. He wrote, besides several treatises on fencing, a romantic novel entitled *Historia exemplar de las dos constantes mvgeres españolas*, Madrid, Imprenta del Reyno, 1635. Cf. Gallardo, *Ensayo*, etc. Vol. III, no. 3308.

51. Cf. f. 81 v. On the expression "Tomar azero," see p. 39, above, and note 141, below.

52. These, however, had been frequently used in the Spanish collections of anecdotes or miscellanies. Cf. Menéndez y Pelayo, *op. cit.*, pp. xliii-xlv, and C. B. Bourland, *The Decameron*, etc., pp. 189-192.

53. There are few figures of priests in the seventeenth-century Spanish novela, and I recall only one in which a churchman is represented in an unflattering light, namely Pérez de Montalbán's *La desgraciada amistad* (Sucesos y prodigios de amor, nov. 6).

54. Cf. Bibliography.

55. As examples, cf. Alcalá y Herrera, *La peregrina hermitaña*, Varios efetos de amor, nov. 4; Pérez de Montalbán, *La desgraciada amistad*, Sucesos y prodigios de amor, nov. 6; Castillo Solórzano, *La fuerza castigada*, Noches de placer, nov. 8; and *El obstinado arrepentido*, Jornadas alegres, nov. 5.

56. Cf. Lope de Vega, *Novelas*, p. 46.

57. Cf. the novela *passim* and C. B. Bourland, *Aspectos de la vida del hogar*, etc., p. 337.

58. Characters of other writers which have a distinguishable personality

are Doña Luisa in *La ocasión desgraciada*, Agreda y Vargas, Novelas morales, nov. 6; Ricardo and Lisarda in *Al cabo de los años mil*, Pérez de Montalbán, Para todos, nov. 1; Juan de Aceveda in Salas Barbadillo's *El gallardo montañés*, Casa del placer honesto, nov. 4; the two brothers in *Los dos Mendozas* by Céspedes y Meneses, Historias peregrinas, nov. 6; Doña Clara in María de Zayas *El desengañado amando*, Novelas, Pte. I, nov. 6.

59. From an embarrassment of riches I select the following examples: Alcalá y Herrera, *Los dos soles de Toledo*, Varios effetos de amor, Lisbon, 1671, f. 13 v.: "Cruel Mitilene, mentiroso Cocodrilo, Lumbre un tiempo de mis ojos, Norte de mis sentidos un tiempo; firme Escollo entonces, Templo de perfeccion, Idolo querido de mi espiritu: y en un mes, que es de tiempo un momento, un soplo; Noche triste de mis gustos, buído Cuchillo de mis contentos, etc."—Dr. Christoval Lozano, *El mas mal pagado amor*, Soledades de la vida, Barcelona, 1722, p. 164, col. 1: "Luzinda comenzo à huír mostrando en el desaliño asseadas perfecciones, y siendo el desadorno adornados asseos, sirviendo los descuydos de cuydadosos desayres." *Todo es trazas*, Soledades, p. 206, col. 1: . . . "le dixo [Polidora], derramando reliquias del corazon en liquidos aljofares destilados:" —Castillo Solórzano, *Tardes entretenidas*, Introducción, ed. Cotarelo, p. 17: "Iluminaba con sus lucientes rayos el hermoso desprecio de la ingrata Dafne, alma del mundo y cuarto planeta, la celeste casa de los dos hermosos hijos de Leda, hermanos suyos, que por partir la divinidad entre sí, con permisión de su poderoso padre, fueron colocados en la tercera mansión del Zodiaco, cuando por principio del alegre mes de Mayo, la solícita Flora se ocupaba con mayor cuidado en la composición de los campos y en el adorno de los jardines, vistiéndolos de varias y fragantes flores," etc., etc.

60. Cf. among other cases the opening paragraph of *El amante liberal* (Novelas ejemplares, ed. Brockhaus, Leipzig, 1883, p. 49), and *ibid.*, p. 52: "esa es, que no la perdida libertad, por quien mis ojos han derramade, derraman y derramarán lágrimas sin cuento, y la por quien mis suspiros encienden el aire cerca y lejos, y la por quien mis razones cansan al cielo que las escucha . . .: esta Leonisa, para mi leona, y mansa cordera para otro, es la que me tiene en este miserable estado . . . ." See also *La fuerza de la sangre*, Nov. ej., p. 171, and *Las dos doncellas*, ibid., p. 259. Icaza, *Las novelas ejemplares*, p. 128, gives other examples.

61. Cf. note 59, above, and *El socorro en el peligro*, Tardes entretenidas, ed. Cotarelo, p. 223: "Hasta cuándo, fieros homicidas, determináis que esta penosa vida se dilate, permitiendo, por ganar fama de crueles que mis ojos contemplen este lastimoso espectáculo que tengo presente? . . . Piedad será para mi sin desdecir de vuestra profesión, que dividáis este cansado espíritu de su afligida, y corporal cárcel, pues ejecutando vuestro rigor será para mí feliz descanso . . . ;" *ibid.*, p. 271: "Después de haber un rato

bañado los cándidos jazmines y encarnadas rosas con el alfojarado rocío de sus ojos;" and *El amor en la venganza,* Tardes entretenidas, p. 73: "Apenas le acabaron de oir esto, cuando les hizo que se apeasen mal de su grado el salitrado elemento mezclado con el ardiente plomo, que despidieron las pistolas. . . ."

62. Cf. *El culto graduado,* Tardes entretenidas, novela 5. He also makes fun of it in *El ayo de su hijo* (Tiempo de regocijo, pp. 405 ff.), where he speaks of a "culto de los del nuevo idioma, tan obscuro en sus versos como Noruega en la mitad del año, hombre que para exagerarle de poco entendido, bastará decir que él mismo no sabía entenderse lo que escribía."

63. Cf. Lope de Vega, *La desdicha por la honra* (Novelas, pp. xx, n. 2, and 44): ". . . y yo gusto de que V. merced no oyga cosa que dude, que esto de nouelas no es versos cultos, que es necessario solicitar su inteligencia con mucho estudio, y despues de auerlo entendido es lo mismo que se pudiera auer dicho con menos y mejores palabras." See also this story, p. 37, and *Guzmán el bravo* (Novelas, pp. xx and 104): "Boluio a llorar Mendoça, y como no le respondia le importunò Don Felis a que le interpretasse la causa de aquellas lagrimas que ya parecian enigmas; que ay ojos que lloran en poesia culta, sin que se entienda mas de que son lagrimas."

Wordiness had evidently invaded the spoken as well as the written language and was equally distasteful to Lope. In explaining to his mistress the meaning of "laconismo" he says amusingly: ". . . y aduierta V. m. que quiere decir lo breue, porque eran muy enemigos los lacedemonios del hablar largo; creo que si alcançaran esta edad se cayeran muertos" (cf. *La mas prudente vengança,* Novelas, p. 64).

64. Novelas 4 and 8 of the *Sucesos y prodigios de amor.*

65. These stories naturally differ greatly in value as sources of information about contemporary life. The seventeenth-century novelistas frequently claim that their narratives are true, which, if it were a fact, would, as Cotarelo says, add greatly to their value as documents. But the claim, doubtless made with a view to heightening the reader's interest, must be taken with a grain of salt. Lugo y Dávila, for instance, says, Teatro popular, p. 192, that *El andrógino* is a case which occurred at the time in Aragon, and Pérez de Montalbán, Sucessos, f. 67 r, that *La mayor confusion* "tiene mucha parte de verdad." The Italian sources of both are given in note 39, above.

66. Quite by the way, Castillo Solórzano gives us an idea of how the harvesters around Jaca dressed: "[Don Luis] ofrecióse hacerlo así, viniendo algunas noches en traje de segador, con calzones de lienzo, y aquellas antiparas que los que tratan deste ministerio usan" (*Las dos dichas sin pensar,* Noches de placer, ed. Cotarelo, p. 51).

67. Cf. Liñán y Verdugo, *Guía y avisos*, Novelas 6, 10 and 11; pp. 122, 184 and 193.

68. Among many stories in which the mother appears I may cite Zayas, *Aventurarse perdiendo*, *El imposible vencido*, *El jardín engañoso;* Carabajal, *La industria vence desdenes;* Lope de Vega, *Las fortunas de Diana;* Céspedes y Meneses, *Sucesos trágicos de Don Enrique de Silva;* Isidro de Robles, *Constante muger, y pobre.*

69. Cf., for example, Zayas, *La esclava de su amante*, Novelas, p. 188: "El sentimiento de mi madre y mío fue extremado, y el de mi padre de la misma suerte: tanto que a importunidades de mi madre y mías, trató llevarnos en su compañía, conque volvió nuestra pena en gozo."

70. Cf. notably, Agreda y Vargas, *La correspondencia honrosa*, Novelas morales, nov. 9, throughout, and the following from Pérez de Montalbán, *Al cabo de los años mil*, Para todos, p. 136: "Quien dize que con el matrimonio se quita el amor, no deuio de hablar de los que se casan teniendole, porque antes con el trato crece. Yo a lo menos obligacion tengo de confessar esta verdad, porque lleguè a prouar sus efectos con la experiencia, que es el argumento de mas fuerça, amando a mi esposa de manera . . . que si el amor se perdiera, se hallàra en su corazon, y en el mio. Diez años gozè de su compañia . . . y el gusto con que nos queriamos [era] tanto, que nunca parecimos mas galan, y dama, que quando eramos marido, y muger.

71. For the relation of father and daughter see C. B. Bourland, *Aspectos de la vida del hogar*, etc., pp. 332-334; Castillo Solórzano, *La libertad merecida*, Jornadas alegres, p. 192 et seq.; Agreda y Vargas, *El hermano indiscreto*, Novelas morales, p. 111; and Liñán y Verdugo, *Guía y avisos*, nov. 11, p. 196.

72. Cf. for example, Carabájal, *La industria vence desdenes* and *El amante venturoso;* Castillo Solórzano, *La quinta de Diana*, Tiempo de regocijo, pp. 328 and 334.

73. *Don Martín*, of *La quinta de Diana* is one of many heroes whom disappointment in love brings to death's door (pp. 329 et seq.). Such a case in real life is that of Agustín de Rojas, who writes to friends in 1610: ". . . Olvidóme al fin el ángel más bello del mundo y la pastora más inhumana que ha criado el cielo. Quejoso de su crueldad, confieso que me sobrevino una grave dolencia que casi me tuvo a pique de acabar la vida." (Cf. *El viaje entretenido de Agustín de Rojas*. Con un estudio crítico por Don Manuel Cañete, Madrid, 1901, vol. I, p. 20).

74. Cf. Castillo Solórzano, *No ay mal que no venga por bien*, Jornadas alegres, p. 24: "[Don Alvaro Luján] era amado de todos generalmente,

teniendo muchos amigos, que es la mayor felicidad que puede tener un caballero."

75. The third of Agreda y Vargas' Novelas morales, *El hermano indiscreto*, gives an interesting picture of an intimate friendship between two young aristocrats. Friendship between men is a subject that often plays a part in drama of the Golden Age in Spain. For this relation, as expressed in the theatre of Calderón, see G. T. Northup, *Three Plays by Calderón*, D. C. Heath and Co., 1926, Introduction, pp. xix-xx.

76. Cf. Agreda y Vargas, *El hermano indiscreto*, Novelas morales, p. 164. The same idea is expressed by Lope de Vega, *La mas prudente vengança* (Novelas, pp. 86-87): "Dos cosas hazen los hombres de gran peligro sin considerarlas: escriuir vna carta y lleuar a su casa vn amigo, que destas dos han surtido a la vida y a la honra desdichados efetos."

77. Cf. Agreda y Vargas, *La ocasion desdichada*, Novelas morales, pp. 339 and 346.

78. Cf. Agreda y Vargas, *La correspondencia honrosa*, Novelas morales, p. 495: "se hallò Don Sancho con vna mortal herida, . . . y sin poder hazer defensa, cayò en el suelo, pidiendo a Dios socorro en semejante afliccion. Llegò entonces Don Diego con mucha cortesia, suspendiendo el rigor del azero, diziendo: que le pesaba infinito de su desgracia, que se animasse lo mas que fuesse possible, y mirasse donde queria que le pusiesse. El se lo agradeciò, como debia, diziendo: que previniesse su peligro, y le dexasse, pues estimaria en mas vèr perder tanta cortesia, que la perdida de su vida. Y èl replicando, que aunque perdiesse la suya no avia de desampararle, levantandole del suelo, le puso en los ombros, y le llevò al convento de San Francisco, donde aviendo avisado, salieron aquellos Santos Religiosos. . . ." See also, same collection, nov. 6, *La ocasion desdichada*, p. 350.

79. The following are characteristic allusions to such virtues of the caballero: "En ninguna cosa se diferencia más el noble del plebeyo que en igualar sus acciones a su sangre, y cumplir siempre lo que promete" (Castillo Solórzano, *No ay mal que no venga por bien*, Jornadas alegres, p. 48); and *ibid.*, p. 53: "y así segura de que como caballero sabré cumplir esta palabra, me podéis decir lo que fuéredes servida."—Lying is a fault "que al más calificado sujeto le deslustra, y al más estimado desacredita" (Castillo Solórzano, *El ayo de su hijo*, Tiempo de regocijo, p. 402).—"Entre las muchas cosas que Arnesto tenia, era el ser auaro, cosa que desluze mucho a vn caballero, y mas a un principe" (Castillo Solórzano, *No ai mal que no venga por bien*, La quinta de Laura, Madrid, 1649, p. 144). ". . . que por sus buenas partes lastimaba la muerte de tan agradable, quanto generoso cavallero, que importa mucho ser bien quisto, y liberal, para no solo ganar las voluntades, sino para no hazerse aborrecible" (Agreda y Vargas, *El hermano indiscreto*, Novelas morales, p. 158).—"La crueldad con los que

E

no tienen defensa, es prueba de pechos viles, de ruin intencion, y de baxo nacimiento" (*ibid.*, p. 143). — "Aqui, pues, nacio Don Vicente Pox vn cavallero galan con estremo, y tan discreto como galan, siendo sobre todo tan preciado de buena leng[u]a, particularmente con las mugeres, que . . . comunmente le llamauan el Honrador" (Pérez de Montalbán, *El piadoso vandolero*, Para todos, Alcalá, 1661, p. 392); same author, "Si harè por cierto (respondio Don Bernardo) porque hablar en desprecio de las mugeres, es de hombres humildes. . . ." "(*La mayor confusion*, Sucessos y prodigios de amor, Barcelona, 1640, f. 70 v.). — ". . . como noble y preciado de secreto, pude conservar esas prendas en mi poder, por no haber tenido ocasión de dárselas a su dueño" (Castillo Solórzano, *La quinta de Diana*, Tiempo de regocijo, p. 325). See also the description of the Mendoza brothers, p. 27, above.

The fops dubbed "lindos" in Madrid, who aped the dress and habits of the caballero but lacked his moral qualities, are described by Castillo Solórzano in *El proteo de Madrid*, Tardes entretenidas, p. 166: "Era el Maestresala un hombre de los que llaman lindos la Corte, personas cuya compostura cansa, y cuyo afecto ofende, muy presumido de andar puntual en el uso, de traer gran cuidado con sus manos, de hacer todos los actos positivos que le pudiesen poner en el astillero de la caballería; y sobre todo, confiadísimo (como muchos necios), de que no había dama que mirando su talle y gala no se le quedase sumamente aficionada."

80. Cf. Pérez de Montalbán, *Al cabo de los años mil*, Para todos, p. 139, and *Don Diego de noche*, Madrid, 1623, Epistola 6, f. 34 r.

81. Cf. Castillo Solórzano, *El ayo de su hijo*, Tiempo de regocijo, p. 402: "Hízose nuestro caballero muy al tiempo, mintiendo de ventaja de suerte, que no se le hallaba verdad en su boca." Also, above, p. 26 and note 94, below.

82. Cf. Céspedes y Meneses, *Historias peregrinas*, ed. Cotarelo, pp. 352-353.

83. Cf. Pérez de Montalbán, *Al cabo de los años mil*, Para todos, p. 141.

84. Cf. Castillo Solórzano, *El duque de Milán*, Tiempo de regocijo, p. 199: "Las [gracias] que perfeccionó la práctica de grandes maestros que tuvo, fueron el andar a caballo diestramente en las dos sillas, el jugar las armas, el danzar con gallardía, y, finalmente, el tocar todos los instrumentos consumadamente." Cf. also p. 38, above.

85. Cf. Castillo Solórzano, *No ai mal que no venga por bien*, La quinta de Laura, Madrid, 1649, p. 142. "Criaronse los dos como hijos de tan principales padres, con maestros que atendieron a su enseñanza con grande cuidado, no solo en la de las letras Latinas, sino en lo que toca al exercicio de las armas y andar a cauallo, en que salieron diestros . . ."; and Liñán

y Verdugo, *Guía y avisos*, novela 13, p. 226: "Veis aqui un mozo, hijo de un padre de buena sangre, criado en su casa con ayo y maestro, que en esto se dice si era rico y si tenía harto regalo." Cf. also note next following.

86. Cf. Castillo Solórzano, *El Duque de Milán*, Tiempo de regocijo, etc., p. 199: "Era el gallardo joven . . . brioso de cuerpo y alentado de ánimo. A estas naturales gracias acompañaban otras, adquiridas con el estudio, como eran ser un excelente latino, grande retórico, eminente orador y agudo poeta." See also the same author, *La ingratitud y el castigo*, Noches de placer, p. 111: "En los ratos que descansaba [Otavio] desta ágil ocupación, se daba a la lectura de libros escritos en varios lenguas, que por haber tenido desde su pueril edad erudito maestro que le doctrinó, llegó a saber la latina, española, toscana, francesa, y alemana con grande perfección."

87. *La mogiganga del gusto*, nov. 3. A student in residence is also the hero of the first of Baltasar Mateo Velázquez' *Casos acaso* (cf. El filósofo del aldea, ed. Cotarelo, pp. 244 et seq.). But this story is of the picaresque type, the protagonist being a penniless Andalusian who contrives to get through his course at Alcalá by borrowing money on every hand and promising to repay it when funds arrive from home.

88. Cf. *La mogiganga del gusto*, ed. Cotarelo, p. 112: "Las dos [primas] había[n] visto [a Leonardo] . . . en el cláustro de un colegio mayor, donde por celebrarse la fiesta de la advocación dél, era permitida su entrada, y allí habían, quizá por acrisolar su metal, dado vejamen de extranjero, que es muy usado en aquella Universidad, aun de las damas, por ser el que sabe que mejor se oye y se estima."

89. Cf. Pérez de Montalbán, *El piadoso vandolero*, Para todos, p. 393: "Sus ocupaciones eran las que pedia su calidad, sin tocar en vicioso, ni distraido; porque jugar las armas, hazer mal a vn cauallo, salir a caça, escriuir versos y galantear a vna dama con fin honesto, no son exercicios de que se puede ofender el Cielo, ni la Naturaleza;" and Castillo Solórzano, *"No ay mal que no venga por bien*, Jornadas, p. 24: "Ocupado en estos ejercicios, y en el de hacer mal a caballos (de que se preciaba mucho, aborreciendo sumamente andar en coche)." See also note 91.

90. Cf. Agreda y Vargas, *La ocasion desdichada*, Novelas morales, pp. 326-327: "Vino en esto Doña Luisa, acompañada de dos escuderos, y sus criados, con el manto cubierto el rostro, à cuya vista generalmente todos haziendole la debida sumission, . . . la dixeron mil alabanças, y encarecimientos, que ella agradeciò con vna cortesana correspondencia, sin enojarse, como otras, que jamàs fue desestimable la cortesia. . . ."

91. Cf. Agreda y Vargas, *ibid.*, p. 321: "[Don Pedro] se vistiò y fue à Missa al Monasterio de la Santissima Trinidad, y al entrar por su vistosa

lonja, adorno de la mas frequente y hermosa calle de Madrid, llamada de Atocha, etc. . . . Aqui viò algunos de sus amigos, que esperaban a las onze Missa, hora propia de los que haziendo de la noche, dia, son sus mas virtuosas ocupaciones Comedias, Calle Mayor y Prado, frequentando las Iglesias, cosa indigna de dezirse, y lastimosa, de que no tenga el debido remedio de quien puede, mas por entretenimiento, que por el fin que se debe, donde oyendo en conversacion los Divinos Oficios, hazen siempre mas daño que provecho."

92. References to the church as a place of rendezvous are legion. As a rule they pass without comment, but occasionally a writer expresses his indignation at this misuse of the sacred edifice. Cf. for example the preceding note and Agreda y Vargas, *El hermano indiscreto*, Novelas morales, p. 108: "Pues Don Diego . . . vino à dàr en el [camino] que, por nuestros pecados, en estos tiempos, es ordinario, que es verla en vna Iglesia, cosa mal entendida, y peor remediada, y en esta ocasion de vna noble, y honrada doncella, en cuyo sugeto no se podia esperar, sino justas y honestas pretensiones, aunque no es licito, parece menos culpable; pero esto anda tan libre, que con las que en sus casas, por su publica desemboltura, no tienen dificultad, ni inconveniente, haze gala la juventud, de que en los Templos se vea su publica libertad, y irreverencia. Ay de los Magistrados, y Eclesiasticos, que lo consienten!" Pinheiro da Veiga (1571-1656), in his *Pincigrafía* (reprinted in Spanish by Gayangos in the Revista de España, t. civ, Madrid, 1885, with the title *"La corte de Felipe tercero y aventuras del Conde de Villamediana"*), says, p. 41: "Mas volviendo a las costumbres de los vallesolitanos en cuanto a cristianos, digo que en todas las iglesias hay excomunión para los que en ellas hablan . . . y sin embargo, no dejan por eso de hablar unos con otros durante los oficios."

93. Such a meeting and conversation of the young bloods of Madrid is interestingly pictured by Agreda y Vargas. Cf. note 91, above, and, the same story, p. 322: "Llegòse [Don Pedro] à ellos, tratòse de las novedades, governòse el mundo, contrapesando, y midiendo el poder, y fuerças de los Principes, ordenaron la Republica, proveyendo cada vno a su gusto los Magistrados de ella, repartiendo entre ellos, como entre otros particulares Ciudadanos, premios, y castigos, segun à los vnos se tenia aficion, como à los otros odio. Llegaron à los teatros, que ay pocas conversaciones de mozos, que no lleguen à ellos, donde primero, discurriendo por las comedias, vituperan su poca inventiva, la frialdad de lo yocoso, la falta de el argumento, y suspension mas ocasionada de el corto trabajo, y de cortedad de ingenio, diziendo: que parecia que se acertaban acaso, pues los que mas avia que las professaban, hazian mas conocidos yerros, reprobaban las divinas, por no ser decente, que ocupen tan indigno lugar, como porque el valerse de apariencias, y historias arguye poco caudal. Todas ellas no hacen menester mucho, replicò otro, pues hemos visto algunas de hombres ig-

norantes, que sin saber leer, ni escrivir, se llevaron tras sì el vulgo, que es el fin de los que las escriben. Essos acertaron acaso, dixo otro: A quien respondiò vno de los circunstantes, lo mismo les sucede à todos, si bien no ay ninguno, que aunque se lo diga à gritos, y silvos, el (*sic*) Pueblo le dè credito y se desengáñe. . . ." A little later one of the speakers, referring to the fact that the mania for play-writing has taken possession of the clergy as well as the laity, says: ". . . y esta desdicha, no solo se ha apoderado de los de capa, y espada, sino de muchos Eclesiasticos que pudiendo, si le tienen, emplear el ingenio en cosas decentes à su profession, le ocupan en cosa tan indigna, como es fomentar con la materia de sus escritos los teatros, con irrision del vulgo, y aprobacion, y sangre, si lo es el dinero de aquellos miserables, cuya ignorancia puede solo disculpar su vida. . . . Què dixeramos de algunos de los [eclesiasticos] de nuestro tiempo, cuyas costumbres son tan depravadas que lo mas loable de ellas fuera el es-crivirlas; pero quedese aqui, que son amigos; y diràn que somos ignorantes; y nos meteràn en alguna farsa, ò entremès, ò nos dirigiràn algun papel, que es lo mismo, pensando armarnos Cavalleros. . . ." The conversation is interrupted by the arrival of Don Francisco who tells of a successful love adventure the night before: "Assi como se oyò el cuento, sacò cada vno el suyo de diversos sucessos amorosos. . . . Estaban tan adelante las cosas, que solo pudieron meter paz diversas Damas que venian à Missa, cuyas coronicas interrumpieron las proprias, ya verdaderas, ò fingidas, discur-riendo por sus dotes, condicion, hermosura, y pensamientos, que hasta esto no perdona la ociosa juventud: y no digo de las mujeres libres, y que no importan; mas en las doncellas honestas, y recatadas, de quien siempre es lo mejor dejarlas; . . . y alabando en vna los ojos, en otras la boca, cabellos, vizarria, donayre, desemboltura, manos, discrecion, y desenfado, sin perdonar tal vez lo que es mas digno de considerarse, que de referirse, aunque sea con su alabança." See also note next following.

94. Cf. Pérez de Montalbán, *El piadoso vandolero*, Para todos, p. 393: "Estando, pues, vna mañana en la lonja de la Iglesia mayor, en vn corro de mancebos de su mismo porte, tratando de materias diuersas, se llegò a la conuersacion vno tan desembaraçado en el dezir mal, y tan preciado de que daua gusto con lo que dezia, que no entraua muger, ni hombre por la Iglesia a quien no satirizasse, repitiendo defetos mas que medianos algunas vezes;" and Castillo Solórzano, *La cruel aragonesa*, Jornadas alegres, Suceso tercero, p. 131: "pero con todas estas finezas . . . que hacia en ser-vicio de la hermosa doña Clara, era a quien menos afecta se mostraba, por tener don Artal fama de ser poco secreto y recatado en hablar mal de todos, principalmente de las mujeres, falta notable y bastante a desdorar la mas noble calidad y perfecta gentileza." Salas Barbadillo's story entitled *El curioso maldiciente castigado y no enmendado*, Casa del plazer honesto, nov. 3, has a slanderer as its main figure. He was held in abomination,

"llamandole la voz comun: Peste de la Republica, verdugo de las famas, vil, y asqueroso gusano, roedor de la gloria de la virtud agena" (f. 68 r.).

95. Cf. Agreda y Vargas, *La ocasion desdichada* (Novelas morales, p. 341): Doña Luisa says to Don Pedro: "No ignoro, que sabreis, que es forçoso en los que son Nobles, que corran por su cuenta las obligaciones de las mujeres principales, que impossibilitadas de satisfacer sus agravios, los ponen en sus manos;" and Pérez de Montalbán, *La desgraciada amistad*, Sucessos y prodigios; f. 114: "Escuchò [Felisardo] sus [de Rosaura] turbaciones animoso, . . . porque como era principal, sabia auenturar la vida por qualquier mujer. . ."

96. For the difference between th*e casa de conversación* and the *casa de juego;* cf. Dic. de Aut. under *conversacion: "Casa de conversacion* se llama aquella donde se juntan varias personas a divertirse, passando el tiempo en conversar, o en jugar: la qual no suele estar abierta para todos, como estan las casas de juego."

97. The following quotation describes one of many such incidents in the novelas. Cf. Castillo Solórzano, *El duende de Zaragoza*, La quinta de Laura, Madrid, 1649, p. 203: "Ofreciòse vn dia en la casa del juego tener palabras con Don Lope de Lizana, Cauallero de los Nobles de Aragon, y empeñaronse tanto en ellos (*sic*), que la soberbia de Don Lope . . . le obligò a dezirle vna palabra injuriosa a Don Carlos, el qual, para descargarse della, sacando vna daga, dio dos puñaladas a Don Lope, con que en breue espacio, le quitò la vida. Reboluiòse la casa del juego, porque de entrambas partes auia valedores, y amigos; tenia mas grangeados por su apacible trato Don Carlos, y ellos pudieron darle escape, con que se pudo ausentar de la Ciudad." Compare this fictitious episode with the real incident cited by Barrionuevo in his letter of June 5, 1658 (*Avisos*, vol. IV, p. 171): "En el callejón de San Blas, al Prado, sobre el juego, salieron a reñir dos caballeros. Quitáronse los jubones; mató D. Bartolomé de Avellaneda de una estocada a la primera ida y venida a D. Antonio de Ubeda, del hábito de Santiago, hermano del Correo mayor de Toledo, que había venido sólo a ver la comedia del Retiro de aquella ciudad, y luego se metió en San Jerónimo."

98. Cf. Castillo Solórzano, *No hay mal que no venga por bien*, Jornadas alegres, nov. 1, p. 25.

99. *Ibid.*, pp. 24-25: "Sucedió hallarse una noche en una casa de juego, donde (aunque era de un caballero principal) no se le negaba la entrada a ningún género de persona como viniese con dinero a jugar, cosa que parece bien mal, etc." Agreda, however, deprecates this custom as a "cosa . . . detestable, por divinas, y humanas leyes, en los hombres que tienen en algo conocimiento de su honra," *El premio de la virtud*, Novelas morales, p. 62.

100. Agreda y Vargas, *ibid.*, calls gambling "la peste general de las Re-

publicas, el estrago de la juventud, y la total ruyna de los buenos Ciudadanos, y el fomento de los malos." Salas Barbadillo regards it as the low-
est of vices and says of the gambler: "Su palabra es ninguna, su verdad,
incierta; su traición, prompta; su espada cobarde. Si se casa, abrasa el
dote; si hereda, anega la herencia. . . . Desnuda las paredes de su
casa y después se atreve a sus propios vestidos y a los de su esposa; dando
con esto ocasión a muchos daños que enojan al cielo y escandalizan a la
república." (*Las galeras del vende-humo*, Corrección de vicios, nov. 7,
p. 228).

101. Cf. Carabajal, *Amar sin saber a quien*, concl., Navidades, p. 220,
col. 2: "tomo el harpa D. Juana, . . . y antes de cantar . . .
previno à los oyentes, diciendo quan enemigas eran las Damas de encon-
trar para sus empleos, con hombres jugadores, que de ordinario es meter en
casa vna continua guerra, y pèrdida de hacienda, honra, y vida, y que assi
les queria cantar vna satira, contra los tahures. . . ." Cf. also *ibid.*,
p. 222, col. 1. Agreda y Vargas, *El premio de la virtud*, p. 62, finds in
gambling a fertile source of family troubles and an explanation, if not an
excuse, of a wife's infidelity: "Quantas honras ha derribado este pernicioso
vicio, diganlo tantos dotes perdidos, tantos mayorazgos assolados, tantas
ocasiones dadas à las que no les passò por el pensamiento, traer su honra
y la agena en disminucion, y obligadas, no solo de la ocasion, sino de la
forçosa necessidad, hizieron lo que no debia, que quando à las mugeres se
les dà lugar por este camino, es irreparable el daño. Que oìr vna muger
en su casa malas palabras, peores obras, sinrazones, y desafueros, verse, no
digo sin galas, sino desnuda, no digo sin regalos, sino hambrienta, hallar en
la agena todo lo contrario, buenas palabras, galas y abundancia, quando
por la buena cara ay certidumbre de hallarlo, pocos años y muchos zelos,
pediràn lo que les falta al primero que passare por la calle. . . ." See
also preceding note. Barrionuevo, in letters dated April 1 and April 8,
1656, tells of two noblemen one of whom stabbed his wife seven and the
other fourteen times because they refused them money for gambling. Cf.
Avisos, vol. II, pp. 345 and 354.

102. Cf. Salas Barbadillo, *La dama del perro muerto*, Corrección de
vicios, pp. 67-89.

103. Cf. Pérez de Montalbán, *Al cabo de los años mil*, Para todos,
p. 126 et seq. Here Ricardo, engaged to Lisarda, wishes to free himself
from an entanglement with one Clara whom he has established in a house
in the city (Ciudad Real). Being truly in love with Lisarda he feels that
it is "an offense against Heaven" to maintain his relation with Clara, and
he is moreover afraid that it may become public, reach Lisarda's ears and
damage his own reputation. He therefore connives with the police to
surprise him with Clara, knowing that the discovery will lead to her
imprisonment or removal from the city. This result of the detection of

Ricardo's connection with Clara seems strange in view of the fact that concubinage was punished only when public and when one of the parties was married. But Ricardo's formal engagement to marry Lisarda doubtless was regarded as the equivalent of marriage. See above, p. 33.

104. The most natural portrait of a young girl that I have found in the novela is that of Beatriz, in *La industria vence desdenes* by Carabajal. This author's stories contain other lifelike but less complete pictures of young women, such as those of Margarita and Teodora in *El amante venturoso*. Lope's Diana as she appears in the earlier part of *Las fortunas de Diana*, and Pérez de Montalbán's Lisarda in *Al cabo de los años mil* also possess some reality and distinctiveness.

105. Cf. Agreda y Vargas, *La ocasion desgraciada*, Novelas morales, p. 333: "Ella (doña Luisa) llegò à su casa, y disimulando la fuerça de su pasion . . . acudiò como solia, à las cosas de su govierno, y regalo de su padre, que parece bien en las mas nobles, que passen todas por su mano, que no ay calidad que disculpe lo contrario."

106. On the education and accomplishments of the young girl, cf. C. B. Bourland, *Aspectos de la vida del hogar*, etc., pp. 337-341, and the following in Andrés de Almansa y Mendoza, *Novedades de esta Corte*, etc., 1621-1626 (Libros raros o curiosos, vol. 17, p. 193): "Dícese que a diez deste (i.e., June 10, 1623), llevó el duque de Boquignan al Príncipe, en secreto, en coche cerrado, a casa de Vicente Juárez, músico de cámara de su Majestad, para que se entretuviera oyendo cantar dos hijas que tiene, y después de haber cantado y tañido en todos instrumentos con notable destreza más de una hora, de que su Alteza quedó muy gustoso y alegre, pidió el Duque la hija mayor para que sirviese a la Duquesa, y dio a cada una una cadena de tres cientos escudos . . ." See also note 111, below.

107. The most highly educated girl in the novelas is Floriana of Céspedes y Meneses' *El desdén del Alameda*, who, besides embroidery, dancing and singing, "Sabía . . . no poco de letras, latinidad y retórica competente a su estado . . . "; cf. Historias peregrinas, p. 97.

108. Cf. Salas Barbadillo, *El majadero obstinado*, Casa del plazer honesto, p. 168, r. and v.: "Fadrique, . . . siendole muy facil imitar qualquier letra, formò vnos renglones tan desayrados y poco derechos que parecian propiamente escritos de mano de muger . . ."

109. Cf. Zayas, *Tarde llega el desengaño*, Novelas, p. 273: ". . . y así, en empezando a tener discurso las niñas, pónenlas a lavar y a hacer vainillas, y si las enseñan a leer es por milagro; que hay padre que tiene por cosa de menos valor que sepan leer y escribir sus hijas, dando por causa que de saberlo son malas; como si no hubiera muchas más que no lo saben y lo son;" and Pérez de Montalbán, *La desgraciada amistad*, Sucessos

y prodigios, f. 129 v.: ". . . vine a poner los ojos en cierto mancebo llamado Cesar, que servia dentro de mi casa a vn hermano mio . . . y mi hermano le queria de modo, que mas le tenia por compañero, que por criado. Enseñauame a leer y a escriuir, curiosidad que algunos padres quieren escusar a sus hijas, porque muchas vezes ha sido instrumento de su perdicion; pero los mios dezian, que a la que nace con virtud natural, poco le importa lo sepa, pues ninguna muger dexò de hazer vna liuiandad, por no saber responder a vn villete."

110. Cf. preceding note and Andrés de Prado, *Ardid de la pobreza* (Meriendas del ingenio), B. A. E., vol. 33, p. 479, col. 2: "Olimpa . . . le pidió si queria enseñarlas a leer a ella y a su hermana, a que se ofreció muy gustoso . . . ofreciendo traerles dos libros para que aprendiesen los primeros rudimentos, a que doña Sofía, que así se llamaba la madre, le dijo dándole cuatro reales: Usted los compre y acude a casa, que yo le satisfaré su trabajo. Con esto se despidió Vireno . . . entrándose las damas en su casa, alabando Lucrecia y Olimpa el buen modo de Vireno, diciendo doña Sofía: Ya tenéis, niñas, lo que deseabais, pues este señor os enseñará todo lo que tanto habéis pretendido."

111. Juan de Zabaleta (*El Dia de Fiesta por Mañana y Tarde.* . . . En Madrid, Por Antonio Gonçalez de Reyes, Año 1692, p. 337, col. 1) represents a "doncella recogida" spending the afternoon of a feast day in reading: "Que bueno," he exclaims, "si fuesse bueno el libro! Toma vno de comedias. Errò la tarde. . . . Engolfase en vna relacion en que ay dos mil boberias de sonido agradable. Enamorase della, y determina *tomarla de memoria* [italics mine] para luzir en las holguras recias . . ." Cf. p. 31, above.

112. The following excerpts will give some notion of the social activities of the young girl as represented in the short stories: "Por la fama de las buenas comedias que traía una lucida compañía de representantes que vino a Zaragoza, acudía toda la ciudad a oirlas; de suerte que no toda la gente principal (hablo de mujeres) podían en público verlas por el concurso grande que había y la dificultad de hallar aposentos, deseando todos ver el primer día de comedia nueva, por el cuidado particular con que se representa siempre. . . . Me hallé sin aposento en que verla ni quien me le prestase; comía aquel día conmigo una amiga mía en casa, y sentí mucho no agasajarla del todo con este gustoso divertimiento, y así vió en mí un disgusto que me tenía sin sazón para entretenerla. Era de buen despejo, y díjome que pues había faltado a la autoridad, decente lugar para tener este gusto, no lo perdiésemos con el embozo en la general estancia de las mujeres. Como me salió a esto, no quise perder la ocasión, y así, con los vestidos ordinarios de nuestras criadas, nos compusimos, y disfrazadas fuimos a la comedia, acompañándonos dos criados míos, . . ." (Castillo

Solórzano, *Las dos dichas sin pensar*, Noches de placer, pp. 20-21). —
"Ofrecióse dentro de ocho días ocasión para verme con don Gastón en un
sarao de unas bodas en casa de un caballero amigo de mi padre, adonde
danzó conmigo, y después tuvo lugar (acabada la fiesta) de hablarme a
solas, en que me significó cuanto deseaba servirme." (*Ibid.*, p. 30). —
"Llegado, pues, el día de tomar el hábito Feliciano, se le dío don Rodrigo
en un convento de monjas, con mucha solemnidad y acompañamiento de
caballeros de aquella ciudad, a quien convidó don Rodrigo. La gente que
acudió a este acto fué mucha, en particular mujeres de embozo que siempre (aunque a mí me toque) sobramos en todas las fiestas." (Castillo
Solórzano, *El socorro en el peligro*, Tardes entretenidas, p. 238). —"A unas
fiestas que se hicieron en Jaca . . . vinieron a ella algunos caballeros
forasteros, entre los cuales vino uno de la ciudad de Teruel. . . . Este
me vió la primera vez en una ventana de la plaza viendo unos toros que se
corrían, estando él en otra cerca della. Poco gustó del regocijo, porque el
tiempo que duró, casi todo lo empleó en mirarme con demasiada atención,
cosa que vine a reparar en ella con cuidado. . . . Pasó la fiesta y que-
dóse por algunos días en Jaca, en los cuales tuvo modo para hallarse en la
iglesia de un monastero vecino de mi casa, al mismo tiempo que yo estaba
en ella oyendo misa; púsose junto a mí, y dióme a entender su amor con
los mayores encarecimientos que supo, que no fueron pocos." (Castillo
Solórzano, *Las dos dichas sin pensar*, Noches, etc., p. 47). —Cf. also, same
author, *No ay mal que no venga por bien*, Jornadas, etc., pp. 38-39, and
La confusion de una noche, Alivios de Casandra, Madrid, 1640, f. 10, r.,
and Carabajal, *El amante venturoso*, pp. 65, col. 1-67, col. 1.

113. Agreda y Vargas, *El daño de los zelos*, Novelas morales, p. 230,
says that retiring girls have little likelihood of marriage: "Doña Adriana
[era] vizarra, hermosa, y no muy enemiga de hablar, que el dia de oy
escuchar à vn galàn por vna ventana, recibir vn papel, vna visita de cum-
plimiento, medios son para remediarse, que las encogidas, y que no dexan
verse, son eternas en las casas de sus padres."

114. Cf. almost any of the romantic novels, and the passage quoted
above on p. 34, from Barrionuevo's letters.

115. Among the many novelas containing episodes of this character are
Lope de Vega, *Las fortunas de Diana*, *La desdicha por la honra;* Castillo
Solórzano, *El obstinado arrepentido*, *Las dos dichas sin pensar*, *El honor
recuperado*, *La ingratitud y el castigo;* Agreda y Vargas, *La ocasión desdichada;* Céspedes y Meneses, *Sucesos trágicos de Don Enrique de Silva;*
Pérez de Montalbán, *La villana de Pinto;* Zayas y Sotomayor, *Aventurarse perdiendo.*

116. Cf. for example, Lope de Vega, *Las fortunas de Diana*, and Pérez
de Montalbán, *La villana de Pinto*.

117. Cf. *La desdicha por la honra*, Novelas, p. 44.

118. *Las novelas ejemplares*, p. 187.

119. Cf. Castillo Solórzano, *Jornadas alegres*, Int., p. 15; *Tardes entretenidas*, Int., p. 18; Carabajal, *Navidades*, Int., p. 4, col. 1; Zayas, *El jardín engañoso*, Novelas, p. 174.

120. Cf. Carabajal, *La industria vence desdenes*, Navidades, p. 118, col. 1; Zayas, *El desengañado amando*, Novelas, pp. 116-120, and Robles, *Constante muger, y pobre*, Varios prodigios de amor, p. 242.

121. Cf. Céspedes y Meneses, *Los dos Mendozas*, p. 348: "Esta señora . . . no tenía más que madre, pero tan varonil, que al mismo punto, sabiendo quién era el autor de su (the daughter's) afrenta, con secreto inviolable la desapareció de sus ojos."

122. Cf. Carabajal, *Navidades*, Int., p. 2, col. 2, and Isidro de Robles, *Constante muger, y pobre*, Varios prodigios de amor, p. 242, col. 1. In the latter, the poor widow of a soldier killed in Flanders cannot find the documents which show her husband's services and is therefore unable to "pretender." As I have stated elsewhere, Doña Mariana de Carabajal herself, being left a widow with nine children and small means, petitioned the King to pay to her the pension of 200 ducats which he had granted her husband, thus enabling one of her sons to study theology. At the same time she asked that he bestow a military order upon another of her sons or a husband upon one of her daughters. Cf. Serrano y Sanz, M. *Apuntes*, etc. Vol. I, pp. 241-242.

123. Cf. C. B. Bourland, *Aspectos*, etc., pp. 348-349; Castillo Solórzano, *El Duque de Milán*, concl. and *El ayo de su hijo*, concl., Tiempo de regocijo, pp. 266 and 430; and elsewhere. See also p. 38 and note 132 of the present essay.

124. In Castillo Solórzano's *No ay mal que no venga por bien*, Jornadas, etc., p. 40, there occurs one of a number of instances in the novelas, in which a lover gains entrance to his lady's house and room by bribing the servants.

125. Cf. Introducción, p. 20: ". . . [Las señoras] fueron solamente acompañadas de los referidos escuderos . . . y de Octavio, un gracioso sujeto entretenido cerca de las personas de muchos generosos príncipes de la corte; que a costa de dádivas, con su vivo ingenio les divertía con donaire y con su voz alegraba con bien cantados tonos, siendo por sus habilidades generalmente bien recibido en sus casas con sumo gusto, aprobación de los que le tienen bueno, cuando se entretienen con personas de tan calificados humores, como por el contrario los que emplean mal sus vestidos y dineros, dándoselos a gente insulsa, que con nombre de bufones

quieren acreditarse de graciosos, siendo la misma frialdad." On p. 21 Octavio himself says: ". . . y así por no perder mis comodidades y relieves que tengo a los mediodías a la vista de las mesas de algunos señores, me excuso de veros hasta las cinco de la tarde." A similar character, one Feliciano, is mentioned in Jornadas alegres, Int., p. 16.

126. Cf. for example, Zayas, *Novelas*, Int., p. 2; Castillo Solórzano, *Noches de placer*, Noche primera, p. 10; *Tiempo de regocijo*, Fiesta primera, p. 195; Carabajal, *Navidades*, Int., p. 5, col. 1.

127. Cf. Castillo Solórzano, *Noches*, etc., p. 10: "los caballeros tomaron sillas, y las damas almohadas en un dilatado estrado . . . ;" *Tiempo de regocijo*, p. 285: "Ocuparon sus asientos las damas en un largo estrado, y los caballeros en las sillas más cercanas a él, procurando que se les alcanzase parte del calor del fuego, que tenían dos grandes braseros de plata, y de la fragancia que daban dos bien aderezados pomos que en ellos había." The novelas contain many other similar descriptions.

128. Howell, in his *Familiar Letters* (*Epistolae Ho-Elianae*. London, David Nutt, 1892. Two vols.), Vol. 1, p. 193, writes to Sir Kenelm Digby, "I did also your Message to the *Marquesa d'Inojosa*, who put me to sit with her a good while upon *Estrado*, which was no simple favour."

129. Cf. Riaño, Juan, F. *The Industrial Arts in Spain*. London, Chapman and Hall, 1879, p. 36.

130. As private affairs, "academias" were social gatherings at which the guests amused themselves by improvising verses upon themes suggested by some member of the group. They were imitations of the serious literary assemblies of that name so fashionable during the sixteenth and seventeenth centuries. An informal "academia" is described in Carabajal, "*El amante venturoso*," Navidades, p. 65, col. 1, — p. 67, col. 1.

131. Altamira y Crevea, Rafael, *Historia de España y de la civilización española*, Barcelona, 1900-1911. 4 vols. Vol. 3, p. 730, states that "El baile constituía un elemento de la educación cortesana," and the novelas contain many references to the skill in this art possessed by young people of both sexes. Cf. for example, Carabajal, Navidades: *El amante venturoso*, pp. 57, col. 2; 64, col. 1; *El esclavo de su esclavo*, p. 84, col. 2; *La industria vence desdenes*, pp. 119, col. 2; 124, col. 1; 128, col. 1-129, col. 1; Zayas, Novelas, Int., p. 3 and *El prevenido engaño*, p. 94; Castillo Solórzano, *El duque de Milán*, Tiempo, etc., p. 199. One of the group dances frequently mentioned is the "danza de la hacha," in which the dancers carried lighted tapers (cf. Zayas, p. 94), and another favorite seems to have been the "baile de las naciones," in which the performers wore the characteristic costumes of different countries (cf. Castillo Solórzano, *Fiestas del jardín*, Madrid, 1634, p. 145, and note next following this one). Inter-

esting information about the dances of the seventeenth century can be found in Esquivel Navarro, Juan, *El arte del dançado*, Sevilla, 1642, in Monreal, Julio, *Cuadros viejos*, Madrid, 1878, *Los bailes de antaño*, pp. 61-96, and in Cotarelo y Mori, *Colección de entremeses*, tomo I, pp. clxiv-cclxxiii (Nueva bib. de aut. esp. t. 17, Madrid, Bailly-Baíllíère, 1911).

132. Cf. Zayas, *La Burlada Aminta*, concl., Novelas, p. 47: "Don Diego . . . haciendo seña a los músicos, y dando aviso a dos criados suyos que eran diestros en danzar, . . . todos aquellos caballeros y damas . . . emplearon la vista en las graciosas vueltas y airosas cabriolas que los dos criados de Don Diego hacían;" and Castillo Solórzano, *Tiempo de regocijo*, p. 365: "Aplaudió el alegre auditorio . . . dando licencia para que la máscara entrase. Salieron doce diestros bailarines con otras tantas mujeres, vestidos de cuatro en cuatro de españoles, indios, y franceses, con hachetas blancas. Hicieron con ellas algunos enredosos lazos, y dejándolas, remataron con castañetas en un gracioso baile la fiesta."

133. Cf. Lugo y Dávila, *Escarmentar en cabeza ajena*, Teatro popular, pp. 38 et seq.; Lope de Vega, *La mas prudente vengança*, Novelas, pp. 63 et seq.; Carabajal, *La industria vence desdenes*, Navidades, pp. 125-129 and elsewhere; Castillo Solórzano, *El socorro en el peligro*, Tardes entretenidas, pp. 241 and 275. Altamira, *op. cit.*, vol. 3, p. 729 says that excursions such as these were among the favorite amusements of the time.

134. Cf. for examples, Castillo Solórzano, *El duque de Milán*, Tiempo, etc., pp. 238-249, and Carabajal, *La Venus de Ferrara*, Navidades, pp. 19-22.

135. Cf. C. B. Bourland, *Aspectos*, etc., pp. 350-353.

136. Cf. Carabajal, *La industria vence desdenes*, Navidades, p. 118, col. 2; Zayas, *Novelas*, Int., p. 3; Castillo Solórzano, *La confusion de una noche*, Alivios de Casandra, Madrid, 1640, f. 10 v. Howell, *op. cit.*, vol. 1, p. 193, writes: "I could not recover your Diamond Hatband, which the *Picaroon* snatched from you in the Coach."

137. Cf. Carabajal, *El amante venturoso*, Navidades, pp. 65, col. 1-67, col. 1, and Tirso de Molina, *Cigarrales de Toledo*, 1624, Introduction to Lib. I. See especially pp. 81 and those just before and after.

138. Cf. Pérez de Montalbán, *La mayor confusion*, Sucessos y prodigios, f. 81 v., and p. 16 of this essay.

139. Cf. Céspedes y Meneses, *El buen celo premiado*, Historias peregrinas, p. 39: "Allí los cinco, que no tan solamente en el adorno de sus personas, sino en su buen olor, ponían en mayor crédito y opinión el suceso," and Pérez de Montalbán, *La villana de Pinto*, Sucessos y prodigios, f. 109 v.: "el olor daua a entender que era principal, ò por lo menos de buen gusto."

140. Salas Barbadillo's novela *El coche mendigon*, Casa de plazer, nov. 2, is a satire on this subject. Lope de Vega thinks that the awkward clothes of women give them a good reason for their enthusiasm; cf. *La mas prudente vengança*, Novelas, p. 74: "Puso Marcelo . . . ilustre casa . . . hizo vn vistoso coche, el mayor deleyte de las mugeres, y en esto soy de su parecer por la dificultad del trage, y la grauedad de las personas, y mas despues que se han subido en vn monte de corcho, haziendose los talles tan largos que se hincan de rodillas con las puntas de los jubones."

141. This habit was referred to colloquially as "mud eating" (comer barro) and the remedy as "taking steel" (tomar acero). Cf. for example, Castillo Solórzano, *Tardes entretenidas*, Introducción, p. 19: "Estas señoras . . . determinaron ir a holgarse a la quinta referida, con presupuesto de estarse en ella todo el florido mes de Mayo, a donde las damas, como poco acostumbradas a salir de su casa y mucho a la golosina de los búcaros; vicio tan dilatado que pierde quilates de dama la que no se precia de su experiencia, habían determinado tomar el acero y hacer con él ejercicio que ordenan los médicos a costa de no pocos cansancios." Compare the passage quoted on p. 16, above. For a definition of *acero* and *acerar* as medical terms, see these words in Espasa, *Enciclopedia*. Other current therapeutic practices mentioned in the short stories, such as the use of the bezoar stone, and the application of tight bandages in swoons, are spoken of in C. B. Bourland, *Aspectos*, etc., pp. 357-358.

142. Cf. Lope de Vega, *La mas prudente vengança*, Novelas, p. 74: "Casose vn hidalgo, amigo mio, de buen gusto, y la noche primera que se auia de celebrar el himeneo . . . vio a su mujer apearse de tan altos chapines y quedar tan baxa, que le parecio que le auian engañado en la mitad del justo precio," etc. Cf. note 140, above.

143. Cf. Castillo Solórzano, *El ayo de su hijo*, Tiempo de regocijo, p. 376: "Pasó un sobrino de su mujer dos noches en su casa, y era tan galán, que calzaba unas botas de camino tan justas, que por no se las descalzar, dormía con ellas." On this fashion see Zabaleta, *El dia de fiesta por la mañana*, 1692. *El galan*, p. 163, col. 2.

144. Cf. Lope de Vega, *La desdicha por la honra*, Novelas, p. 42: ". . . Felisardo no lleuò bien que le hablasse en la braueza ni en el cuydado de los bigotes, que, aunque no auia los estantales que les ponen agora (ya de cuero de ambar, ya de lo que solia ser fealdad, y agora o los haze mas gruessos o los sustenta, que se llama en la botica *vigotorum duplicatio*, . . .) no los traia con descuydo, y porque se lleuantauan con solo el cuydado de las manos los llamaua los obedientes. . . ."

145. Cf. Zayas, *Tarde llega el desengaño*, Novelas, p. 278: ". . . porque tenía las narices tan romas, que imitaban los perros bravos que ahora están tan validos. . . ."

146. Cf. *El premio de la virtud y castigo del vicio*, Novelas, p. 74; "Aviase apoderado de este hombre la vanidad, y cavalleria, de modo, que no perdonaba en su muger los cansados titulos, de que tan indignamente vsan los Poderosos, llamandolas primas, à quien Dios . . . las llamò esposas. . . . Tenia quarto à parte, como ellos vsan, imitando en todo sus ceremonias, correspondiendo al suyo el en que su muger vivia; y . . . no baxaba à vèrse con èl, sino avisaba, por no perder vn punto de la cavallerosa obstentacion, en que le parecia que consistia el ser cavallero." — Zabaleta, *El dia de fiesta por la tarde*, 1692. *El estrado*, p. 324, says: "Esta muger se primeaua con su marido por sonar a gran señora."

147. Cf. *El prevenido engaño*, Novelas, p. 82. Cf. also Liñán y Verdugo, *Guía y avisos*, etc., novela 8, p. 156: ". . . lo que hacía el que tomó la mohatra era irse hoy a un amigo, mañana a otro y decirles: 'Por qué no os hacéis retratar, pues ya está puesto en uso el retratarse?' "

148. Cf. Pérez de Montalbán, *Al cabo de los años mil*, Para todos, p. 141: "por las señas que daua de la casa . . . y sobre todo encareciendo algunos lienços particulares que yo tengo, por ser aficionado a la pintura de Ticiano, del Bassan, del Mudo, y de Alberto Dureto (*sic*), y de otros insignes pintores, vine a conocer que mi casa era la ofendida." See also Castillo Solórzano, *La ingratitud y el castigo*, Noches de placer, pp. 117 and 120.

149. Cf. Carabajal, *El amante venturoso*, Navidades, nov. 3, p. 58, col. 2: "El penado Cavallero . . . convocò todos sus amigos, para que à la puerta de su casa, por ser la calle anchurosa, se inventassen diversos, y entretenidos juegos: vnas veces de esgrima, otras de sortija, y estafermos, solo à fin de que su señora ocupàra los balcones, y no consiguiendo el fin de su amoroso cuydado, porque Teodora gozaba de todo, sin ser vista de nadie, . . . he pensado [dixo], que mi señora Teodora, todas las fiestas que consagro al templo de su hermosura, entenderà que son entretenimientos de Cavallero mozo, por divertir el tiempo." See also Castillo Solórzano, *El hacer bien no se pierde*, Noches, p. 235.

150. To furnish music on such occasions was apparently a regular trade and sometimes a dangerous one, for the serenaders employed by one lover were likely to be attacked by a rival gallant and get their instruments broken, if not their heads. Lope de Vega, in *La desdicha por la honra* (pp. 40-43), describes such an incident, and a similar one occurs in *El socorro en el peligro*, by Castillo Solórzano, Tardes entretenidas, pp. 259-260: "Esa noche quiso don Félix celebrar esta salida de mi prima, y juntando los mejores músicos de la corte, a la una de la noche, en nuestra calle, hizo que a cuatro voces diesen principio a la música con un romance. . . . No aguardé a que cantassen otro tono, . . . antes, desatinado de celos, tomé un broquel, y con mi espada desnuda salí en cuerpo de casa como un

loco, y acometiendo a todos, dí a los músicos de cintarazos, rompiéndoles las guitarras y haciéndoles huir por la calle abajo." Cf. also Icaza, *Las novelas ejemplares,* pp. 175-176, and n. 95. No wonder, says S. Barbadillo, that musicians are cowards (*Corrección de vicios,* p. 197), "pues la escuela de la música funda lo mas curioso de su doctrina en fugas." — Castillo Solórzano tells us that the best musicians were those of Madrid, and more than once represents his heros as sending there for them from a city as far distant as Valencia: "Preuino pues [don Fernando] musicos de la Corte, que es adonde se canta lo mas fino, y ayroso de toda España, porque alli assiste la flor de los mejores hombres deste arte." (*El amor por la piedad,* Huerta de Valencia, 1629, p. 45). See also *La ingratitud y el castigo,* La quinta de Laura, Madrid, 1649, p. 15.

151. Cf. Carabajal, *El amante venturoso,* Navidades, nov. 3.

152. Cf. Castillo Solórzano, *El obstinado arrepentido,* Jornadas alegres, p. 296; *El socorro en el peligro,* Tardes entretenidas, pp. 221, 233; Zayas, *Aventurarse perdiendo,* Novelas, p. 8; Salas Barbadillo, *El majadero obstinado,* Casa del plazer, f. 169 v.

153. Cf. Castillo Solórzano, *El socorro en el peligro,* Tardes entretenidas, p. 293, *La ingratitud y el castigo,* Noches de placer, p. 141, *La quinta de Diana,* Tiempo, etc., p. 313.

154. Cf. Zayas, Novelas: *Aventurarse perdiendo,* p. 11, and *Tarde llega el desengaño,* p. 274; Liñán y Verdugo, *Guía y avisos,* novela, 3, p. 80: Pérez de Montalbán, *Al cabo de los años mil,* Para todos, p. 136.

155. On this subject, see Liñán y Verdugo, *Guía y avisos,* passim; various types of leeches that preyed upon the simple-minded in the capital are described by Castillo Solórzano, in *El ayo de su hijo,* Tiempo, etc., pp. 398-402.

156. Cf. Castillo Solórzano, *La cruel aragonesa,* Jornadas alegres, pp. 162-163, 174-175; and Zayas, Novelas: *El desengañado amando,* pp. 111, 112, 121, 122 and *La inocencia castigada,* pp. 244-246. With these fictitious cases compare those reported by Barrionuevo in the letters dated October 21, 1654 (vol. I, p. 98), May 29, 1656 (vol. II, p. 414), and April(?), n.d., 1661 (vol. IV, p. 381). The last mentioned case was proved to be a canard, but was firmly believed for some time.

157. Cf. Castillo Solórzano, *No hay mal que no venga por bien,* Jornadas alegres, p. 26, and Agreda y Vargas, *El premio de la traycion,* Novelas morales, p. 454: "Llegaron con el alboroto, que ellos suelen, gritando: à ladron, favor a la Justicia, . . ."

158. Cf. *No hay mal,* etc., Jornadas, etc., p. 27.

159. Cf. *El premio de la traycion,* p. 454.

160. *El coche mendigon y embergonçante*, Casa del plazer honesto, ff. 25 v. - 26 r. — For other comments on *alguaciles*, see also his *Correción de vicios*, pp. 20-26, where Boca de todas verdades "encarece cuan dificultosa es la salvación de un escribano o alguacil." In 1609 Salas Barbadillo was arrested and fined for writing certain libellous verses, among them a satire on three alguaciles of Madrid. See Icaza, *Salas Barbadillo*, etc., p. xvii.

161. Cf. *Guía y avisos*, novela 4, pp. 84-95, and *Avisos*, vol. I, pp. 9, 18, 20, 39, 52.

162. Cf. Castillo Solórzano, *El proteo de Madrid*, Tardes entretenidas, pp. 177 and 203, and note 165, below.

163. Cf. Zayas, *La inocencia castigada*, Novelas, p. 243.

164. Cf. Zayas, Novelas: *El imposible vencido*, p. 146, and *Amar solo por vencer*, p. 311. Carabajal, *Zelos vengan desprecios*, Navidades, p. 107, col. 2.

165. Cf. *Guía y avisos*, novela 7, p. 139: ". . . convencidos de sus delitos, sentenciáronlos a azotes, y a ella a perpetuo encierro en la galera y a él a las galeras. Despoblóse Madrid y alquiláronse ventanas para ver semejante tragedia: el uno decía cuando los llevaban azotando: "A mí me cogieron doscientos escudos;" etc. See also *Cervantes, El Licenciado Vidriera*, Selections from the *Novelas ejemplares*. Edited by Hugo A. Rennert. Holt and Co., 1918; p. 121 with corresponding notes.

166. For example, Alcalá y Herrera, *La peregrina hermitaña* (Varios efetos de amor, nov. 4); Carabajal, *El esclavo de su esclavo* (Navidades, nov. 5); Castillo Solórzano, *La libertad merecida* (Jornadas, etc., nov. 4) and others; Lope de Vega, *La desdicha por la honra* and *Guzmán el bravo* (Novelas, nos. 3 and 4); Lugo y Dávila, *Premiado el amor constante* (Teatro popular, nov. 2); Moreno, *La desdicha en la constancia* (Novelas, nov. 2); Pérez de Montalbán, *La desgraciada amistad* (Sucesos y prodigios, nov. 6); Sanz del Castillo, *La muerte del avariento* (Mogiganga del gusto, nov. 4); Zayas, *El juez de su causa* and *La esclava de su amante* (Novelas, Parte I, nov. 9, and Parte II, nov. 1).

167. Cf. *Zayas, Aventurarse perdiendo*, Novelas, p. 16: ". . . aquella misma noche había de ser la partida de mi querido dueño a Flandes, refugio de delincuentes y seguro de desdichados," and *Tarde llega el desengaño*, p. 279: ". . . llegando a la edad . . . de diez y ocho años era tan inclinado a las armas, que pedí a mis padres la licencia para pasar a Flandes a emplear algunos años en ellas y ver tierras;" and Pérez de Montalbán, *La mayor confusion*, f. 75 r.: ". . . porque deseaua ver mundo, y salir de España, por saber que nunca la patria trata a sus hijos como madre."

F

168. Cf. for example Zayas, *Tarde llega el desengaño*, Novelas, p. 274:
". . . don Martin, . . . a quien deseos de aumentar honor habían
ausentado de su patria, . . . cuando navegaba la vuelta de España,
honrado de valerosos hechos, y acrecentado de grandes servicios, adquiridos
en Flandes, donde había servido con valeroso ánimo y heroico valor a su
católico rey, y de quien esperaba, llegando a la corte, honrosos premios.
. . ." See also, above, note 154, and many instances elsewhere in the
novelas.

169. Cf. Céspedes y Meneses, *El desdén del Alameda*, Historias peregrinas, pp. 101-102; Castillo Solórzano, *El hacer bien no se pierde*, Noches
de placer, pp. 235-236, and, same author, *El amor en la piedad*, Huerta de
Valencia, Valencia, 1629, p. 37: "Dauame cadadia en rostro mi hermano,
con dezirme, que parecian mal los Caualleros moços, hijos segundos, en su
patria, donde auia ocasiones en Flandes para seruir al Rey y merecer
premios de su mano. . . ."

170. Cf. Castillo Solórzano, *El socorro en el peligro*, Tardes entretenidas,
p. 264: "Flandes tiene guerra contra las islas de Zelanda y Holanda, ocasión en que los caballeros de mi calidad van a servir: allí determino (ex-
puesto a los mayores peligros) que en defensa de mi Ley y Rey, una ardiente bala haga en mí lo que esta pena no ha hecho." See also Pérez de
Montalbán, *El embidioso castigado*, Sucessos y prodigios de amor, f. 50 v.
and elsewhere in the novelas.

171. Cf. Alcalá y Herrera, *La peregrina hermitaña*, Varios efetos de
amor, Lisbon, 1671, f. 65, r.

172. Lope de Vega in his *Censura* of the *Sucessos y prodigios de amor*,
Madrid, March 8, 1624, says of the Montalbán: "No queda inferior al
Cintio, Bandelo y Bocacio en la invencion destas fabulas, y en acercarse a
la verdad los excede." The style he characterizes as "elegante, sentencioso
y grave."

173. Cf. the dedication to Lope preceding *La mayor confusion*, Sucessos
y prodigios de amor, f. 67 r. (misnumbered 85).

174. *History of Spanish Literature*, vol. III, p. 165.

175. Cf. Morillot, Paul. *Scarron. Etude biographique et littéraire*.
Paris, Lecène et Oudin, 1888, pp. 377-378.

176. On Salas Barbadillo, cf. Cotarelo y Mori, *Obras de Alonso Jerónimo de Salas Barbadillo* . . . Madrid, Revista de Archivos, 1907. 2
tomos. Tomo I, Prólogo; and Icaza, F., *Salas Barbadillo*, etc. Madrid,
La Lectura, 1924. Prólogo.

177. This use by Scarron of Salas Barbadillo's novel was noted many
years ago by Ticknor in his *History of Spanish Literature*, vol. III, p. 157,

n. 10. Scarron, who was a declared admirer of the Spanish novela (cf. *Le Roman Comique*, ch. xxi, beginning), besides Barbadillo's story, reproduced in his *Nouvelles tragi-comiques* three of María de Zayas', *El prevenido engaño, El castigo de la miseria, Al fin se paga todo,* and one of another Spanish author. In the *Roman Comique* he incorporated *El juez de su causa* by María de Zayas, and three novelas from Castillo Solórzano's Alivios de Casandra: *Los efectos que hace amor, A un engaño otro mayor* and *La confusión de una noche*. Cf. Morillot, *op. cit.,* ch. vi, pp. 361 et seq.

178. *Ibid.,* p. 374.

BIBLIOGRAPHY

BIBLIOGRAPHY

NOTE

It has been my effort in the following bibliography to list as completely as possible the seventeenth and eighteenth-century editions of the short stories written in Spain during the seventeenth century, exclusive of those of Cervantes. For the latter I have merely given references to bibliographies already existing. I have, on the other hand, included Timoneda's *Patrañuelo,* although it so considerably antedates the first seventeenth-century collection of stories, for without it the record of the early Spanish novela would be incomplete.

The bibliography is restricted to the novela as defined in the Foreword to my essay on the short story. The original plan provided for biographical notes on the various authors and a list of the other bibliographies in which their works are mentioned; but pressure of time has made the inclusion of this material impossible.

With very few exceptions the books listed have been described at first hand by myself. The small number of descriptions which I owe to other people are indicated by an asterisk. The shelf-mark of the copy seen is given in every case.

The following list indicates the libraries consulted in the preparation of the bibliography and the abbreviations used in referring to them.

Biblioteca nacional, Madrid (B. N.).
Biblioteca de Palacio, Madrid.
Biblioteca de San Isidro, Madrid (B. S. I.).
Biblioteca de la Universidad, Madrid.
Biblioteca de Menéndez y Pelayo, Santander.

Bibliothèque nationale, Paris (B. N. P.).
British Museum, London (B. M.).
Bodleian Library, Oxford.
Cambridge University Library.
Bibliothèque Royale, Brussels.
Hispanic Society Library, New York (H. S. A.).
New York Public Library.
Boston Public Library (B. P. L.).
Widener Library, Cambridge, Mass. (H.).

1576

TIMONEDA, JUAN

Primera par-|te de las Patrañas de | Juan Timoneda:
en las | quales se tratan admira | bles cuentos, graciosas |
marañas, y delicadas in-|uenciones para saber | cōtar el
sabio y dis | creto relatador. | Con licēcia en Alcala de |
Henares, en casa de Seba-|stian Martinez | 1576. | Esta
tassado en quarenta mr̄s.

Gothic letter from *-te* through *relatador*. The title is enclosed in a
clumsily executed classic portal, in the base of which is a small shield with
the printer's initials, the S being inverted.

8°. 1 f. without fol. + ff. ij-cxxvij fol.

The unnumbered f. contains r., the t.p. and v., the Tassa. Madrid,
Dec. 24, 1576. Ff. ij-iiijv, contain the remaining preliminary matter:
Approbatio, Ioachimus Molina. Valencia, Sept. 22, 1566 (in Latin). —
[Licentia]. Valencia, n.d. (in Latin). — [Licencia]. Madrid, Oct. 8, 1576.
— Soneto entre el Autor y su Pluma. — Soneto de Amador de Loaysa, en
loor de la obra. — Epistola al amantissimo Lector.

Ff. v, recto, — cxxv, verso, text of the Patrañas; f. cxxvi, r. and v.,
Tabla del presente Libro. A. Argentina y Tholomeo. Arsenio por ser
amante. A cauausa (*sic*) de cien cruzados. Apolonio por casar. A vn
ciego de vn retrete. A vn muy honrado abbad. — C. Ceberino captiuaron.
— F. Finea en auer perdido. — G. Geroncia reyna por ser. — I. Iulian por
ser cabido. — L. La Duquesa de la Rosa. La mala madrastra hizo, cix. —
P. Por su bondad Griselida, ix. [Por a]mor murio el Quistor, xix. [Por
ca]usa de vn cadenon, lij. [Porqu]e dezia Claudino, cj. [Por V]rbino
Federico, cxx. — Q. [Quiso A]stiages por su suerte, xcv. — T. [Tancredo]

causo y Febea, cij.—V. [Vn niño en] la mar hallado, xxx. [Vn Rey po]r ser muy agudo, xliij. [Vna niña a F]eliciano, lxxxij.—Fin de la Tabla.—F. cxxvij r., Disculpa de Iuã Timoneda a los pan y aguados dela prudencia, y Colegiales del prouechoso Silencio.—F. cxxvij v., colophon: Impresso con li-|cencia en Alcala de Henares, por Seba-|stian Martinez, Año de mil y quinien-|tos y setenta | y seis. Gothic letter.

NOTE. Ff. cxxiij-cxxvij are badly torn at the edge. As a consequence, the numbers of the folios on which the stories occur are missing on f. cxxvi recto, and the first letters of the titles on the verso. F. cxxvij has been backed with a piece of white paper, through which it is difficult to decipher all the colophon. The division of the lines is, however, clear.

H. S. A.

The B. N. has a copy of the *Patrañuelo,* also printed in Alcalá in 1576, but slightly different from that owned by the H. S. A. (cf. below, p. 85). While the contents and pagination are the same, the title-pages and colophons show minor divergences and in the text there are some differences in the capitalization, punctuation, spelling and division into lines. The title-page and colophon of the copy in the B. N. are as follows:

Primera par-|te de las Patrañas de | Juã Timoneda, en las | quales se tratã admira | bles cuentos, graciosas | marañas, y delicadas in-|uenciones para saber | contar el sabio y dis | creto relatador. | Con licẽcia en Alcala de | Henares, en casa de Seba-|stian Martinez. | 1576. | Colophon: Impresso con li-|cencia en Alcala de Henares, por Se-|bastian Martinez. Año de mil y | quinientos y setenta y | seys.

Ornamental title-page and use of Gothic letter as in H. S. A.

B. N. $\frac{R}{13347}$

1578

TIMONEDA, JUAN

PRIMERA | PARTE DE LAS | PATRANYAS EN LAS | QVALES SE TRATAN AD | mirables cuentos, graciosas marañas | y delicadas inuenciones para sa | ber las contar el discre | to relatador. | Compuesto por Ioan Timoneda, Y agora en esta | impression emendado. | Decoration. | EN BARCELONA. | Año M. D. Lxxviij.

8°. 3 preliminary ff., two of them without fol., + ff. 4-102 fol. + 1 f. without fol. Of the preliminary ff. the first and the third are unnumbered, the second is numbered 3. The preliminary ff. contain: T.p.—Approbatio, Ioachimus Molina. Valencia, Sept. 22, 1566 (in Latin).— [Licentia]. Valencia, n.d. (in Latin).— Soneto entre el Auctor y su pluma.— Soneto de Amador de Loaysa, en loor dela obra.— Epistola al amantissimo Lector.

Ff. 4 r.,- 101 v., text of the Patrañas. F. 102 r. and v., Tabla del presente Libro. A. ARgentina y Tholomeo, 4. Arsenio por ser amante, 16. A causa de cien cruzados, 27. Apolonio por casar, 44. A vn ciego de vn retrete, 66. A vn muy honrado abat, 70.—C. Ceberino captiuaron, 39.—F. Finea en auer perdido, 72.— G. Geroncia Reyna por ser, 92.— I. Iulian por ser cabido, 79.— L. La Duquesa de la Rosa, 30. La mala madrastra hizo, 88.— P. por su bondad Griselida, 7. por amor murio el Quistor, 15. por causa de vn cadenon, 42. porque dezia Claudino, 82. por Vrbino Federico, 97.— Q. Quiso Astiages por su suerte, 77.— T. Tancredo causo, y Febea, 72.— V. Vn niño en la mar hallado, 24. Vn Rey por ser muy agudo, 35. Vna niña a Feliciano, 67.— Fin de la Tabla.— F. [103]¹r., Disculpa de Ioan Timoneda a los pan y aguados dela prudencia, y Colegiales del prouechoso Silencio; f. [103] v., printer's mark; below, colophon: Fue impresso el presente Patrañue-|lo enla insigne ciudad de Barcelo-|na en casa de Iayme Sendrat. | Año. 1578.

B. N. $\frac{R}{11984}$

1580

TIMONEDA, JUAN

LAS PA | TRAÑAS DE | IOAN DE TIMONE-|da: en-las quales se tratan admirables cuen-|tos, graciosas marañas, y delicadas | inuenciones para saber con-|tar el sabio y dis-creto | relatador. | Printer's mark | EN BILBAO. | Por Mathias Mares. | A costa de Iuan Ruelle Mercader de libros. | 1580.

8°. 1 f. without fol.+ff. 2-146 fol. + 1 f. without fol.
The preliminary f. without fol. is the t.p.— Ff. 2 r.-5 v., contain the remaining preliminary matter: Tassa. Madrid, Dec. 24, 1576.— Ap-

¹ The enclosure of a number in brackets indicates that the page or folio in question is unnumbered in the text

probatio, Ioachimus Molina. Valencia, Sept. 22, 1566 (in Latin). — [Licentia]. Valencia, n.d. (in Latin). — [Licencia]. Madrid, Oct. 8, 1576. — Soneto entre el Auctor y su pluma. — Soneto de Amador de Loaysa, en loor de la obra. — Epistola al amantissimo Lector.

Ff. 6 r., - 146 r., text of the Patrañas. — F. 146 v., - [147] r., Tabla del presente libro. A. ARgentina y Tholomeo, 6. Arsenio por ser amante, 24. A causa de cien cruzados, 40. Apolonio por casar, 64. A vn ciego de vn retrete, 95. A vn muy honrado Abbad, 101. — C. Ceberino captiuaron, 57. — F. Finea en auer perdido, 103. — G. Geroncia Reyna por ser, 133. — I. Iulian por ser cabido, 115. — L. La Duquesa de la Rosa, 43. La mala madrastra hizo, 127. — P. por su bondad Griselida, 10. por amor murio el Quistor, 22. por causa de vn cadenon, 61. porque dezia Claudino, 118. por Vrbino Federico, 140. — Q. Quiso Astiages por su suerte, 111. — T. Tancredo causo, y Febea, 120. — V. Vn niño en la mar hallado, 35. Vn Rey por ser muy agudo, 34. Vna niña a Feliciano, 97. — Fin de la Tabla. — F. [147] v., Disculpa de Juan Timoneda alos pan y aguados de la Prudencia, y Colegiales del prouechoso Silencio.

B. N. $\frac{R}{6302}$

1586

TIMONEDA, JUAN

Primera par-|te de las Patrañas de | Juã Timoneda, en las | quales se tratã admira-|bles cuentos, graciosas | marañas y delicadas in-|uenciones para saber | contar el sabio y dis-|creto relatador. Con licēcia, en Alcala de | Henares, en casa de Seba-|stian Martinez. | 1586.

Ornamental title-page as in H. S. A. and B. N. $\frac{R}{13347}$. Gothic letter from *-te* through *relatador*.

8°. 1 f. without fol. + [ij] - cxxvij fol.

The unnumbered f. contains r. the t.p. and v., the Tassa. Madrid, Dec. 24, 1576. — Ff. [ij] - iij v.: Approbatio, Ioachimus Molina. Valencia, Sept. 22, 1566 (in Latin). — [Licentia]. Valencia, n.d. (in Latin). — [Licencia]. Madrid, Oct. 8, 1576. — F. iiij, missing.

F. v (first f. of the text) missing; ff. vj recto - cxxv verso, text of the Patrañas; f. cxxvi, r. and v., Tabla del presente Libro. A. Argentina y Tholomeo, folio v. Arsenio por ser amante, xxj. A causa de cien cruzados, xxxiiij. Apolonio por casar, liiij. A vn ciego de vn retrete, lxxxj. A vn muy honrado Abad, lxxxvij. — C. Ceberino captiuaron, xlviij. — F. Finea en auer perdido, lxxxviij. — G. Geroncia reyna por ser, cxiij. — I. Iulian por ser cabido, xcviij. — L. La Duquesa de la Rosa, xxxvij. La mala madrastra hizo, cix. — P. por su bondad Griselida, ix. Por amor murio el Quistor, xix. Por causa de vn cadenon, lij. Porque dezia Claudino, cj. Por Vrbino Federico, cxx. — Q. Quiso Astiages por su suerte, xcv. — T. Tancredo causo y Febea, cij. — V. Vn niño en la mar hallado, xxx. Vn Rey por ser muy agudo, xliij. Vna niña a Feliciano, lxxxij. — Fin de la Tabla. — F. cxxvij r., Disculpa de Iuan Timoneda a los pan y aguados de la prudencia y Colegiales del prouechoso Silencio. — F. cxxvij v., colophon: Impresso con li-|cencia en Alcala de Henares, por Seba-|stian Martinez. Año de mil y quinien-|tos y setenta | y seys (*sic*). Gothic letter.

The contradictory dates of the title-page and colophon of this edition raise a question as to its real year of printing. While it agrees in contents and pagination with the two copies of Alcalá, 1576, owned respectively by the H. S. A. and the B. N., it diverges slightly from the former in its title-page and from the latter in the colophon. In the text it shows a few diferences from both in capitalization, punctuation, division of lines, etc. Both the page and the place thereon occupied by the printing are slightly larger in this edition than in B. N. $\frac{R}{13347}$

B. N. $\frac{R}{14995}$

1609

ESLAVA, ANTONIO DE

PARTE | PRIMERA, DEL | LIBRO INTVLADO | Noches de Inuierno. | Compuesto por Antonio de Eslaua, natural de | la Villa de Sanguessa. | Dedicado a Don Miguel de Nauarra y Mauleon, | Marques de Cortes, y Señor de Rada | y Traybuenas. | Año (Heraldic decoration) 1609. | EN PAMPLONA. | Con licencia y Priuilegio del Consejo Real. | Impresso: Por Carlos de Labayen. | vendense en la misma Emprenta.

8°. 12 ff. without fol. + 239 ff. fol.

Preliminary ff.: T.p. — Tassa. Pamplona, July 4, 1609. — Aprovacion, el Licenciado Iuan de Mendi. Pamplona, June 26, 1609. — Erratas. — Aprovacion, Fray Gil Cordon. Nov. 27, 1608. — Licencia y Priuilegio. Pamplona, Nov. 28, 1608. — Ded. signed by the author. — Prologo al discreto lector. — Sonnet from the author to his book. — Laudatory verses.

Ff. 1-232 r., text. F. 233 r. and v., Tabla de los capitvlos qve en este libro se contienen. Capitulo Primero. Do se cuenta la perdida del Nauio de Albanio, fol. 1. Cap. 2. Do se cuenta como fue descubierta, la fuente del desengaño, fol. 20. Cap. 3. Do se cuenta el incendio del Galeon de

Pompeo Colona, fol. 42. Cap. 4. Do se cuenta la soberuia del Rey Nici-foro, y incendio de sus Naues, y la Arte magica del Rey Dardano, fol. 59. Cap. 5. Do se cuenta la justicia de Celin Sultan gran Turco, y la vengan-ça de Zayda, fol. 80. Cap. 6. De se cuenta quien fue el esclauo Bernart, fol. 98. Cap. 7. Do se cuenta los trabajos, y cautiverio del Rey Clodo-miro, y la Pastoral de Arcadia, fol. 120. Cap. 8. Do se cuenta el naci-miento de Roldan y sus niñerias, fol. 148. Cap. 9. Do defiende Camila, el genero Feminino, fol. 175. Cap. 10. Do se cuenta el nacimiento de Carlo Magno Rey de Francia, y Emperador de Romanos, fol. 187. Cap. 11. Do se cuenta el nacimiento de la Reyna Telus de Tartaria, fol. 211. — Ff. 234-239 r., Tabla de las cosas mas notables de este libro por numero de folios, paginas y lineas. — F. 239 r., colophon.

H. S. A. B. N. $\frac{R}{9798}$

The Paris copy of this edition, which agrees otherwise with those of the H. S. A. and B. N., has a different title-page and dedication. The latter is signed, not by the author, but by Carlos de Labayen. The title-page reads:

PARTE | PRIMERA, DEL | LIBRO INTITVLADO | Noches de Inuierno. | Compuesto por Antonio de Eslaua, natural de| la Villa de Sanguessa. | Dirigido a don Iuan Iorge Fernãdez de Heredia | Conde de Fuentes, señor de la casa y varonia de | Mora, Comendador de Villafranca, Gouer-|nador de la orden de Calatraua, &c. | Año (Heraldic decoration) 1609. | EN PAMPLONA | Con licencia y Priuilegio del Con-sejo Real. | Impresso: Por Carlos de Labayen.

B. N. P. Y² 33149

PARTE | PRIMERA, DEL | LIBRO INTITVLADO | Noches de Inuierno. | Compuesto por Antonio de Eslaua, natural de la | Villa de Sangüessa. | Dirigido a don Ioan Iorge Fernandez de Heredia | Conde de Fuentes, señor de la casa y varonia de | Mora, Comendador de Villafranca, Gouer-|nador de la orden de Calatraua, &c. | Año (Decoration) 1609. | EN BARCELONA. | En casa Hieronymo Margarit. | Acosta de Sebastian de Cormellas, Mercader | de Libros.

8°. 8 ff. without fol. + 225 ff. fol. + 6 ff. without fol.
Preliminary ff.: T.p. — Aprovacion, Fr. Ioannes Vincentius (in Latin).

Barcelona, Sept. 16, 1609. — Licencia. Sept. 18, 1609. — Aprovacion, Fray Gil Cordon. Pamplona, Nov. 27, 1608. — Aprovacion, el Licenciado Iuan de Mendi. Pamplona, June 26, 1609. — Ded. — Prologo al discreto Lector. —Sonnet by the author to his book.—Laudatory verses.

Ff. 1-225 v., text. The following 6 ff. without fol. contain: Tabla de los capitvlos qve en este libro se contienen. Capitulo Primero. Do se cuenta la perdida del Nauio de Albanio, fol. Cap. 2. Do se cuenta como fue descubierta, la fuente del desengaño, fol. 19. Cap. 3. Do se cuenta el incendio del Galeon de Pompeo Colona, fol. 40. Cap. 4. Do se cuenta la soberuia del Rey Niciforo, y incendio de sus Naues, y la Artemagica del Rey Dardano, fol. 56. Cap. 5. Do se cuenta la justicia de Celin Sultan gran Turco, y la vengança de Zayda, fol. 76. Cap. 6. Do se cuenta quien fue el esclauo Bernat, fol. 93. Cap. 7. Do se cuenta los trabajos, y cautiuerio del Rey Clodomiro, y la Pastoral de Arcadia, fol. 114. Cap. 8. Do se cuenta el nacimiento de Roldan y sus niñerias, fol. 141. Cap. 9. Do defiende Camila, el genero Feminino, fol. 175. Cap. 10. Do se cuenta el nacimiento de Carlo Magno Rey de Francia, y Emperador de Romanos, fol. 171 (*sic*). Cap. 11. Do se cuenta el nacimiento de la Reyna Telus de Tartaria, fol. 206. — Tabla de las cosas mas notables de este libro por numero de folios, paginas y lineas. — Colophon.

H. S. A.

1610

ESLAVA, ANTONIO DE

PARTE | PRIMERA | DEL LIBRO | INTITVLADO | Noches de Inuierno. | Compuesto por Antonio de Eslaua, natural | de la villa de Sanguessa. | Dedicado a Don Miguel de Nauarra y Mau-|leon, Marquez de Cortes, y Señor | de Rada y Traybuenas. | Small decoration. | EN BRVSSELAS, | Por Roger Velpio, y Huberto An-|tonio, Impressores de sus Alte-|zas, à l' Aguila de oro, cer-|ca de Palacio, 1610. | Con licencìa (*sic*).

12mo.   9 ff. without fol. + 494 pp. pag. + 1 f. without fol.

Preliminary ff.: T.p. — Ded. — Prologo al discreto lector. — Sonnet by the author to his book. — Laudatory verses.

Pp. 1-494, text. The following unnumbered f. contains, recto: Tabla de los capitvlos que en este libro se contienen. Capitulo Primero. Do se cuenta la perdida del Nauio de Albanio, fol. 1. Cap. 2. Do se cuenta como fue descubierta, la fuente del desengaño, 40. Cap. 3. Do se cuenta el incendio del Galeon de Pompeo Colona, 86. Cap. 4. Do se cuenta la soberuia del Rey Niciforo, y incendio de sus Naues, y la Artemagica del Rey Dardano, 123. Cap. 5. Do se cuenta la justicia de Celin Sultan grã Turco, y la vengança de Zayda, 166. Cap. 6. Do se cuenta quien fue el esclauo Bernart, 205. Cap. 7. Do se cuenta los trabajos, y cautiuerio del Rey Clodomiro, y la Pastoral de Arcadia, 252. Cap. 8. Do se cuenta el nacimiento de Roldan y sus niñerias, 313. Cap. 9. Do defiende Camila el genero Feminino, 372. Cap. 10. Do se cuenta el nacimiento de Carlo Magno Rey de Francia, 399. Cap. 11. Do se cuenta el nacimiento de al (*sic*) Reyna Telus de Tartaria, 451; verso: Aprovacion, el Licenciado Iuan de Mendi. Pamplona, June 26, 1609. — Privilegio.

H. S. A.

1613

CERVANTES SAAVEDRA, MIGUEL DE

NOVELAS EJEMPLARES. For bibliografy see the following:

Bibliografía crítica de las obras de Miguel de Cervantes Saavedra, Por D. Leopoldo Ríus, Madrid, Administración: Librería de M. Murillo, 1895-1904. 3 vols. Tomo I, pp. 111-144, 329-355, 390-391.

Catàleg de la Col-lecció cervántica formada per D. Isidro Bonsoms i Sicart i cedida per ell a la Biblioteca de Catalunya. Por Joán Givanel i Mas. Barcelona, Institut d' Estudis Catalans. 1916-1925. 3 vols.

Cervantes' incidental novela, *El curioso impertinente*, was included by César Oudin in his edition of *La silva curiosa* by Julián de Medrano, Paris, 1608, pp. 274-328.

MEY, SEBASTIÁN

*FABVLARIO | EN QVE SE CON-|TIENEN FABVLAS Y | cuentos diferentes, algunos nvevos, y | parte sacados de otros autores: | por Sebastian Mey. | Decoration. | EN VA-LENCIA | En la impresion de Felipe Mey | Acosta de Filipo Pincinali a la plaça | de Vilarasa

8°. 4 ff. without fol. + 184 pp. pag.
Preliminary ff.: T.p. — Aprobacion, el Pauordre Rocafull. Jan. 20, 1613. — Mey's escutcheon. — Prologo. — Decoration (Pegasus chained).
Pp. 1-184, text.
This collection contains two *novelitas:* Fab. xxxiv, El emperador y su hija, and Fab. xlix, El caballero leal a su señor.

B. N. $\frac{R}{9194}$

ROSEL Y FUENLLANA, DIEGO

PARTE PRIMERA | De varias aplicaçiones, y Transfor-
maciones, | las quales tractan, Terminos Cortesa-|nos, Prac-
tica Militar, Casos de | Estado, en prosa y verso con | nueuos
Hieroglificos, | y algunos puntos | morales. | Dirigido à la
Magestad del Cristianissimo | Rey de Francia. | Decoration.
| Compuesto por Don Diego Rosel y Fuenllana, Sargento
Mayor en las | partes de España, y Gouernador dela Ciudad
de Sancta Agata en | las de Italia por su Magestad natural
de Madrid. | Con licencia, y Priuilegio de Barcelona y Na-
poles. | EN NAPOLES, Por Iuan Domingo Roncallolo.
1613.

4to. 12 ff. without fol. + 528 pp. pag.
Preliminary ff.: T.p. — Licencia. Barcelona, Oct. 7, 1607. — Licencia, y
Priuilegio. Barcelona, Sept. 20, 1607 (in Catalan). — Ded. to Louis XIII.
— Al Lector. — Laudatory prose and verse. — Blank leaf.
Pp. 1-528, text: pp. 1-140, Coloqvio primero; 141-391, Jornada segvnda;
392-528, Jornada tercera; 528, colophon.

H. S. A.

1615

SALAS BARBADILLO, ALONSO GERÓNIMO DE

CORRECCION | DE VICIOS, | En que Boca de todas
ver-|dades toma las armas contra la malicia de | los vicios, y
descubre los caminos que | guian a la virtud. | Por Alonso
Geronimo de Salas Barbadillo, | vezino, y natural desta villa
de | Madrid. | A Doña Ana de Zuazo de la Camara de la |
Reyna nuestra Señora. | Printer's mark. | Con Priuilegio de
Castilla, y Aragon. | EN MADRID | Por Iuan de la Cuesta,
Año de 1615. | A costa de Miguel Martinez. | Vēdese en la
calle mayor a las gradas de S. Felipe.

8°. 4 ff. without fol. + 195 ff. fol.
Preliminary ff.: T.p. — Tabla de las novelas que se contienen en este
libro. El mal fin de Iuan de Buenalma. fol. 13. La Dama del perro muerto. fo. 37. El Escarmiento del Viejo verde. fo. 60. Las Narizes del Bus-

cauida. fo. 86. La Mejor cura del Matasanos. fo. 108. Antes morir, que dezir verdad. fo. 132. Las galeras del Vende-humo. fo. 152. La Niña de los embustes. fo. 171. — Suma de la Tassa. Dec. 16, 1614. — Suma del Priuilegio de Castilla. Madrid, Jan. 21, 1614. — Suma del priuilegio de Aragon. Ventosilla, Oct. 20, 1614. — Fe de Erratas. Madrid, Dec. 8, 1614. — Aprovacion, el Doctor Gutierre de Cetina. Madrid, Dec. 20, 1613. — Aprovacion, Fr. Manuel de Espinosa. Madrid, Jan. 6, 1514 (*sic*). Al Lector. — Ded. Madrid, Dec. 15, 1614. — Decima to doña Ana de Zuaço.

Ff. 1-195 r., text; f. 195 v., colophon.

B. N. $\frac{R}{13383}$

Incidental short stories are found in the following works of Salas Barbadillo: *El pretendiente discreto* in La ingeniosa Elena, Madrid, 1614; a tale of the times of the Goths, without title, in El caballero puntual, Parte II, Madrid, 1619; *El descanso en el desprecio* in El caballero perfecto, Madrid, 1620; *La mayor accion del hombre* in Fiestas de la boda de la incasable mal casada, Madrid, 1622, and *El ladron convertido a ventero* in La estafeta del dios Momo, Madrid, 1627.

1617

CORTÉS DE TOLOSA, JUAN

DISCVRSOS | MORALES. | POR IVAN CORTES DE TO-|losa, criado del Rey nuestro señor, natural, | y vezino de Madrid. | Dirigido a Martin Frances hijo mayor de Mertin (*sic*) Frāces, | Teniente de la Tesoreria general de Aragon, y Ad-|ministrador de las Generalidades del dicho Reyno. | Heraldic decoration | En Çaragoça, con Priuilegio, por Iuan de la Naja y Quarta-|net Impressor del Reyno de Aragon, y de la Vniuersi-|dad, y a su costa, Año 1617.

8°. 12 ff. without fol. + 203 ff. fol. + 3 ff. without fol.
Preliminary ff.: T.p. — Aprouacion, Fray Tolon, Corrector. Zaragoza, May 1, 1617. — Aprouacion, Fr. Francisco Cuenca. Zaragoza, May 1, 1617. — Licencia. Zaragoza, May 1, 1617. — [Licencia y privilegio]. Zaragoza, May 23, 1617. — Prologo al Lector. — Ded. Madrid, July 7, 1617. — Laudatory verses. — Decoration.
Ff. 1-106 r., text of the *Discursos Morales;* ff. 106 v. - 203 v., text of the LIBRO DE | LAS NO-|VELAS; ff. [204-206] v.: Tabla de lo qve se contiene en este Libro. — Tabla del libro segundo. — Tabla de las Novelas. Nouela del Licenciado Periquin. fol. 106 . . . Nouela de la comadre. fol.

G

140 . . . Nouela del nacimiento de la Verdad. fol. 163 . . . Nouela de vn hombre muy miserable, llamado Gonçalo. fol. 180 . . . F. 206 v., colophon.

Among the contributors of laudatory verses are Lope de Vega, Salas Barbadillo and Luis Vélez de Guevara.

B. N. $\frac{R}{5147}$

1620

AGREDA Y VARGAS, DIEGO

NOVELAS MORALES | VTILES POR SVS | DOCV-MENTOS, | COMPVESTAS POR DON DIEGO | Agreda, y Vargas. | A Bartolome de Añaya, y Villanueua, señor de las Nobi-|lissimas casas de Villanueua, en las Montañas, y de la de | Galdo, en Galizia, Cauallero del Abito de Santia-|go, del Consejo del Rey nuestro Señor, y su | Secretario en el Real de la Guerra. | Escutcheon. | EN MADRID | Por To-mas Iunti, Impressor del Rey nuestro | Señor. Año M. DC. XX.

8°. 8 ff. without fol. + 686 pp. pag. + 1 f. without fol.

Preliminary ff.: T.p. — Tassa. Madrid, May 25, 1620. — Erratas. Madrid, May 26, 1620. — Aprouacion, Dotor Andres Arist. Madrid, Feb. 1, 1620. — Aprouacion, Don Iuan de Zaldierna y Nauarrete. Madrid, Feb. 20, 1620. — Suma del Priuilegio. Madrid, March 6, 1620. — Al Letor. — Ded. Madrid, June 1, 1620. — Las Novelas qve contiene este Libro, son las siguientes. Aurelio, y Alexandra, Nouela primera. El premio de la virtud, y castigo del vicio, segunda. El hermano indiscreto, tercera. Eduardo, Rey de Inglaterra, quarta. El daño de los zelos, quinta. La ocasion desdichada, sexta. La resistencia premiada, septima. El premio de la traycion, otaua. La correspondencia honrosa, nona. Federico, y Ardenia, decima. Carlos, y Laura, vndecima. El viejo enamorado, duodecima.

Pp. 1-686, text; f. [687] r., colophon.

H. S. A.

NOVELAS MORALES | VTILES POR SVS | DOCV-MENTOS. | COMPVESTAS POR DON DIEGO | Agreda, y Vargas. | A Bartholome de Añaya, y Villanueua, señor de las | Nobilissimas casas de Villanueua, en las Montañas, | y de la de Galdo, en Galizia, Cauallero del Abito de | Santiago, del Consejo del Rey nuestro Señor, | y su Secretario en el Real de la | Guerra. | Printer's mark | EN VALENCIA | Con licencia, por Iuan Chrysostomo Garriz. | Año M. DC. XX. | Acosta de Felipe Pincinali mercader de libros.

8°. 4 ff. without fol. + 600 pp. pag.

Preliminary ff.: T.p. — Las Novelas qve contiene este libro son las siguientes. Avrelio, y Alexandra, Nouela primera. El premio de la virtud, y castigo del vicio, segunda. El hermano indiscreto, tercera. Eduardo Rey de Ingalaterra, quarta. El daño de los zelos, quinta. La ocasion desdichada, sexta. La resistencia premiada, septima. El premio de la traycion, otaua. La correspondencia honrosa, nona. Federico, y Ardenia, decima. Carlos, y Laura, vndecima. El viejo enamorado, duodecima. — [Licencia]. Valencia, July 4, 1620. — [Licencia]. Valencia, June 30, 1620. — Al Lector. — Ded.

Pp. 1-600, text.

B. N. P. Y²11086.

NOVELAS | MORALES, | VTILES POR SVS | Documentos. | COMPVESTAS POR DON DIEGO | Agreda, y Vargas. | A Bartolome de Añaya, y Villanueua, señor de las Nobilis-|simas casas de Villanueua, en las Montañas, y de la de Gal-|do, en Galizia, Cauallero del Abito de Santiago, del Consejo | del Rey nuestro Señor, y su Secretario en el | Real de la Guerra. | 37 | Printer's mark | CON LICENCIA | En Barcelona, por Sebastian de Cormelllas (*sic*), | al Call, Año 1620. Y a su costa.

8°. 8 ff. without fol. + 576 pp. pag.

Preliminary ff.: T.p. — Tassa. Madrid, May 25, 1620. — Aprobacion, Dotor Andres Arist. Madrid, Feb. 1, 1620. — Aprobacion, Don Iuan de Zaldierna, y Nauarrete. Madrid, Feb. 20, 1620.—Aprobacion, Fray Thomas Roca. Barcelona, July 12, 1620. — Imprimatur, Matthias Amell. — Comission de su Excelencia, El Maestro Fr. Agustin Ossorio. Barcelona, July 26, 1620. — [Licencia, in Catalan]. Barcelona, Aug. 8, 1620. — Al Letor. — Ded. — Las Novelas que contiene este Libro, son las siguientes. Avrelio, y Alexandra, Nouela primera. El premio de la virtud, y castigo del vicio, segunda. El hermano indiscreto, tercera. Eduardo, Rey de Inglaterra, quarta. El daño de los zelos, quinta. La ocasion desdicahada, sexta. La resistencia premiada, septima. El premio de la traycion, otaua. La correspondencia honrosa, nona. Federico, y Ardenia, decima. Carlos, y Laura, vndecima. El viejo enamorado, duodecima.

Pp. 1-576, text.

The *licencia* in Catalan states that the book has been "estampat ya en Madrit."

B. N. $\frac{R}{4691}$

CORTÉS DE TOLOSA, JUAN

LAZARILLO | DE MANZANA-|RES, CON OTRAS | cinco Nouelas | COMPVESTO POR IVAN COR-|tes de Tolosa natural de la villa de | Madrid. | DIRIGIDO A DON IVAN YBA-|ñez de Segouia, Cauallero del Orden de | Calatraua, y Tesorero general de | su Magestad. | Año (Decoration) 1620. | CON PRIVILEGIO. | En Madrid. Por la viuda de Alonso Martin. | A costa de Alonso Perez mercader de libros.

8°. 6 ff. without fol. + 257 ff. fol.

Preliminary ff.: Aprobacion, el padrefray Alonso Ramon. Madrid, April 27, 1619. — Aprobacion, el Licenciado don Iuan de Gomara, y Mexia. Madrid, May 13, 1619. — Aprobacion, el Maestro Vicente Espinel. Madrid, May 9, 1619. — Svma del Privilegio. Lisbon, July 14, 1619. — Tassa. Madrid, Dec. 5, 1619. — Erratas. Madrid, Dec. 7, 1619. — Ded. — Al Lector.

Ff. 1-99 v., text of *Lazarillo de Manzanares;* ff. 99 v. - 257 v., text of the *Cinco novelas:* Nouela de la Comadre, f. 99 v. Nouela del licenciado Periquin, f. 130. Nouela del desgraciado, f. 169. Nouela del nacimiento de la verdad, f. 205 v. Nouela de un hombre muy miserable llamado Gonçalo, f. 228 v.

Of the novelas all except the *Nouela del desgraciado* are contained in the second part of the *Discursos morales* by the same author (1617).

H. S. A.

LIÑÁN Y VERDUGO, ANTONIO

GVIA | Y AVISOS DE | FORASTEROS, ADON-|DE SE LES ENSENA (*sic*) A HVIR | DE LOS PELIGROS QVE AY EN | la vida de Corte; y debaxo de nouelas mo-|rales, | y exemplares escarmientos, se les auisa, y ad-|uierte de como acudiran a sus nego-|cios cuerdamente. | POR EL LICENCIADO DON | Antonio Liñan y Verdugo. | A DON

FRANCISCO DE TAPIA Y | Silua, Conde de Bastamerli | Año (Ornament with the words: Omne tulit punctum Qui miscuit Utile Dulci.) 1620. | CON PRIVILEGIO. | En Madrid, Por la viuda de Alonso Martin. | Acosta de Miguel de Silis, mercader de libros.

4to. 8 ff. without fol. + 148 ff. fol.
Preliminary ff.: T.p. — Svma de Tassa. Madrid, Oct. 23, 1620. — Svma del privilegio. Aug. 15, 1620. — Erratas. Madrid, Oct. 22, 1620. — Aprouacion, el Licenciado Espinel. Madrid, July 19, 1620. — Ded. — Laudatory verses.
Ff. 1-148 r., text.

B. N. $\frac{R}{16323}$

SALAS BARBADILLO, ALONSO GERÓNIMO DE

CASA | DEL PLAZER | HONESTO | AL EXCE-LENTISSIMO | señor don Pedro Tellez Giron, Duque | de Osuna, Marques de Peñafiel, | conde de Vreña, &c. | AVTOR ALONSO GERONIMO | de Salas Barbadillo. | Año (Ornament) 1620. | CON PRIVILEGIO. | EN MADRID, | En casa de la viuda de | Cosme Delgado. | Acosta de Andres de Carrasquilla. | Vendese en la calle mayor, y en Palacio.

8°. 8 ff. without fol. + 180 ff. fol.
Preliminary ff.: T.p. — Tassa. Madrid, Oct. 12, 1620. — Suma del priuilegio. Sept. 5, 1620. — Erratas. Madrid, Oct. 9, 1620. — Aprovacion, Fray Andres Sanchez de la Costa. Madrid, July 31, 1620. — [Licencia]. Madrid, Aug. 7, 1620. — Censvra, el Licenciado don Iuan Varona Zapata. Madrid, Aug. 10, 1620. — Al Bvlgo. — Ded. Madrid, Oct. 15, 1620. — Laudatory verses. — Lo que contiene este Libro. Fvndadores de la casa del plazer, y sus ordenanças, fol. 1. Primera ostētacion que hizieron los fundadores de la casa del plazer, fol. 6. Primero Romance, fol. 7. Silua primera, fol. 8. Nouela primera, los Comicos amātes, f. 10. Romance segundo, fol. 19. Romance tercero, fol. 20. Nouela segunda, el coche mendigon y embergonçante, fol. 21. Silua segunda, fol. 51. El Busca oficios, fol. 55. Nouela tercera, el curioso maldiciēte, fo. 67. Silua tercera, fol. 63 (*sic* for 73). El Caprichoso en su gusto, fol. 90. Nouela quarta, el gallardo Mōtañes, fo. 104. Romance quarto, fol. 121. Silua quarta, fol. 122. Los mirones de la Corte, dialogo en prosa, fol. 125. Romance quinto, fol. 131. Nouela

quinta el pescador vēturoso, f. 132. Romance sexto, fol. 141. Romance septimo, fol. 143. Silua quinta, fol. 150. Romance octauo, fol. 153. Tribunal de los majaderos, dialogo en verso, fol. 155. Nouela 6. El majadero obstinado, fol. 160.

Ff. 1-180 v., text.

H. S. A.

The H. S. A. has another copy of this book with the date on the title-page printed 1602. Otherwise the volumes are identical.

1621

AGREDA Y VARGAS, DIEGO

NOVELAS | MORALES, | VTILES POR SVS | Documentos. | COMPVESTAS POR DON DIEGO | Agreda, y Vargas. | A Bartolome de Añaya, y Villanueua, señor de las Nobilis-|simas casas de Villanueua, en las Montañas, y de la de Gal-|do, en Galizia, Cauallero del Abito de Santaigo, del Consejo | del Rey nuestro Señor, y su Secretario en el | Real de la Guerra | 37 | Printer's mark | CON LICENCIA, | En Barcelona, por Sebastian de Cormelllas (*sic*), | al Call, Año 1621. Y a su costa.

8°.   8 ff. without fol. + 576 pp. pag.

Preliminary ff.: T.p. — Tassa. Madrid, May 25, 1620. — Aprobacion, Dotor Andres Arist. Madrid, Feb. 1, 1620. — Aprobacion, Don Iuan de Zaldierna, y Nauarrete. Madrid, Feb. 20, 1620.—Aprobacion, Fray Thomas Roca. Barcelona, July 12, 1620. — Imprimatur, Matthias Amell. — Comission de su Excelencia, El Maestro Fr. Agustin Ossorio. Barcelona, July 26, 1620.—[Licencia, in Catalan]. Barcelona, Aug. 8, 1620.—Al Letor.—Ded. — Las Novelas que contiene este Libro, son las siguientes. Avrelio, y Alexandra, Nouela primera. El premio de la virtud, y castigo del vicio, segunda. El hermano indiscreto, tercera. Eduardo, Rey de Inglaterra, quarta. El daño de los zelos, quinta. La ocasion desdicahada, sexta. La resistencia premiada, septima. El premio de la traycion, otaua. La correspondencia honrosa, nona. Federico, y Ardenia, decima. Carlos, y Laura, vndecima. El viejo enamorado, duodecima.

Pp. 1-576, text.

B. P. L. **D. 160a. 15.

A reprint with change of date on the title-page, of Barcelona, 1620.

LIÑÁN Y VERGUGO, ANTONIO

AVISOS | DE LOS | PELIGROS QVE AY | EN LA VIDA DE CORTE, | NOVELAS MORALES, Y | exemplares escarmientos. | POR EL LICENCIADO DON | Antonio Liñan y Verdugo. | A DON FRANCISCO DE TAPIA | y Silua, Conde de Bastamerli. | Año (Ornament with the words: Omne tulit punctum Qui miscuit Vtile Dulci) 1621. | CON PRIVILEGIO. | En Madrid, Por la viuda de Alonso Martin. | A costa de Miguel de Siles (*sic*), mercader de libros, vendese en su casa, | en la calle Real de las Descalças.

4to. 8 ff. without fol. + 148 ff. fol.

Preliminary ff.: T.p. — Svma de Tassa. Madrid, Oct. 23, 1620. — Svma del privilegio. Aug. 15, 1620. — Erratas. Madrid, Oct. 22, 1620.—Aprouacion, el Licenciado Espinel. Madrid, July 19, 1620. — Ded. — Laudatory verses.

Ff. 1-148, text.

B. N. $\frac{R}{5050}$

A reprint with a different title-page, of Madrid, 1620.

VEGA CARPIO, LOPE FELIX DE

LA FILOMENA | con otras diuersas | Rimas, Prosas, y Versos. | DE LOPE DE | Vega Carpio. | A LA ILL.^{ma} | Señora Doña Leonor Pimentel. | Con Priuilegio. | EN MADRID. | En casa de la biuda de Alonso Martin, a costa de Alonso Perez, 1621.

Handsome engraved title-page. An elaborate decoration in the classical manner encloses the title.

4to. 4 ff. without fol. + 220 ff. fol.

Preliminary ff.: T.p. — Suma del priuilegio. Madrid, June 13, 1621. — Suma de la tassa. July 19, 1621.—Fee de erratas. Madrid, July 7, 1621.— Aprovacion, el Maestro Vicente Espinel. Madrid, May 31, 1621.—Ded.— A la Ilvstrissima señora doña Leonor Pimentel. — Prologo. — Sonnet (to doña Leonor Pimentel). — Stephanus Forcatulus (Sonnet to doña Leonor Pimentel).

Ff. 1-220 v., text. Ff. 59 r., - 75 r., LAS FORTVNAS DE | DIANA, NOVELA | A LA SEÑORA MARCIA | Leonarda.

The text of the novela is in two cols.

H. S. A.

Las fortunas de Diana was included with the three stories of *La Circe* in the anonymously printed *Novelas de los mejores ingenios de España,* Zaragoza, 1648. (cf. below, p. 129).

LA | FILOMENA | CON OTRAS DIVERSAS | Rimas, Prosas, y Versos. | DE LOPE DE | Vega Carpio. | A LA ILLVSTRISSIMA | Señora doña Leonor Pimental. | Año (Shield with the words: IN IOVIS VSQVE SINVM.) 1621. CON LICENCIA. | En Barcelona, Por Sebastian de Cormellas

8°. 3 ff. without fol. + 237 ff. fol.
Preliminary ff.: T.p. — Aprobacion, Fr. Thomas Roca. Barcelona, Aug. 10, 1621. — Imprimatur. — Imprimatur. — A la Illvstrissima señora doña Leonor Pimentel (Sonnet). — Stephanus Forcatulus (Sonnet to Doña Leonor Pimentel).
Ff. 1-237 v., text. F. 58 r., LAS | FORTVNAS | DE DIANA, | Nouela. | A LA SEÑORA | Marcia Leonarda. — F. 98 v, Fin de las fortunas de | la hermosa Diana.

B. N. $\frac{R}{5470}$

1622

LUGO Y DÁVILA, FRANCISCO DE

TEATRO | POPVLAR: | NOVELAS MORALES | para mostrar los generos de vidas | del pueblo, y afectos, costumbres, y | pasiones del animo, cõ aproue-|chamiento para todas | personas. | AL EXCELENTISSIMO | señor don Iorge de Cardenas Manrique de La-|ra, Duque de Maqueda, Marques de Elche, | Varon de Planes, Cõde de Valencia | Conde de Trebiño, &c. | Por D. Francisco de Lugo y Dauila. | Small ornament. | EN MADRID, Por la Viuda de | Fernando Correa Montenegro | Año M. DC. XXII. | A costa de Alonso Perez.

8°. 12 ff. without fol. + 217 ff. fol. + 1 f. without fol.
Preliminary ff.: T.p. — Tassa. Madrid, May 31, 1622. — Erratas. Madrid, May 28, 1622. — Aprobacion, Fray Alonso Remon. Madrid, Oct. 28,

1620. — [Licencia]. Madrid, Nov. 14, 1620. — Suma del priuilegio. Madrid, Dec. 9, 1620. — Laudatory verses. — Ded. (signed by the author's brother, Don Dioniso Dauila y Lugo). Madrid, June 3, 1622. — Don Dionisio Dauila y Lugo, hermano del Autor a los Letores.—Don Francisco de Lugo, y Dauila, Proemio al Lector. — Las Novelas. 1 Escarmentar en cabeza agena, fol. 9. 2 Premiado el amor constante, fol. 38. 3 Las dos hermanas, fol. 61. 4 La hermania, fol. 78. 5 Cada vno haze como quien es fol. 92. 6 Del Medico de Cadiz, fol. 107. 7 Del Androgino, fol. 118. 8 De la juuentud, fol. 177.

Ff. 1-217 v., text; f. [218] r., colophon.

There are numerous mistakes in the foliation of this volume, but the text is consecutive.

H. S. A.

1623

CÉSPEDES Y MENESES, GONZALO DE

PRIMERA PARTE | HISTORIAS | PEREGRINAS, Y | EXEMPLARES. | CON EL ORIGEN, FVNDAMENTOS | y excelencias de España, y Ciudades adonde | sucedieron. | Por don Gonçalo de Cespedes y Meneses, natural de la villa de Madrid. | A LA IMPERIAL CIVDAD | de Çaragoça. | Año (Coat of arms of the City) 1623. | CON LICENCIA, Y PRIVILEGIO. | Impressa en ÇARAGOÇA, | Por Iuan de Larumbe. | A costa de Pedro Ferriz.

4to. 6 ff. without fol. + 191 ff. fol. + 5 ff. without fol.
Preliminary ff.: T.p. — Assvmptos principales qve contiene este libro. Breve resumen de las excelencias de España, teatro destas peregrinas historias. — El buen zelo premiado, historia primera. En la Ciudad de Zaragoça . . . El desden del Alameda, historia segunda. En la Ciudad de Seuilla . . . La costante (sic) Cordouesa, historia tercera . . . en la Ciudad de Cordoua . . . Pachecos y Palomeques, historia quarta. En la Ciudad de Toledo . . . Successos tragicos de don Enrique de Sylua, historia quinta. En la Ciudad de Lisboa . . . Los dos Mendoças, historia sexta, sucedida en Madrid . . . Aprovacion, Fray Iuan Calderon. Zaragoza, March 9, 1623. — Licencia. Zaragoza, March 10, 1623. — Aprovacion, el Doctor Iuan de Canales, etc. Zaragoza, April 4, 1623. — Privilegio. March 17, 1623. — Advertencia. — Erratas. Zaragoza, May 30, 1623. — A la imperial Civdad de Caragoca (sic). — Al Letor.

Ff. 1-8 r., Breve resumen de las excelencias, y antigvedad de España, etc.; v, Coat of arms; ff. 9-191 r., text of the *Historias*. The five unnumbered ff. which follow contain: Tabla de los capitvlos qve contiene esta primera parte. — Colophon.

H. S. A.

Nicolás Antonio mentions as the first an edition of Zaragoza, 1628, which I have been unable to find. Is there, perhaps, here an error in date due to confusion between the figures 3 and 8?

1624

CAMERINO, JOSEPH

NOVELAS | AMOROSAS | Dirigidas | AL ILVSTRIS-SIMO, Y EXCELENTISSIMO | señor Ruy Gomez de Silua, de Mendoza, y de la Cerda, | Principe de Melito, Duque de Pastrana, y de Franca-|uilla, Marques de Arge-çilla, Conde de Galue, Caçador mayor de su Magestad, su Gen-|tilhombre de Camara, y Embaxa-|dor extraordinario | en Roma. | COMPVESTAS POR IOSEPH CAMERINO, NATVRAL | de la ciudad de Fano en la Prouincia de la Vmbria, estado de su Santidad. | Heraldic decoration | En Madrid, | Por Tomas Iunti, Impressor del Rey nuestro Señor. | M.DC. XXIIII.

4to. 8 ff. without fol. + 192 ff. fol.

Preliminary ff.: T.p. — Censvra, el Maestro Vicente Espinel. Madrid, Nov. 21, 1623. — Tassa. Madrid, Feb. 17, 1624. — Erratas. Madrid, Feb. 12, 1624. — Censvra, el P. Macstro Fra Diego de Campo. Madrid, Nov. 13, 1623. — id., el Dotor D. Diego Vela. Madrid, Nov. 13, 1623. — [Licencia y privilegio]. Madrid, Dec. 5, 1623. — Ded. Madrid, Feb. 18, 1624. — Laudatory verses. — Proemio. — Al Critico Lector. — Tabla de las Novelas. Nouelas. La voluntad diuidida. fol. 1. 2. La firmeza bien lograda. 20. 3. Los peligros de la ausencia. 37. 4. El casamiento desdichado. 54. 5. El picaro amante. 74. 6. La ingratitud hasta la muerte. 87. 7. El amante desleal. 101. 8. La triunfante porfia. fol. 117. 9. La soberbia castigada, 129. 10. La Persiana. 143. 11. Los efectos de la fuerça. 159. 12. La catalana hermosa. 174.

Ff. 1-192 v., text.

Among the laudatory verses are a sonnet by Lope de Vega and a decima each by Ruiz de Alarcón and Guillén de Castro.

B. N. $\frac{R}{4136}$

El picaro amante was included by Isidro de Robles in *Varios efetos de amor* (*princeps*, 1666), and *Los efectos de la fuerça* was printed by Padilla in 1736 in an edition of Quevedo's *El perro y la Calentura*.

PÉREZ DE MONTALBÁN, JUAN

*SUCESSOS | Y PRODIGIOS DE | AMOR | EN OCHO NOVELAS | Exemplares. | POR EL LICENCIADO IVAN | Perez de Montalvan, natural | de Madrid. | Dirigidas à diversas personas | Gloriam praece-|dit humilitas | Prov. 15 | CON PRIUILEGIO, | EN MADRID, Por Iuan Gonçalez | Año M. DC. XXIIII. | Acosta de Alonso Perez Mercader de libros. | 57.

Ornamental border for the page and for the words *Gloriam*, etc.

8°. 6 ff. without fol. + 224 ff. fol.

Preliminary ff.: T.p. — Tabla de las Nouelas deste libro. 1. La hermosa Aurora, fol. 1. 2. La fuerça del desengaño, fol. 28. 3. El embidioso castigado, fol. 53. 4. La fuerça del desengaño,* fol. 78. 5. La villana de Pinto, fol. 105. 6. La desgraciada amistad, fol. 134. 7. Los Primos amantes, fol. 166. 8. La Prodigiosa, fol. 192. — Suma de tassa. Madrid, June 12, 1624. — Erratas. Madrid, June 6, 1624. — Suma del privilegio. March 10, 1624. — Aprovacion, el Maestro Sebastian de Mesa. Madrid, Feb. 27, 1624. — Censura, Lope de Vega Carpio. Madrid, March 8, 1624. — Laudatory verses. — Prologo.

Ff. 1-224, text.

Each story in this collection is dedicated to a different person. In the present edition and in all subsequent ones until that of 1665, the titles in the Tabla are followed by the names of the several dedicatees and a separate dedication precedes each novela in the text. Beginning with the edition of 1665, the individual dedications are omitted, except in Brussels, 1702.

B. M. 1074. i. 17.

Of a total of twenty editions of the *Sucessos* listed in various bibliographies, seventeen are described in this one under the appropriate dates. I have been unable to find the edition given by several bibliographers, among them La Barrera and Salvá, as of Seville, 1635, and believe as suggested by Escudero y Perosso, p. 405, no. 1476, and Graesse, IV, p. 582,

---

*This title is repeated by mistake. Sucesso 4 in the text is *La mayor confusion*.

that the one referred to is that of Grande, Seville, 1633. Salvá, II, no. 1929, Graesse, l.c., and La Barrera, p. 265, all cite an edition made in Barcelona, 1639, by La Cavallería, which I have not located. Graesse, l.c., mentions a duodecima issued by Gómez de Pastrana in 1642. No other bibliographer consulted cites this edition, and I incline to suspect confusion with the 16mo brought out by the same printer in 1648, of which there is a copy in the H. S. A. (see below, p. 130).

PIÑA, JUAN DE

NOVELAS | EXEMPLARES, | Y PRODIGIOSAS | HISTORIAS. | DE IVAN DE PIÑA ESCRIVANO | de Prouincia, de la Casa y Corte de su Magestad, Fa-|miliar y Notario del santo | Oficio. | A Luis Sanchez Garcia Secretario de la santa, | suprema y general Inquisicion. | Small decoration. | CON PRIVILEGIO, | EN MADRID, Por Iuan Gonçalez. | Año M. DC. XXIIII

4to. 4 ff. without fol. + 127 ff. fol.

Preliminary ff.: T.p. — Tabla de las Nouelas que contiene este libro. 1 La Duquesa de Normandia fol. 1. 2 El zeloso desengañado. fol. 22. 3 Los amantes sin terceros. fol. 41. 4 El casado por amor. fol. 53. 5 El engaño en la verdad. fol. 68. 6 Amar por exemplo. fol. 80. 7 El matematico dichoso. fol. 100. Epilogo destas Nouelas, fol. 113. — Suma de tassa. Madrid, Sept. 18, 1624. — Fee de Erratas, Madrid, Sept. 14, 1624. — Suma del priuilegio. Madrid, June 19, 1624. — Censvra, el Maestro Sebastian de Mesa. Madrid, April 26, 1624. — Aprovacion, D. Diego Vela. Madrid, April 28, 1624. — Aprovacion, el P. M. Fr. Alonso Remon. Madrid, May 23, 1624. — Ded. — A Todos.

Ff. 1-127 r., text; f. 127 v., colophon.

B. N. $\frac{R}{2344}$

DE LOS REYES, MATÍAS

EL | CVRIAL | DEL PARNASO. | POR MATIAS DE LOS | Reyes natural de Madrid. | A D. Fr. NICOLAS BARRANTES | Arias, del Consejo de su Magestad, del Abito | de Alcantara, Prior de Magacela, Prouincia | de la Serena, con las villas de Heliche, y | Castilleja de la misma | Orden. | PRIMERA PARTE. | Small decoration. | CON PRIVI-

LEGIO. | En Madrid, Por la viuda de Cosme | Delgado, Año 1624. | Vendese en la Torre de Santa-Cruz.

Ornamental border.

8°. 8 ff. without fol. + 170 ff. fol. + 2 without fol.

Preliminary ff.: T.p. — Tassa. Madrid, April 23, 1624. — Fee de Erratas. Madrid, April 17, 1624. — Licencia. Madrid, Jan. 30, 1624. — Suma del Priuilegio. Seville, March 11, 1624. — Ded. Jan. 1, 1623. — El Cvrial al Lector. — Ivan Pablo Martir Rizo A Matias de los Reyes. Madrid, Feb. 23, 1624. — Laudatory verses.

Ff. 1-170 v., text; ff. [171-172 r.]: Tabla de los doze avisos que contiene este Libro.

Of the *Avisos*, every other one, beginning with the second, contains a novela, the subject of which is given in the Tabla.

B. N. $\frac{R}{2805}$

SALAS BARBADILLO, ALONSO GÉRONIMO DE

CASA | DEL PLAZER | HONESTO. | AL EXCE-LENTISSIMO SE-|ñor don Pedro Tellez Giron, Duque de | Osuna, Marques de Peñafiel, Conde | de Vreña &c. | AVTOR ALONSO GERONY-|mo de Salas Barbadillo. | Año (Deco-ration) 1624. | CON LICENCIA. | En Barcelona, por Se-bastian de Cormellas, Y a su costa.

8°. 8 ff. without fol. + 180 ff. fol.

Preliminary ff.: T.p. — Tassa. Madrid, Oct. 12, 1624. — Aprouacion. Ma-drid, July 31, 1620. — [Licencia]. Madrid, Aug. 7, 1620. — Aprobacion, y Licencia, el Dotor Ioachin Costa. Barcelona, Sept. 24, 1624. — Imprimatur. — Censvra, el Licenciado D. Iuan Varona Zapata. Madrid, Aug. 10, 1620. — Al vvlgo. — Ded. Madrid, Oct. 15, 1620. — Laudatory verses. — Lo que contiene este Libro. Fvndadores de la casa del plazer, y sus ordenanças. fol. 1. Primera ostentacion que hizieron los fundadores de la casa del plazer. fol. 6. Primero Romance, fol. 7. Silua primera, fol. 8. Nouela primera, Los Comicos amantes, f. 10. Romance segundo, fol. 19. Ro-mance tercero, fol. 20. Nouela segunda, el coche mendigon y embergon-çante, fol. 21. Silua segunda, fol. 51. El Busca oficios, fol. 55. Nouela tercera, el curioso maldiciēte, fo. 67. Silua tercera, fol. 73. El Caprichoso en su gusto, fol. 90. Nouela quarta, el gallardo Montañes, f. 104. Ro-mance quarto, fol. 121. Silua quarta, fol. 122. Los mirones de la Corte, dialogo en prosa, fol. 125. Romance quinto, fol. 131. Nouela quinta el pescador venturoso, f. 132. Romance sexto, fol. 141. Romance septimo, fol. 143. Silua quinta, fol. 150. Romance octauo, fol. 153. Tribunal de los majaderos, dialogo en verso, fol. 155. Nouela 6. El majadero obstinado, fol. 160.

Ff. 1-180 v., text.

H. S. A.

TÉLLEZ, FRAY GABRIEL
(Tirso de Molina)

CIGARRALES DE TOLEDO | 1ª parte Compuestos Por el | Maestro Tirso de Molina | Natural de Madrid. | VTINAM | A DON SVERO DE QVIÑO | NES Y ACVÑA, Cauallero | del habito de San Tiago | Regidor perpetuo y Alferez | mayor de la Ciudad de leon | Señor de los Concejos y | Villas de Sena y Hibias. | EN MADRID POR | Luis Sanchez Impressor | del Rey Nuestro Señor | Año de 1624.

Ornamental title-page reproduced as the frontispiece of this book.

4to. 7 ff. without fol. + 563 pp. pag.

Preliminary ff.: T.p. — Tassa. Madrid, March 6, 1624. — [Licencia and privilegio]. Madrid, Nov. 8, 1621. — Erratas. Madrid, Feb. 22, 1624. — Aprovacion, Fr. Miguel Sanchez. Madrid, Oct. 8, 1621. — Aprovacion, Don Iuan de Iauregui. Madrid, Oct. 27, 1621. — Laudatory verses. — Ded. — Al bien intencionado.

Pp. 1-563, text.

B. P. L. D. 154. 30.

The only completely independent novela in the *Cigarrales* is *Los tres maridos burlados*, pp. 462-495. This story was included by Isidro de Robles in the *Varios efetos (prodigios) de amor* and was reprinted separately as by him in the early eighteenth century by Joseph Antonio de Hermosilla (see below, p. 188). With independent t.p. and pagination it was bound with Pablo Campins' edition of Pérez de Montalbán's *Sucessos y prodigios de amor*, Barcelona, 1734, and also, separately paginated, was included in Miguel de Montreal's *Engaños de mujeres*, in the edition issued by Manuel Ruiz de Murga, Madrid, 1709.

VEGA CARPIO, LOPE FELIX DE

LA CIRCE | con otras Rimas | y Prosas. | Al EX.mo Señ.or | D. Gaspar de Guzmā | Conde de Oliuares. | DE | LOPE

DE VEGA | CARPIO. | En casa de la biuda de Alonso Martin a costa de Alonso perez 1624.

Handsome engraved title-page which represents a classic doorway with pillars on either side.

4to. 5 ff. without fol. + 236 ff. fol.
Preliminary ff.: T.p. — Suma del Priuilegio. Madrid, Sept. 22, 1623. — Suma de la Tassa. Madrid, Oct. 24, 1623. — Erratas. Madrid, Oct. 22, 1623. — Censvra, el R. P. M. F. Alonso Remon. Madrid, Aug. 13, 1623. — Censvra, Don Antonio Hurtado de Mendoça. Madrid, Sept. 4, 1623. — A Circe. Soneto. — Ded. — A la Ilvstrissima señora doña Maria de Guzman (Sonnet). — El Prologo.
Ff. 1-236 v., text. F. 108 v., Al Exmo. señor don Gaspar de Guzman; f. 109, La Desdicha por la honra; 122 v., La Prvdente vengança; 136, Gvzman el Bravo. The text of the novelas is in 2 cols.
In the epistle to Gaspar de Guzman, f. 108 v., Lope says: "puse aqui tres Novelas, sacadas de otras muchas, escritas a Marcia Leonarda."

B. P. L. D. 148. 7.

The stories of *La Circe* were included with *Las fortunas de Diana* in the anonymously printed *Novelas amorosas de los mejores ingenios de España,* Zaragoza, 1648 (see below, p. 129). For a discussion of the various extant copies of *La Circe* and their whereabouts, see Lope de Vega, *Novelas,* ed. Fitz-Gerald, pp. xxvi-xxviii.

1625

CASTILLO SOLÓRZANO, ALONSO DE

TARDES | ENTRETENIDAS. | AL EXCELENTIS-SIMO SE-|ñor don Frãcisco Gomez de Sãdoual, Padilla y Acu-|ña, Duque de Vzeda y Cea, Adelãtado mayor de Cas-| tilla; Conde de Santa-Gadea y Buendia, Marques de | Belmõte, señor de las villas de Dueñas, Ezcarai, Cal-|tañazor, Corraquin, Balgañon y sus partidos, Comẽ-|dador de la Claueria de Calatraua, y Gentilhombre | de la Camara del Rey nuestro | señor. | Por don Alonso de Castillo Solorçano. | Año (Heraldic decoration) 1625. | CON PRIVILEGIO | En Madrid, Por la viudade (*sic*) Alonso Martin. | A costa de Alonso Perez mercader de libros.

8°. 8 ff. without fol. + 254 ff. fol.
Preliminary ff.: T.p. — Las Nouelas que tiene este libro. El Amor en la

vengança. fol. 9.   La fantasma de Valencia. 53.   El Protheo de Madrid. 87.
El Socorro en el peligro. 129.   El Culto graduado. 188.   Engañar con *la*
verdad. 219. — Fe de Erratas. Madrid. March 15, 1625. — Tassa. Madrid,
March 21, 1625. — Suma del priuilegio. Madrid, Sept. 24, 1624. — Aprobacion, el P. F. Pacido (*sic*) de Rojas. Madrid, Sept. 5, 1624. — Licencia.
Madrid, Sept. 7, 1624. — id., Madrid, Sept. 18, 1624. — Ded. — A los Criticos. — Laudatory decima.

Ff. 1-254 r., text; f. 254 v., colophon.

B. N. $\frac{R}{7842}$

Three incidental short stories are found in Castillo Solórzano's *La*
garduña de Sevilla, Madrid, 1642, namely: *Quien todo lo quiere todo lo*
pierde, El conde de las legumbres, A lo que obliga el honor.

VELÁZQUEZ, BALTASAR MATEO

EL FILOSOFO | DEL ALDEA, | Y sus conuersaciones
familiares y exem-|plares, por casos y sucessos casuales. |
Por el Alferez don Baltasar Mateo Velaz | quez, natural de
la villa de | Varaderrey. | A Don Iuan de Valdes y Melen-
dez. | Heraldic decoration. | CON PRIVILEGIO. | En Ma-
drid, Por Diego Flamenco, y à su costa. | Año 1625.

8°.   8 ff. without fol. + 96 ff. fol.
Preliminary ff.: T.p. — Tassa. Madrid, Dec. 20, 1624. — [Licencia.] Ma-
drid, June 11, 1624. — Agreement with original. Madrid, Dec. 13, 1624. —
Aprovacion, Antonio de Herrera. Madrid, May 2, 1624. — Laudatory verses.
— Ded. — Al Lector.
Ff. 1-96 r., text; below, colophon: CON PRIVILEGIO. | En Madrid,
Por Diego Flamēco | y à su costa, Año 1624 (*sic*). |
The stories contained in the Filosofo are: Relacion del suceso tragico de
Polimo y Sigeldo, su hijo, fol. 10 v.; Relacion del caso peregrino y extra-
ordinario de las dos Isabelas, fol. 18 v.; Relacion del caso de Agueda la mal
casada, fol. 27; Relacion de la lastimosa perdida del Reyno del Rey Eban-
dro, fol. 44; Los casos a caso, fol. 52 v.; Del caso y sucesso primero, fol. 53;
Caso segundo, fol. 62; Caso tercero, fol. 69.   Caso quarto, fol. 80; Relacion
del caso de donayre que sucedio a Lorindo en el Aldea, fol. 89 v.; Cuento
segundo, fol. 91 v.

B. N. P. Z. 32358.

The only bibliographical reference I have seen to this book is that of
Nicolás Antonio, *Bib. Nov.*, I, p. 181, as follows: "D. Baltasar de Angulo
scripsit El Filosofo de la Aldea. 1625, in 8."

1626

CASTILLO SOLÓRZANO, ALONSO DE

IORNADAS | ALEGRES. | A DON FRANCISCO DE | Erasso, Conde de Humanes, señor de las villas | de Mohernando, y el Canal. | Por don Alonso de Castillo Solorçano. | Heraldic decoration. | CON PRIVILEGIO. | En Madrid, Por Iuan Gonçalez, Año 1626. | A costa de Alonso Perez mercader de libros.

8°. 8 ff. without fol. + 224 ff. fol.

Preliminary ff.: T.p. — Fe de erratas. Madrid, April 26, 1626. — Tassa. Madrid, April 28, 1626. — Svma del Priuilegio. Madrid, June 25, 1625. — Aprovacion, el P. M. F. Pedro Martinez de Herrera. Madrid, June 12, 1625. — Licencia. Madrid, June 13, 1625. — Aprouacion, Don Diego de Cordoua. Madrid, June 17, 1625. — Ded. — Prologo. — Laudatory verses.

Ff. 1-224 r., text.

This book contains the novelas No ay mal que no venga por bien, La obligacion cumplida, La cruel aragonesa, La libertad merecida, El obstinado arrepentido, and a fable in prose entitled Las bodas de Manzanares.

B. N. $\frac{R}{7002}$

PÉREZ DE MONTALBÁN, JUAN

SVCESSOS | Y PRODIGIOS DE | AMOR. | EN OCHO NOVELAS | Exemplares. | POR EL DOCTOR IVAN | Perez de Montaluan, natural | de Madrid. | Dirigidas a diuersas personas. | Gloriam praecedit humilitas. Prou. 15. | CON PRIVILEGIO, | EN MADRID, | Por Luis Sanchez, | Año M. DC. XXVI. | A costa de Alonso Perez Mercader de libros. | 52.

Ornamental border for the page and for the words Gloriam, etc.

4to. 6 ff. without fol. + 166 ff. fol. + 7 ff. without fol. + ff. 2-31, fol.

Preliminary ff.: T.p. — Tabla de lo qve contiene este libro. 1. La hermosa Aurora, fol. 1. 2. La fuerça del desengaño, fol. 19. 3. El embidioso castigado, fol. 38. 4. La mayor confusion, fol. 57. 5. La villana de Pinto, fol. 77. 6. La desgraciada amistad, fol. 99. 7. Los primos amantes, fol. 121. 8. La Prodigiosa, fol. 143. Orfeo, fol. 1. — Suma de la tassa. Madrid, June 12 and Sept. 3, 1624. — Fè de erratas. Madrid, June 6, 1624. —

Suma del priuilegio. March 10, 1624. — Aprovacion, el Maestro Sebastian de Mesa. Madrid, Feb. 27, 1624. — Censvra, Lope de Vega Carpio. Madrid, March 8, 1624. — Laudatory verses. — Prologo. — Ded. of La hermosa Avrora.

Ff. 1-166 v., text of the *Sucessos*. The following seven unnumbered ff. contain: T.p. of the *Orfeo en lengua castellana a la decima mvsa*, with the corresponding preliminary matter and the first page of the text of the poem. — Ff. 2-31 r., text of the *Orfeo;* f. 31 v., colophon.

B. S. I. $\frac{\text{xxxvi-3}}{35}$

SVCESSOS | Y | PRODIGIOS | DE AMOR | EN OCHO NOVELAS | Exemplares. | POR EL LICENCIADO IVAN | Perez de Montaluan, natural | de Madrid. | Dirigidas à diuersas personas. | Small ornament. | EN BRVSSELAS, | Por Huberto Antonio, Impressor ju-|rado al Aguila de oro; cerca de | Palacio, Año de 1626.

12mo.   6 ff. without fol. + 563 pp. pag.
Preliminary ff.: T.p. — Tabla de las Nouelas deste libro.   1. La hermosa Aurora, fol. 1.   2 La fuerça del desengaño, fol. 68.   3 El embidioso castigado, fol. 130.   4 La mayor confusion, fol. 196.   5 La villana de Pinto, fol. 263.   6 La desgraciada amistad, fol. 337.   7 Los Primos amantes, fol. 413.   8 La Prodigiosa, fol. 486. — Aprobacion, el Maestro Sebastian de Mesa. Madrid, Feb. 27, 1624. — Aprobacion, Henrique Smeyers. Brussels, December 20, 1625. — Cencvra (*sic*), Lope de Vega Carpio, March 8, 1624. — Prologo. — Laudatory verses.
Pp. 1-563, text.

B. N. $\frac{\text{R}}{\text{10501}}$

VELÁZQUEZ, BALTASAR MATEO

EL FILOSOFO | DEL | ALDEA, | Y SVS CONVERSACIONES | familiares, y exemplares, por ca-|sos, y sucessos casuales. | POR EL ALFEREZ DON | Baltasar Mateo Velazquez, | natural de la villa de | Varaderrey. | A DON IVAN DE VALDES | y Melendez. | CON LICENCIA. | En Pamplona, por Pedro Dullort, | año de Mil y seyscientos y | veynte y seys.

8°.   8 ff. without fol. + 88 ff. fol.
Preliminary ff.: T.p. — Tassa. Madrid, Dec. 20, 1624. — [Licencia].

Madrid, June 11, 1624. — Agreement with original. Madrid, Dec. 13, 1624. — Aprobacion, Alonso de Herrera. Madrid, May 2, 1624. — Laudatory verses. — Ded. — Al Lector.

Ff. 1-88 v., text.

B. N. $\frac{R}{13316}$

1627

CASTILLO SOLÓRZANO, ALONSO DE

TIEMPO DE | Regozijo, y Carnestolendas de | Madrid. | AL EXᵐᵒ S. D. ALVARO IA-|cinto de Portugal, Al-mirante de las In-|dias, Conde de Gelues, Duque de Vera-|gua, Marques de Xamaica, &c. | Por don Alonso de Castillo Solorçano. | Año (Arms of the dedicatee) 1627. | CON PRIVILEGIO. | En Madrid, Por Luis Sanchez Año de 1627. | A costa de Alonso Perez, Mercader de Libros.

8°. 8 ff. without fol. + 170 ff. fol.

Preliminary ff.: T.p. — Suma del priuilegio. Gauadalajara, Jan. 7, 1626. — Suma de la Tassa. — Erratas. Madrid, Jan. 7, 1627. — Aprouacion. Don Iuan de Iauregui. Madrid, Dec. 20, 1625. — Aprouacion, el Padre Maestro frai Francisco Boil. Madrid, Oct. 14, 1625. — Laudatory verses. — Ded. — Al Bien Intencionado.

Ff. 1-170 v., text; below, colophon.

The novelas contained in this book are: El Duque de Milan, La quinta de Diana and El ayo de su hijo. The second of them, as *La quinta de Laura*, was included with three others of the author in the anonymously printed *Novelas amorosas de los mejores ingenios de España*, Zaragoza, 1648. (See below, p. 129).

B. N. $\frac{R}{6958}$

PIÑA, JUAN DE

VARIAS | FORTVNAS. | DEDICADAS A NVÑO DIAZ | MENDEZ DE BRITO, CAVALLERO DE | la Casa de su Magestad, en el Reyno de Portugal. | POR IVAN DE PIÑA, ESCRIVANO | de Prouincia, de la Casa y Corte de su Magestad, | Familiar del santo Oficio. | Heraldic decoration. | CON PRIVILEGIO. | EN MADRID, Por Iuan Gon-çalez, Año M. DC. XXVII.

4to. 8 ff. without fol. + ff. 1-98 fol. + ff. 1-23 fol.

Preliminary ff.: T.p. — Suma de Tassa. Madrid, June 7, 1627. — Fè de Erratas. Madrid, June 7, 1627. — Suma del Priuilegio. Madrid, May 22, 1627. — [Licencia]. Madrid, April 27, 1627. — Aprovacion, el Doctor don Iuan de Mendieta. Madrid, April 19, 1627. — Ded. — Prologo. — Tabla de lo contenido en este Libro. Fortunas de don Antonio Hurtado de Mendoça, folio 1. Fortunas del segundo Orlando, fol. 27 buelta. Fortunas de la Duquesa de Milan Leonor Esforcia, folio 54. Prospera y Aduersa Fortuna del Tirano Guillermo Rey de la gran Bretaña, fol. 74.

Ff. 1-98, text of the *Fortunas.* Ff. 1-23 v., *Comedia de las Fortvnas del Principe de Polonia.*

B. N. $\frac{R}{11411}$

1628

MORENO, MIGUEL

EL | CVERDO | AMANTE. | POR | MIGVEL MORE-NO. | A D. DIEGO XIMENEZ | de Encisco y Zuñiga. | Ornament. | Año M. DC. XXVIII.

4to. 2 ff. without fol. + 54 ff. fol.
Preliminary ff.: T.p. — Ded.
Ff. 1-3, A Antonio Lopez de Vega, Secretario del Condestable de Castilla; ff. 4-5, Respvesta; ff. 6-54, text.

B. N. $\frac{R}{11813}$

PÉREZ DE MONTALBÁN, JUAN

SVCESSOS Y | PRODIGIOS DE | AMOR. | EN OCHO NOVELAS | exemplares. | POR EL DOCTOR IVAN | Perez de Montaluan, natural | de Madrid. | Dirigidas a diuersas personas. | Tercera impression. | Gloriam praecedit humilitas. Prou. 15. | CON PRIVILEGIO, | EN MADRID, Por Iuan Gonçalez. | Año M. DC. XXVIII. | Acosta de Alonso Perez mercader de libros. | 52.

Ornamental border for the page and for the words *Gloriam*, etc.
4to. 6 ff. without fol. + 166 ff. fol.
Preliminary ff.: T.p. — Tabla de lo qve contiene este libro. 1. La hermosa Aurora, fol. 1. 2 La fuerça del desengaño, fol. 19. 3 El embidioso castigado, fol. 38. 4 La mayor confusion, fol. 57. 5 La villana de Pinto, fol. 77. 6 La desgraciada amistad, fol. 99. 7 Los primos amantes,

fol. 121. 8 La prodigiosa, fol. 143.—Orfeo, fol. 1.—Suma de la tassa. Madrid, June 12 and Sept. 3, 1624.—Fê de Erratas. Madrid, June 6, 1624.—Suma del privilegio. March 10, 1624.—Aprovacion, el Maestro Sebastian de Mesa. Madrid, Feb. 27, 1624.—Censura, Lope de Vega Carpio. Madrid, March 8, 1624.—Laudatory verses.—Prologo.—Dedication of La hermosa Aurora.

Ff. 1-166 v., text.

The *Orfeo* is not contained in this edition although it is mentioned in the Tabla.

H. S. A.

1629

CASTILLO SOLÓRZANO, ALONSO DE

HUERTA DE | VALENCIA, | PROSAS, Y VERSOS | en las Academias della. | AL EXCELENTISSIMO | Señor Don Pedro Faxardo, mi señor, Marques de Mo-|lina, primo-genito del Excelentissimo Señor don Luys | Faxardo Reque-sens y Zuñiga, mi señor, Marques de los | Velez, y Martorel, Adelantado mayor del Reyno | de Murcia; | Virrey, y Capi-tan General | del Reyno de Valencia. | Por don Alonso de Castillo Solorzano, | Maestresala de su casa. | Two coats of arms of Valencia. | CON LICENCIA, | En Valencia, por Miguel Sorolla, | menor, y quinto deste nombre, Año 1629. | Y a su costa.

8°. 9 ff. without fol. + 286 pp. pag. + 104 pp. without pag.

Preliminary ff.: T.p.—Aprovacion, El Maestro Fray Vicente Gomez. Valencia, Jan. 20, 1629.—Licencia. Valencia, Jan. 28, 1628.—Ded.—A los Criticos.—Laudatory verses.—Introdvcion.

Pp. 1-286, text of the first four *Divertimientos* and part of *Divertimiento quinto;* pp. 286-[389], *Comedia del Agravio satisfecho,* and concluding words of the book; p. [390], colophon.

The novelas contained in this book are: El amor por la piedad, El soberbio castigado, El defensor contra sí and La duquesa de Mantua.

B. N. $\frac{R}{5556}$

In the copy of the *Huerta* owned by the H. S. A. the title-page, beginning with the author's name, reads as follows: Por don Alonso de Castillo Solorzano, | Maestresala de su casa. | Año (Decoration) 1629 | CON LICENCIA, | En Valencia, Por Miguel Sorolla, menor, y | quinto deste nombre. | Y a su costa. | — This copy has also an additional preliminary fol. (10 ff. without fol.), which contains, recto, a second Licencia, Jan. 30, 1629, signed Guillen Ramon de Mora, and verso, the coat of arms of the Faxardos. The texts of the two copies are the same including the errors in pagination, but in the H. S. A. copy, pp. 189-190, missing in B. N. $\frac{R}{5556}$, are present.

1630
CÉSPEDES Y MENESES, GONZALO DE

HISTORIAS | PEREGRINAS | Y EXEMPLARES | CON EL ORIGEN, FVNDAMENTOS y excelencias de España, y Ciudades adon-|de sucedieron. | Por don Gonçalo de Cespedes y Meneses, natural | de la villa de Madrid | A LA IMPERIAL CIVDAD | de Zaragoça. | Año (Decoration) 1630. | CON LICENCIA Y PRIVILEGIO. | Impressa (*sic*) en Zaragoça, por Iuan de Larumbe | A costa de Pedro Ferriz.

8°. 4 ff. without fol. + 227 ff. fol. + 1 f. without fol.

Preliminary ff.: T.p.—Aprovacion, Fray Iuan Calderon. Zaragoza, March 9, 1623. — Licencia. Zaragoza, March 10, 1623. — Privilegio. Zaragoza, March 17, 1623. — Ded. — Al Letor.

Ff. 1-8 v., Breue resumen de las excelencias de España, ff. 9-227 r., text of the *Historias;* f. [228] r., Assvmptos principales que contiene este libro. Breve resumen de las excelencias de España, etc. fol. 1. El buen zelo premiado, historia primera, en la Ciudad de Zaragoça . . . 9. El desden del Alameda, historia segunda, en la Ciudad de Sevilla . . . 42. La constante Cordovesa, historia tercera, en la Ciudad de Cordova . . . 75. Pachecos y Palomeques, historia quarta, en la Ciudad de Toledo . . . 112. Sucessos tragicos de don Enrique de Sylva en la Ciudad de Lisboa . . . 148. Los dos Mendoças, historia sexta, sucedida en Madrid . . . 186.

H. S. A.

TÉLLEZ, FRAY GABRIEL
(Tirso de Molina)

CIGARRALES | DE TOLEDO | PRIMERA PARTE. | COMPUESTOS POR EL MAESTRO | Tirso de Molina natural de Madrid. | A DON SVERO DE QUIÑONES Y ACVÑA | Cauallero del habito de Santiago, Regidor perpetuo, y Alfe-|rez mayor de la ciudad de Leon, Señor de los Concejos, | y Villas de Sena, y Hibias | VTINAM | CON PRIVILEGIO. | En Madrid por la viuda de Luis Sanchez, | Impressora del Reyno. | Año de M. CD. XXX (*sic*). | A costa de Alonso Perez, librero de su Magestad.

The word *Utinam* is enclosed in an ornamental border.

4to. 4 ff. without fol. + ff. [1] - 212 fol.

Preliminary ff.: T.p. — Ded. — Tassa. Madrid, March 6, 1624. — Suma del Priuilegio. Madrid, Nov. 8, 1621. — Fè de erratas. Madrid, Feb. 22, 1624. — Aprovacion, Fray Miguel Sanchez. Madrid, October 8, 1621. — Aprovacion, Don Iuan de Iaurigui. Madrid, October 27, 1621. — Laudatory verses. — Al bien intencionado.

Ff. [1] - 212 v., text.

H. S. A.

1631

CASTILLO SOLÓRZANO, ALONSO DE

NOCHES DE | PLAZER. | EN QVE CONTIENE | doze Nouelas, dirigidas a diuersos | Titulos, y Caualleros de | Valencia. | POR DON ALONSO de Castillo Solorçano. | Año (Printer's mark) 1631. | CON LICENCIA. | En Barcelona, Por Sebastian de Cormellas, | al Call. Y à su costa.

8°. 8 ff. without fol. + 210 ff. fol.

Preliminary ff.: T.p. — Las Novelas qve contiene este libro son las siguientes. 1. Las dos dichas sin pensar. 2 La cautela sin efeto. 3 La ingratitud y el castigo. 4 El inobediente. 5 Atreumiento, y ventura. 6 El bien hazer no se pierde. 7 El Pronostico cumplido. 8 La fuerça castigada. 9 El celoso hasta la muerte. 10 El ingrato Federico. 11. El honor recuperado. 12 El premio de la virtud. — Aprovacion, Fray Thomas Roca. Barcelona, Feb. 2, 1631. — Licencia. Feb. 4, 1631. — Prologo. — Introdvcion. — Noche primera.

Ff. 1-210 v., text.

B. N. $\frac{R}{13226}$

Three of these stories, *Las dos dichas sin pensar, El pronostico cumplido El celoso hasta morir*, and one other of Castillo Solórzano, namely *La quinta de Laura* (from the author's *Tiempo de regocijo*, etc., where it is called *La quinta de Diana*), were published anonymously with Lope de Vega's four novelas in *Novelas amorosas de los mejores ingenios de España*, Zaragoza, 1648. (See below, p. 129).

TÉLLEZ, FRAY GABRIEL

(Tirso de Molina)

CIGARRALES | DE TOLEDO. | COMPVESTO POR EL MAESTRO | Tirso de Molina natural de Madrid. | A DON SVERO DE QVIÑONES Y ACVÑA, | Cauallero del habito de Santiago, Regidor perpetuo y Alferez | mayor de la Ciudad de Leon, Señor de los Concejos | y villas de Sena, è Hibias. | Año (Heraldic decoration) 1631. | EN BARCE- LONA. | Por Geronymo Margarit. | A costa de Iusepe Genouart, mercader de libros.

Ornamental border.

4to. 5 ff. without fol. + 215 ff. fol.
Preliminary ff.: T.p. — Aprobacion, Fray Thomas Roca. Barcelona, Sept. 3, 1630. — Aprobacion, Fray Miguel Sanchez. Madrid, Oct. 8, 1621. — Aprobacion, Don Iuan de Iauregui. Madrid, Oct. 27, 1621. — Laudatory verses. — Ded. — Al bien intencionado.
Ff. 1-215 v., text.

B. N. $\frac{R}{5055}$

1633

PÉREZ DE MONTALBÁN, JUAN

PARA TODOS, | EXEMPLOS MORALES, | HVMA- NOS Y DIVINOS. | EN QVE SE TRATAN | DIVERSAS CIENCIAS, | MATERIAS, Y FACVLTADES. | REPAR- TIDOS EN LOS SIETE | DIAS DE LA SEMANA. | Y DIRIGIDOS A DIFERENTES | PERSONAS. | Por el Doctor Iuan Perez de Montaluan | Natural de Madrid. | Año de M. DC. XXXIII. | 69. | A costa de PEDRO ES- CVER | Mercader de Libros. | CON LICENCIA, Y PRIVI- LEGIO. | En Huesca, Por Pedro Bluson Impressor de la Vniuersidad.

Ornamental border.

4to. 6 ff. without fol. + 246 ff. foliated and without fol. + ff. 1-18 fol.
Preliminary ff.: T.p. — Licencia. Huesca, Aug. 5, 1632. — Aprovacion, el

P. M. Fr. Diego Nisseno. — Privilegio. Zaragoza, Aug. 9, 1632. — Introdvcion para toda la semana. — Al que ha de leer. — Tabla de todas las materias, exemplos, y moralidades qve se tratan en este libro.

Ff. 1-246, text; 1-18, Indice, o catalogo de todos los Pontifices, Cardenales, Arçobispos, Obispos, Escritores de libros, Predicadores, Poetas y Varones ilustres en todo genero de letras, que ha tenido y tiene la Insigne Villa de Madrid, reconocidos por hijos verdaderamente suyos.—F. 18, colophon.

Para todos contains three novelas, which in the present edition occur: Al cabo de los años mil, f. 62 v. (mistakenly given as f. 65 v. in the Tabla), El palacio encantado, f. 137 r., and El piadoso vandolero, f. 209 r. — The foliation of the volume is extremely irregular.

B. N. $\frac{R}{5286}$

In the prologue of the first volume of his *Comedias,* August, 1635, Montalbán says that in two years six editions of the *Para todos* had been made, "tres de Castilla, dos en los Reynos y una en Bruselas" (quoted by La Barrera, *Catálogo,* p. 266). Of only three of these are the date and place of printing known, namely of the *princeps,* Madrid, 1630, Huesca, 1633, and Madrid, 1635. The edition referred to as made in Brussels is apparently unknown to bibliographers, as none of them mention it. The *princeps* is extremely rare. La Barrera, *l. c.,* says that Don Antonio de Sancha's first catalogue listed a copy of it, which contained the author's portrait and an *aprobación* by Juan de Valdivielso, which does not appear in later editions. La Barrera believed that he himself possessed a piece of a copy, but I have been unable to discover the whereabouts of a single exemplar. Editions besides the *princeps* which I have not seen are: Madrid, 1640, mentioned by practically all the bibliographers; Madrid, 1645 (Escudero), Alcalá, 1691 (Escudero), and Lisbon, 1691 (La Barrera, Salvá, Escudero and Graesse).

PÉREZ DE MONTALBÁN, JUAN

SVCESSOS, Y | PRODIGIOS DE AMOR. | EN OCHO NOVELAS EXEMPLARES. | POR EL DOCTOR IVAN PEREZ DE | Montalvan, natural de la villa de Madrid, y Notario del | Santo Oficio de la Inquisicion. | Dirigidas a diuersas personas. | (Word missing) impression. | 42. | Gloriam praecedit humilitas. Prouerb. 15. | CON PRIVILEGIO. | En Seuilla, POR ANDRES GRANDE. | Año de M. DC. XXXIII.

Ornamental border for title-page and for *Gloriam*, etc.

4to.   4 ff. without fol. + 164 ff. fol.

Preliminary ff.: T.p. — Tabla de lo que se contiene en este Libro.   1 La Hermosa Aurora. fol. 1.   2 La Fuerça del Desengaño. fol. 19.   3 El Embidioso Castigado. fol. 38.   4 La Mayor Confusion. fol. 57.   5 La Villana de Pinto. fol. 77.   6 La Desgraciada Amistad. fol. 99.   7 Los Primos Amantes. fol. 121.   8 La Prodigiosa. fol. 143. — Suma de Tassa. Madrid, June 12 and Sept. 3, 1624. — Fe de Erratas. Madrid, June 6, 1624. — [Privilegio]. March 10, 1624. — Prologo de vn amigo del avtor. A quien leyere. — Dedication of La hermosa Aurora.

Ff. 1-164 v., text.

According to the *Prologo* this is the sixth edition.

H. S. A.

1634

CASTILLO SOLORZANO, ALONSO

FIESTAS | DEL IARDIN | QVE CONTIENEN, | tres comedias, y quatro nouelas. | A DON VICENTE VALTE-RRA | Conde de Villanueua, Baron de Torrestorres, y | Castelmontant, señor de Canet, y de la Isla | de la Formentera, del Habito | de Calatraua. | POR DON ALONSO DE | Castillo Solorzano. | Año (Device of Felipe Pincinali) 1634. | CON LICENCIA, | En Valencia, por Siluestre Esparsa, en la calle | de las Barcas. | A costa de Felipe Pincinali. Vendense en su casa a la | plaça de Villarrasa.

8°.   4 ff. without fol. + 559 pp. pag.

Preliminary ff. T.p. — Lo que contiene este Libro. *Comedias.* Los Encantos de Bretaña. Representola Morales. La Fantasma de Valencia. Representola el Valenciano. El Marques del Zigarral. Representola Auendaño (*sic*). *Nouelas.* La Buelta del Ruyseñor. La Injusta ley derogada. Los hermanos parecidos. La criança bien lograda. — Aprovacion, el Presentado Fr. Felipe de Salazar. Valencia, May 2, 1634. — Licencia. Valencia, May 4, 1634. — Imprimatur. — Imprimatur. — Ded. — Prologo.—Laudatory verses.

Pp. 1-559, text; below, colophon.

B. N. $\frac{R}{13887}$

1635

LIÑÁN Y VERDUGO, ANTONIO

GVIA | Y AVISOS DE | FORASTEROS, ADONDE | SE LES ENSEÑA A HVIR DE | los peligros que ay en la vida de Corte; y | debaxo de nouelas morales, y exempla-| res escarmientos, se les auisa y aduier-|te de como acudiràn a sus nego-|cios cuerdamente. | POR EL LICENCIADO DON | Antonio Liñan y Verdugo. | Iuan Sanzonio's device. | En Valencia, por Siluestre Esparsa, en la calle de las | Barcas, Año 1635. | A costa de Iuan Sanzonio, Mercader de libros.

8°. 8 ff. without fol. + 148 ff. fol.

Preliminary ff.: T.p. — Aprovacion, el M. Fr. Lamberto Nouella. Valencia, Feb. 5, 1635. — Licencia, with two Imprimatur. Valencia, Feb. 5, 1635. — Ded. — Laudatory verses. — Discurso Apologetico.

Ff. 1-148 r., text.

B. N. $\frac{2}{41643}$

PÉREZ DE MONTALBÁN, JUAN

PARA TODOS | EXEMPLOS MORALES, | HVMANOS Y DIVINOS. | EN QVE SE TRATAN | DIVERSAS CIENCIAS, | MATERIAS Y FACVLTADES. | REPARTIDOS EN LOS SIETE | DIAS DE LA SEMANA. | Y DIRIGIDOS A DIFERENTES | PERSONAS. | Y CON ALGVNAS ADICIONES | NVEVAS EN ESTA QVINTA | IMPRESSION. | Por el Doctor Iuan Perez, de Montaluan natural | de Madrid, y Notario del santo Oficio de | la Inquisicion. | Año de M. DC. XXXV. | 76. | A costa de Alonso Perez, su padre, Librero | de su Magestad. | En Madrid en la Imprenta del Reyno.

Ornamental border.

4to. 8 ff. without fol. + 295 ff. fol. + 1 f. without fol.

Preliminary ff.: T.p. — Aprovacion, el P. M. Fr. Diego Nisseno. — Suma del Priuilegio. Madrid, Feb. 3, 1632. — Suma de Tassa. Madrid, April 19,

1632. — Fe de Erratas. Madrid, April 18, 1632. — Aprovacion, el Maestro Ioseph de Valdiuielso. Madrid, Jan. 18, 1632. — Tabla de todas las materias, exemplos, y moralidades qve se tratan en este libro. — Introdvccion para toda la semana. — Al que ha de leer.

Ff. 1-273 v., text; f. 274 (numbered 174) - 295 v., Indice, o catalogo de todos los Pontifices, etc.; f. [296], colophon.

The three novelas occur: Al cabo de los años mil, f. 65; El palacio encantado, f. 131 v.; El piadoso vandolero, f. 211 v.

B. N. $\frac{R}{12761}$

PÉREZ DE MONTALBÁN, JUAN

SVCESSOS | Y PRODIGIOS | DE AMOR. | EN OCHO NOVELAS EXEMPLARES. | POR EL LICENCIADO IVAN PE-|reZ de Montaluan, natural de Madrid. | Dirigidas à diuersas personas. | Gloriam praecedit humilitas. Prou. 15. | CON LICENCIA, | En Tortosa, Por Francisco Martorell, Año | 1635. | A su costa.

Ornamental border around the words *Gloriam,* etc.

8°.   8 ff. without fol. + 243 ff. fol.

Preliminary ff.: T.p. — Tabla de las Novelas deste Libro. 1 La hermosa Aurora, fol. 1. 2 La fuerça del desengaño, fol. 30. 3 El embidioso castigado, fol. 57. 4 La mayor confusion, fol. 85. 5 La villana de Pinto, fol. 112. 6 La desgraciada amistad, fol. 144. 7 Los Primos amantes, fol. 178. 8 La Prodigiosa, fol. 209. — Aprobatione (in Latin), Franciscus Aguilo I. V. D. Tortosa, Jan. 20, 1635. — Licentia imprimendi, Tortosa, Jan. 20, 1635. — Aprovacion, el Maestro Sebastian de Mesa. Madrid, Feb. 27, 1624. — Censvra, Lope de Vega Carpio. Madrid, March 8, 1624. — Laudatory verses. — Prologo.

Ff. 1-243 r., text.

B. N. $\frac{R}{3250}$

TÉLLEZ, FRAY GABRIEL
(Tirso de Molina)

DELEYTAR | APROVECHANDO. | POR EL MAESTRO | Tirso de Molina. | A | DON LVIS FERNANDEZ DE CORDOVA, | y Arze, Señor de la villa de Carpio, Cauallero | del habito de Santiago, y Veyntiquatro | de Cordova.

Año (Ornament) 1635. | CON PRIVILEGIO. | EN MA-DRID. En la Imprenta Real. | A costa de Domingo Gon-çalez, Mercader de Libros.

4to. 8 ff. without fol. + 334 ff. fol.
Preliminary ff.: T.p. — Suma del Priuilegio. Madrid, Aug. 6, 1634. — Fee de Erratas. Madrid, June 28, 1635. — Suma de la Tassa. Madrid, July 5, 1635. — Licencia de la Orden. Madrid, May 24, 1632. — Aprovacion, el Maestro Iosef de Valdiuieso. Madrid, April 8, 1634. — Aprovacion, el P. Fr. Geronimo de la Cruz. Madrid, June 22, 1634. — Ded. — A qualquiera. — Tabla de lo qve en este libro se contiene.
Ff. 1-334 v., text; below, date: En Toledo, a 26 de Febrero de 1632; below, colophon.
The three novelas contained in this volume occur: La Patrona de las Musas, fol. 4 v.; Los triunfos de la verdad, fol. 88; El vandolero, fol. 189.

B. N. $\frac{R}{7293}$

1636

DE LOS REYES, MATÍAS

EL | MENANDRO | DE | MATIAS DE LOS REYES, | natural de Madrid. | A | D. LORENÇO | Ramirez de Prado, Cavallero del | Abito de Santiago, del Consejo | del Rey nuestro señor, en el Su-|premo de las Indias, &c. | 34 | Impresso en Jaen por Francisco Perez de | Castilla, año de 1636. | A costa de Gabriel de Leon; vendese | en su tienda, a la porteria de la Concep-|cion Geronima.

Ornamental border.

8°. 8 ff. without fol. + 231 ff. fol.
Preliminary ff.: T.p. — Svma del privilegio. Madrid, July 22, 1636. — Svma de la Tassa. Madrid, July 31, 1636. — Aprouacion, don Francisco Ortiz de Peñafiel. Villanueva de la Serena, April 20, 1624. — Aprovacion, Alonso Geronimo de Salas Barbadillo. Madrid, May 12, 1624. — Al Lector (decima). — El Autor, a Iuã Tristan de Fuentes . . . (decima). — El mesmo Ivan Tristan de Fuentes, al Autor (decima). — Ded. Madrid, August 2, 1636.
Ff. 1-231 v., text.

H. S. A.

1637

ZAYAS Y SOTOMAYOR, MARIA DE

NOVELAS | AMOROSAS, Y | EXEMPLARES. | COM-
PVESTAS POR DOÑA | Maria de Zayas y Sotomayor,
na-|tural de Madrid. | Device: Ð. L. ESCVERES | CON
LICENCIA. | En Zaragoça, En el Hospital Real, y Gñl de
N. Señora | de Gracia, Año 1637. | A costa de Pedro Esquer,
mercader de libros.

4to.   12 ff. without fol. + 380 pp. pag.
Preliminary ff.: T.p. — Aprovacion, el Maestro Ioseph de Valdiuielso.
Madrid, June 2, 1636. — Licencia. Madrid, June 4, 1626 (*sic*). — Aprova-
cion, y licencia, Doctor Iuan Domingo Briz. Zaragoza, May 6, 1635. —
Laudatory verses. — Al que leyere. — Prologo de vn desapasionado. — In-
trodvcion del libro.
Pp. 1-380, text.

B. N. $\frac{R}{16950}$

This is the first edition of Zayas' stories of whose existence there is posi-
tive evidence.   Brunet, IV, p. 560, cites two Madrid editions, one of 1635,
and one of 1637, and Ochoa (*Novelas ejemplares . . . de Doña Maria de
Zayas*, Baudry, Paris, 1847, Introduccion, p. 1, note), gives as the first,
one printed in Madrid, 1636, with the title *Honesto y entretenido sarao.*
But neither Brunet nor Ochoa states that he has seen these editions, nor
do they give a detailed account of their contents, and the fact remains
that no trace of Zayas' tales can today be found in print before the edition of Zaragoza, 1637, described here.   The *Novelas amorosas* were reprinted twice in 1638 and once in 1646 (see these dates below).   This total
of four editions is one more than Zayas herself claims in the Introduction to
novela three of the *Segunda parte*, where she says that the *Primera parte*
"ha gozado de tres impressiones, dos naturales, y una hurtada."

1638

ZAYAS Y SOTOMAYOR, MARIA DE

NOVELAS | AMOROSAS, | Y | EXEMPLARES. |
COMPVESTAS POR DOÑA MARIA | de Zayas y Soto-
mayor, | natural de | Madrid. | DE NUEVO CORRETAS, |
y enmendadas por su misma | Autora. | Ornament. | CON

LICENCIA. | En Zaragoça, en el Hospital Real de nuestra Señora de | Gracia. Año de 1638. | A costa de Pedro Es-quer, mercader de libros.

8°. 4 ff. without fol. + 224 ff. fol.
Preliminary ff.: T.p. — Aprobacion, el Maestro Joseph de Valdivielso. Madrid (n.d.). — Licencia. Madrid, June 4, 1634. — Laudatory verses. — Tabla de las Novelas que se contienen en este libro. 1. Aventurarse per-diendo. 2. La burlada Aminta. 3. El Castigo de la miseria. 4. El Pre-venido engañado. 5. La Fuerça de amor. 6. El desengaño amando. 7. Al Fin se paga todo. 8. El Impossible vencido. 9. El Iuez de su causa. 10. El Iardin engañoso.
F. 1-224 v., text.

H. S. A.

NOVELAS | AMOROSAS, | Y | EXEMPLARES. | COMPVESTAS POR D. MARIA | de Zayas y Sotomayor, natural de | Madrid. | DE NUEVO CORRETAS, | y en-mendadas por su misma | Autora. | Ornament. | CON LI-CENCIA. | En Zaragoça, en el Hospital Real de nuestra Seño-|ra de Gracia. Año de 1638. | A costa de Pedro Esquer, mercader de libros.

12mo. 10 ff. without fol. + 241 ff. fol. + 1 f. without fol.
Preliminary ff.: T.p. — Aprobacion, el Maestro Ioseph de Valdivielso. — Licencia. Madrid, June 4, 1634. — Aprobacion, y licencia. Doctor Iuan Do-mingo Briz. Zaragoza, May 6, 1634. — Laudatory verses. — Al que leyere. — Prologo de un desapassionado.
Ff. 1-241, text of the novelas. Final unnumbered fol.: Tabla de las Novelas que se contienen en este libro. 1. Aventurarse perdiendo. Fol. 5. 2. La burlada Aminta. Fol. 36. 3. El Castigo de la miseria. Fol. 62. 4. El Prevenido engañado. Fol. 90. 5. La Fuerça de amor. Fol. 123. 6. El Desengaño amando. Fol. 140. 7. Al fin se paga todo. Fol. 163. 8. El Im-possible vencido. Fol. 185. 9. El Juez de su causa. Fol. 211. 10. El Jardin engañoso. Fol. 129 (for 229).

B. N. P. Y²74796.

1640

CASTILLO SOLÓRZANO, ALONSO DE

LOS ALIVIOS | DE | CASANDRA. | AL EXCELEN-TISSIMO | Señor Don Iayme de Yxar, | Sarmiento, de

Silua, | Cerda, y Villandrando, Conde de Salinas; Primo-| genito del Excelentissimo señor Duque de Yxar, | Conde de Salinas, Conde de Ribadeo, Conde de | Belchite, Adelantado de la mar, General de | las tres Prouincias, Alaua, Guipuz-| coa, y Vizcaya, &c. | Por don Alonso de Castillo Solorçano. | Año (Decoration) 1640. | CON LICENCIA, | En Barcelona: En la Emprenta de Iayme Ro-|meu, delante Santiago. | Vendense en la misma Emprenta, y en casa de | Iuan Çapera librero.

8°. 3 ff. without fol. + 191 ff. fol.

Preliminary ff.: T.p. — Aprovacion y Licencia, el Dotor Iuan Bautista Lopez. Barcelona, May 10, 1640. — License to print (in Latin). May 10, 1640. — Ded. — Prologo. — Lo qve contiene este libro. Novelas. 1 La confusion de vna noche. 2 A vn engaño otro mayor. 3 Los afectos (*sic*) que haze amor. 4 Amor con amor se paga. 5 En el delicto el remedio. 6 El Mayorazgo figura, Comedia.

Ff. 1-131 r., text of the first five *Alivios;* 131 v., - 191 v., *Alivio sexto,* with text of the *Comedia.*

H. S. A.

PÉREZ DE MONTALBÁN, JUAN

SVCESSOS | Y PRODIGIOS | DE AMOR. | EN OCHO NOVELAS EXEMPLARES. | AÑADIDO EN ESTA VLTIMA IMPRESSION | el Orfeo a la Decima Musa. | POR EL LICENCIADO IVAN PE-|rez de Montaluan, natural de Madrid. | Dirigidas a diuersas personas. | Año Gloram (*sic*) praecedit humilitas. Prouerb. 15. 1640. | CON LICENCIA. | En Barcelona: por PEDRO LACAVALLE-RIA, | Y a su costa. | Vendense en la misma Imprenta.

Ornamental border around *Gloriam,* etc.

8°. 4 ff. without fol. + 190 ff. fol. + 6 ff. without fol. + 32 ff. fol.

Preliminary ff.: T.p. — Tabla de las Novelas deste Libro. 1 La hermosa Aurora, fol. 1. 2 La fuerça del desengaño, fol. 24. 3 El embidioso castigado, fol. 45. 4 La mayor confusion, fol. 67. 5 La villana de Pinto, fol. 88. 6 La desgraciada amistad, fol. 113. 7 Los Primos amantes, fol. 139. 8 La Prodigiosa, fol. 163. El Orfeo a la decima Musa, diuido (*sic*) en quatro Cantos, fol. 1. despues de las Nouelas. — Licencia. Barcelona,

Nov. 10, 1639. — Censvra, Lope de Vega Carpio. Madrid, March 8, 1624. — Laudatory verses. — Prologo.

Ff. 1 - 190 v., text of the *Sucessos*. The following 6 unnumbered ff. contain the t.p. and other preliminary matter of the *Orfeo;* ff. 1 - 32 v., text of the *Orfeo*.

B. P. L.   D. 170a. 23.

DE LOS REYES, MATÍAS

PARA | ALGVNOS DE MATIAS | DE LOS REYES NATVRAL | DE MADRID. | DEDICADO AL SEÑOR DON PEDRO DE | Caruajal y Vlloa Cauallero de la Orden, y Caualleria de Alcan-|tara, Gouernador de su Villa, y Partido, por el Rey | nuestro señor, &c. | Año (Heraldic decoration) 1640. | Con priuilegio. En Madrid, por la viuda de Iuan Sanchez. | 57 | A costa de Lorenço Sanchez, y Gabriel de Leon mercaderes | de Libros.

4to.   10 ff. without fol. + 218 ff. fol.

Preliminary ff.: T.p. — Apology for the "disputa de la Magia." — Svma de la Tassa. Jan. 30, 1640.—Svma del privilegio. Nov. 18, 1637.—Licencia. Madrid, Oct. 24, 1637. — Erratas. Madrid, Jan. 30, 1640. — Aprovacion, el Licenciado Valdiuieso. Madrid, Nov. 4, 1637. — Ded. Jan. 1, 1639. — A los qve leyeren. — Prologo.

Ff. 1-218 v., text.

This book contains one comedia, *El Agravio Agradecido* and 13 *Discursos* in the course of which the Reuerendo Padre Acrisio tells his life history to his friend Matias de los Reyes. In this long story shorter ones are interpolated: the *Historia de la Peña de los enamorados de Antequera,* which occupies all of *Discurso quarto* (ff. 72 v. - 85 v.); two short novelas without titles in *Discurso octavo,* i.e., that of Lucia and Lucio (ff. 133-135 v.), and that of Libinia (ff. 135 v. - 139); one novela in *Discurso doze;* also without title, that of Siluio and Cintio.

B. N. $\frac{R}{4952}$

1641

ABAD DE AYALA, JACINTO

NOVELA | DEL | MAS DESDICHADO | AMANTE, Y PAGO QVE | DAN MVGERES. | POR DON IACINTO

I

ABAD | de Ayala, Aposentador y Gentilhombre de | la compañia de los Cien Continuos | hijosdalgo de Castilla. | DEDI-CADO | A don Christoual Portocarrero, Conde | del Montijo, &c. | Small decoration. | CON LICENCIA. | En Madrid. Por Iuan Sanchez. Año de 1641.

Small 4to. 6 ff. without fol. + 31 ff. fol.

Preliminary ff.: T.p. — Suma de la Licencia. Madrid, May 8, 1640. — Suma de la Tassa. Madrid, Jan. 18, 1641. — Fee de erratas. Madrid, Jan. 22, 1641. — Aprouacion, el Padre Fray Diego Niseno. Madrid, April 12, 1640. — Licencia. Madrid, April 14, 1640. — Aprovacion del Consejo. Madrid, May 5, 1640. — Laudatory verses. — Ded. — Al que leyere.

Ff. 1-31 v., text.

B. N. $\frac{R}{7431}$

ALCALÁ Y HERRERA, ALONSO DE

VARIOS | EFFETOS | DE AMOR | EN CINCO NO-VELAS | EXEMPLARES. | Y NVEVO ARTIFICIO DE ES-|creuir prosas, y versos, sin vna de las | cinco letras Vocales, excluyendo | Vocal differente en cada | Nouela. | AVTOR | ALONSO DE ALCALA | y Herrera, residente y natural de | la inclyta ciudad de Lisboa. | Dirigidas a diuersas personas. | A custa (*sic*) de Frãcisco da Costa mercador (*sic*) de liuros. | En Lisboa, Con licencia. Por Manuel da Sylua, an. 1641.

8°.   16 ff. without fol. + 140 ff. fol.

Preliminary ff.: T.p. — Licenças: Lisbon, July 9, 640; July 16, 640; July 17, 640; Sept. 27, 640; Oct. 2, 640; Feb. 14, 641; Feb. 15, 641; Feb. 15, 641. — Copia de vna carta de Don Fernando Aluia de Castro. Lisbon, Aug. 22, 1650. — Laudatory verses. — Al Lector. — Prologo.—Tabla de las cinco Nouelas. Los dos Soles de Toledo, sin la letra A. fol. 1. La Carroça con las Damas, sin la letra E. fol. 30. La Perla de Portugal, sin la letra I. fol. 39 vers. La Peregrina Hermitaña, sin la letra O. fol. 58 vers. La Serrana de Sintra, sin la letra V. fol. 100.

Ff. 140 v., text.

All the Licenças were granted in Lisbon and are in Portuguese. Under the general heading of *Licenças* are included the Imprimatur (July 17, Sept.

27, Oct. 2), Agreement with the original (Feb. 14 and 15), and Tassa (Feb. 15). See contents of preliminary ff. above.

B. N. $\frac{R}{12883}$

These stories, with six others, were re-issued by Isidro de Robles in 1666 under the same title. No author was given for any of the novelas. Robles' book was reprinted in 1672 and several times during the eighteenth century. All the eighteenth-century editions are entitled *Varios prodigios de amor* and include besides the eleven novelas of the seventeenth-century editions, three of Baltasar Mateo Velázquez' *Casos acaso*.

CASTILLO SOLÓRZANO, ALONSO DE

LOS ALIVIOS | DE | CASANDRA. | A D. IOSEPH DE ARDENA | y de Dernius, señor de la Baronia de Dernius; | Capitan de Cauallos Coraças de la Ciudad | de Barcelona, y Gouernador de la | Caualleria Catalana. Por don Alonso de Castillo Solorçano. | Año (Heraldic decoration) 1641. | CON LICENCIA, | En Barcelona: En la Emprenta de Iayme Ro-|meu, delante Santiago. Y à su costa, y | de Iuan Çapera librero.

8°. 3 ff. without fol. + 191 ff. fol.

Preliminary ff.: T.p. — Aprobacion, y Licencia, el Dotor Iuan Baptista Lopez. Barcelona, May 10, 1640. — Imprimatur. Sept. 25, 1641. — Ded. — Prologo. — Lo qve contiene este libro. Novelas. 1 La Confusion de vna noche. fol. 8. 2 A vn Engaño, otro mayor. fol. 41. 3 Los Afectos (*sic*) que haze Amor. fol. 61. 4 Amor con Amor se paga. fol. 86. 5 En el Delicto, el Remedio. fol. 121. 6 El Mayorazgo figura, Comedia. fol. 133.

Ff. 1-131 r., text of the first five *Alivios;* 131 v., - 191 v., *Alivio sexto,* with text of the *Comedia.*

B. N. $\frac{R}{1416}$

PÉREZ DE MONTALBÁN, JUAN

SVCESSOS, | Y PRODIGIOS | DE AMOR. | En ocho Nouelas exemplares. | POR EL DOCTOR IVAN PEREZ DE | Montaluan, natural de Madrid, y Notario del | Santo Oficio de la Inquisicion. | Dirigidas a diuersas personas. |

Octaua impression. | 28. o. | Gloriam praecedit humilitas. Prouerb. 15. | CON LICENCIA. | En Seuilla, Por Nicolas Rodriguez. Año de 1641.

Ornamental border for the page and for the words *Gloriam*, etc.

8°. 8 ff. without fol. + 220 ff. fol.

Preliminary ff.: T.p. — Tabla de lo que contiene este libro. 1 La hermosa Aurora, fol. 1. 2 La fuerça del desengaño, fol. 26. 3 El embidioso castigado, fol. 50. 4 La mayor confusion, fol. 76. 5 La villana de Pinto, fol. 102. 6 La desgraciada amistad, fol. 131. 7 Los primos amantes, fol. 161. 8 La prodigiosa, fol. 190. — Suma de la tassa, Madrid, June 12 and Sept. 3, 1624. — Fè de erratas. Madrid, June 6, 1624. — Suma del priuilegio. March 10, 1624. — Licencia. Seville, Nov. 15, 1640. — Prologo de vn amigo del Autor a quien leyere. — Laudatory verses, including two sonnets on the death of the author. — Dedication of La hermosa Aurora.

Ff. 1-220, text.

Pérez de Montalbán died June 25, 1638; but although an edition of the *Sucessos y prodigios* came out in 1640, it did not contain the *Prologo de vn amigo del autor* or the sonnets on his death. These occur for the first time in the present edition. The *Prologo* states that at the time of publication seven editions of the *Sucessos* had been printed in Spain and one in Brussels.

B. N. $\frac{R}{1529}$

SANZ DEL CASTILLO, ANTONIO

LA | MOGIGANGA | DEL GVSTO, EN | SEIS NOVE-LAS. | A DON FRANCISCO DE | Funes Villalpando y Ariño, Primogeni-|to del Marques de Ossera, señor de las | Baronias de Quinto, y Figueruelas, y de | la Villa de Estopeñan, Cauallero de la | Orden de Santiago, Capitan de Cauallos | que fue en el Reyno de Milan, y electo | Maesse de Campo de Infanteria | Española por su Ma-|gestad. | POR DON ANDRES DEL CA[STI]llo, natural de la villa de Brihuega, en el | Arçobispado de Toledo. | 15. | Small ornament. | Con licencia: En Zaragoça por Pedro Lan[aja] | Impressor del Reyno de Aragon, y de la | Vniuersidad, Año 1641.

8°. 2 ff. without fol. + 236 pp. pag.

Preliminary ff.: T.p. — Nombres de las Nouelas contenidas en este libro. EE (*sic*) Monstruo de Mançanares, Nouela primera, Paginina (*sic*) 1. Quien bien anda en bien acaba. Nouela segunda. pag. 48 El Estudiante confuso. Nouela tercera. pag. 82 La Muerte del Auariento, y Guzman de Iuan de Dios. Nouela quarta. pag. 130. [Pa]gar con la mesma prenda. [No]uela quinta. pag. 168 [La] libertada inocente, y castigo en el engaño. Nouela sexta, pagina 201.—Aprovacion, el Dotor Miguel de Funes. Zaragoza, July 27, 1641. — Licencia. Zaragoza, July 27, 1641. — Imprimatur. — Ded.

Pp. 1-236, text.

This copy is in a bad state of preservation and is torn in several places. Words or letters which have been restored are in brackets.

B. N. $\frac{R}{18305}$

1645

PÉREZ DE MONTALBÁN, JUAN

PARA TODOS. | EXEMPLOS | MORALES HVMA-NOS, | Y DIVINOS. | EN QVE SE TRATAN DIVER-SAS | Ciencias, Materias, y Facultades. | REPARTIDOS EN LOS SIETE DIAS | de la Semana. | Y DIRIGIDOS A DIFERENTES | personas. | CON NVEVAS ADICIONES EN ESTA | septima impression. | POR EL DOCTOR | IVAN PEREZ DE MONTALVAN | natural de Madrid, y Notario del santo | Oficio de la Inquisicion. | Año (Small ornament) 1645. | CON LICENCIA, | Impresso en Seuilla por Francisco de Lyra, a costa | de Iuan Lopez Roman.

4to. 8 ff. without fol. + ff. [1] - 280 ff. fol.

Preliminary ff.: T.p. — Aprobacion, el P. M. Fr. Diego Nisseno. — Svma del privilegio. Madrid, Jan. 3, 1632. — Svma de la Tassa. Madrid, April 19, 1632.—Fe de Erratas. Madrid, April 16, 1632.—Aprobacion, el Maestro Ioseph de Valdiuielso. Madrid, Jan. 8, 1632. — Tabla de todas las materias, exemplos, moralidades qve se tratan en este libro. — Introdvccion para toda la semana. — Al que ha de leer. — Advertencia al Letor.

F.[1], Introdvccion a la semana; ff. 2-259 r., text; ff. 259 v., - 280., Indice, o catalogo de todos los Pontifices, etc.

The three novelas occur: Al cabo de los años mil, f. 60; El palacio encantado, f. 118 v.; El piadoso vandolero, f. 201. At the end of the volume, evidently bound in by mistake, is f. 34 of some other work by Montalbán.

B. N. $\frac{R}{4121}$

1646

REMIRO DE NAVARRA, BAPTISTA

LOS PELIGROS | DE MADRID. | POR | DON BAP-TISTA | REMIRO DE NA-|VARRA. | AL EXCELEN-TISSIMO | Señor Don Iuan Domingo Remirez de Mendo-| ça y Arellano señor de los Cameros, Marques | de la Inojosa, Conde de Aguilar | mi señor. | Small decoration. | CON LI-CENCIA. | En Zaragoça. | Por Pedro Lanaja Impres-|sor de la Vniuersidad. Año 1646.

8°. 8 ff. without fol. + 104 ff. fol.
Preliminary ff.: T.p.—Aprobacion, el Doctor Don Gnillen (*sic*) Centellas. Zaragoza, March (n.d.). — Ded. — Prologo. — Blank leaf.
Ff. 1-104 v., text.

B. N. $\frac{R}{13929}$

ZAYAS Y SOTOMAYOR, MARIA DE

NOVELAS | AMOROSAS, | Y | EXEMPLARES. | Compuestas por doña Maria de Zayas, y Soto-|mayor, natu-ral de Madrid. | Decoration. | Con Licencia, en Barcelona: Por Gabriel Noguès, en la | Calle de Santo Domingo, Año 1646. | A costa de Sebastian de Cormellas Mercader.

8°. 2 ff. without fol. + 250 ff. fol.
Preliminary ff.: T.p. — Los titvlos | de los novelas | qve estan en | este Libro. | Aventurarse perdiendo, fol. 1. La burlada Aminta. fol. 30. El Castigo de la Miseria. fol. 57. El Preuenido engañado. fol. 86. La fuerça del Amor. fol. 120. El desengaño amando, y premio | de la Virtud. fol. 138. Al fin se paga Todo. fol. 165. El impossible Vencido. fol. 189. El Iuez de su Causa. fol. 218. El jardin Engañoso. fol. 236. — Aprobacio (in Catalan), Fra Berthomeu Rafols. Barcelona, Nov. 27, 1645. — Imprimatur. Jan. 29, 1646. — Imprimatur. Oct. 30, 1646.
Ff. 1-250 v., text.

B. N. $\frac{R}{13233}$

The H. S. A. has a copy of this edition identical with it except for a trifling difference on the title-page. Instead of "A costa . . . Mercader," following the date, the H. S. A. copy reads: "Vendense en la Libreria, por Ioan Sapera, Librero."

1647

CÉSPEDES Y MENESES, GONZALO

HISTORIAS | PEREGRINAS | Y EXEPLARES (*sic*). | CON | EL ORIGEN, FVNDAMENTOS, | y excelencias de España, y Ciudades | adonde sucedieron. | Small ornament. | POR DON GONZALO DE CESPEDES Y | Meneses, natural de la villa de | Madrid. | A LA IMPERIAL CIVDAD | DE ZARAGOÇA. | Small decoration. | CON LICENCIA. | Impresso en Zaragoça, por Juan de | Larumbe. Año de 1647.

8°. 4 ff. without fol. + 207 ff. fol. + 1 f. without fol.

Preliminary ff.: T.p.—Aprovacion, Fray Iuan Calderon. Zaragoza, March 9, 1623.—Licencia. Zaragoza, March 10, 1623.—Privilegio. Zaragoza, March 17, 1623.—Ded. A la imperial civdad de Zaragoça.—Al Letor.

Ff. 1-7 v., Breue resumen de las excelencias de España; ff. 8-207 r., text of the *Historias;* f. [208] r., Assvmptos principales que contiene este libro. Breve resumen de las excelencias de España, teatro de estas peregrinas historias. fol. 1. El buen zelo premiado, historia primera, en la Ciudad de Zaragoça . . . 8. El desden del Alameda, historia segunda, en la Ciudad de Seuilla . . . 37. La constante Cordovesa, historia tercera, en la Ciudad de Cordova . . . 69. Pachecos y Palomeques, historia quarta, en la Ciudad de Toledo . . . 102. Sucessos tragicos de don Enrique de Sylva, historia quinta, en la Ciudad de Lisboa . . . 136. Los dos Mendoçat (*sic*), historia sexta, sucedida en Madrid, . . . 270 (*sic* for 170); f. [208] v., decoration.

B. P. L. D. 163. 30.

1648

ANÓNIMO

NOVELAS | AMOROSAS DE | LOS MEIORES IN-GENIOS | DE ESPAÑA. | DIRIGIDAS | A DON MI-GVEL DE ÇALVA, Y VALGOR-|nera, señor de las Baronias de Iorba, y Vilanant, | Cauallero del Abito de Santiago, &c. | Heraldic decoration* | CON LICENCIA | En Zaragoça,

---

*Upside down.

Por la Viuda de Pedro Verges, Año 1648. | A costa de Iusepe Alfay, y Martin Nauarro.

8°. 4 ff. without fol. + 340 pp. pag.

Preliminary ff.: T.p. — Ded. — Las Novelas qve ay en este libro. 1. Las Fortunas de Diana. Fol. 1. ij El Desdichado por la honra. 62. iij La mas prudente Vengança. 106. iiij Guzman el Brauo. 153. v Las dos Venturas sin pensar. 201. vj El Pronostico Cumplido. 241. vjj La Quinta de Laura. 265. viij El Celoso hasta morir. 302.

Pp. 1-340, text.

The first four stories are by Lope de Vega and the last four by Castillo Solórzano. (See above, pp. 98, 105, 109, 113).

B. N. $\frac{R}{220)}$

PÉREZ DE MONTALBÁN, JUAN

SVCESSOS, | Y | PRODIGIOS | DE AMOR. | En ocho Nouelas exemplares. | POR EL DOCTOR IVAN PEREZ DE | Montalvan, natural de Madrid, y Notario | del Santo Oficio de la Inquisicion. | Dirigidas à diuersas personas. | Nona impression. | Decoration. | CON LICENCIA. | En Seuilla: Por Pedro Gomez de Pastrana. | Año de 1648.

8°. 8 ff. without fol. + 422 pp. pag.

Preliminary ff.: T.p. — Titulo (*sic*) de las Nouelas. 1. La hermosa Aurora. 2. La fuerça del desengaño. 3. El embidioso. 4. La mayor confusion. 5. La villana de Pinto. 6. La desgraciada amistad. 7. Los primos amantes. 8. La prodigiosa.—Suma de la Tassa. Madrid, June 12 and Sept. 3, 1624. — Fee de erratas. Madrid, June 6, 1624. — Suma del Priuilegio. March 10, 1624. — Licencia. Seville, Nov. 15, 1640. — De vn amigo del Autor, a quien leyere. — Laudatory verses. — Dedication of La Hermosa Aurora.

Pp. 1-422, text.

H. S. A.

SVCESOS, | Y | PRODIGIOS | DE AMOR. | En ocho Novelas exemplares. | POR EL DOCTOR IVAN PEREZ | de Montalvan, natural de Madrid, y No-|tario del santo Oficio de la | Inquisicion. | Dirigidas a diversas personas. | Nona impression. | Decoration. | CON LICENCIA. | En Seuilla, Por Pedro Gomez de Pastrana. | Año de 1648.

Ornamental border.

16mo. 8 ff. without fol. + 418 pp. pag.

Preliminary ff.: T.p. — Titulo (*sic*) de las Novelas. 1. La hermosa Aurora. 2. La fuerça del desengaño. 3. El embidioso. 4. La mayor confusion. 5. La villana de Pinto. 6. La desgraciada amistad. 7. Los primos amantes. 8. La prodigiosa.—Suma de la tassa. Madrid, June 12 and Sept. 3, 1624. — Fè de erratas. Madrid, June 6, 1624. — Suma del Priuilegio. March 10, 1624. — Licencia. Seville, Nov. 15, 1640. — De vn amigo del Autor, a quien leyere. — Laudatory verses. — Dedication of La Hermosa Aurora.

Pp. 1-418, text.

H. S. A.

1649

ANÓNIMO

NOVELAS | AMOROSAS | DE LOS MEIORES | IN-GENIOS DE | España. | DIRIGIDAS | A DON MIGVEL | de Zalua, y Valgornera, Se-|ñor de las Baronias de Iorba, | y Vilanant, Cauallero del | Abito de Santiago, | &c. | CON LICENCIA | En Zaragoça, Por la de Viuda de | Pedro Verges. Año | de 1649. | A costa de Iusepe Alfay, y Martin Na-|uarro.

Ornamental border.

8°. 1 f. without fol. + ff. 2-190 fol.

The preliminary f. contains, recto, the title-page and, verso, Las Novelas que ay en este libro. Las Fortunas de Diana. El Desdichado por la honra. La mas prudente Venganga. Cusman el Brauo. Las dos venturas sin pensar. El Pronostico cumplido. La Quinta de Laura. El Celoso hasta morir.

Ff. 2-190, text.

B. N. P. Y² 11109.

The copy of this edition owned by the H. S. A. contains only the first five novelas: Ff. 1-133 v.

CASTILLO SOLÓRZANO, ALONSO DE

LA | QVINTA | DE | LAVRA, | QVE CONTIENE SEIS | Nouelas, adornadas de di-|ferentes Versos. | POR |

DON ALONSO CASTILLO | Solorzano. | Small decoration. | CON LICENCIA. | EN Çaragoça: En el Real Hospital de nue-|stra Señora de Gracia, Año 1649. | A costa de Matias de Lizau, Mercader de Libros.

8°. 7 ff. without fol.+219 pp. pag.

Preliminary ff.: T.p.—Ded., signed by Matias de Lizán.—[Aprobacion], el Doctor Iuan Francisco Ginoues. Zaragoza, May 10, 1648. — Imprimatur. — Censvra, el Doctor Ivan Francisco Andres. Zaragoza, May 21, 1648.— Imprimatur. — Prologo. — Lo que contiene este Libro. La Ingratitud Castigada. fol. 6. La Inclinacion Española. 73. El desden buelto en fauor, y Noucla escrita sin y. 119. No ai mal que no venga por bien. 142. Lanzes de Amor, y Fortuna. 172. El Duende de Çaragoça. 198.

Pp. 1-219, text.

H. S. A.

According to Cotarelo y Mori (*La niña de los embustes*, ed. Cotarelo, Introducción, p. lxxv), Castillo Solórzano was already dead in 1648. He doubts the authenticity of this posthumous volume as a collection although he thinks it not impossible that Castillo wrote the separate stories (*ibid.* chap xi). While there is indeed nothing in the style of the *Quinta* to preclude Solórzano's authorship, it is strange that two of the stories repeat titles of earlier and entirely different novelas by him, namely, *No ai mal que no venga por bien* already used for the first story in the *Jornadas alegres*, 1626, and *La ingratitud castigada*, which differs very slightly from the title of the third novela in the *Noches de plazer*, 1631, called *La ingratitud y el castigo*. Someone else, of course, may have provided the titles after the death of the author.

Padilla's edition of *La quinta de Laura* published in 1732 is called on the title-page the "tercera impression," but I have been unable to find any but those of 1649 and 1732.

CASTILLO SOLÓRZANO, ALONSO DE

SALA | DE | RECREACION. | A | DON FRANCISCO | ANTONIO GONZALEZ, | XIMENEZ DE VRREA. | SEÑOR DE BERBEDEL, | ANTES TIZENIQVE. | POR DON ALONSO DE CAS-|tillo Solorzano. | Small ornament. | CON LICENCIA, | En Zaragoça, Por los herederos de Pedro Lanaja | y Lamarca, Impressor del Reino de Aragon, | y de la Vniuersidad, Año 1649. | A costa de Iusepe Alfay, mercader de Libros.

8°. 4 ff. without fol. + 352 pp. pag.

Preliminary ff.: T.p. — Aprovacion, el Parde (*sic*) Fray Guillermo Salinas. Zaragoza, Sept. 18, 1639. — Imprimatvr. — Censvra, el Padre Maestro Fray Andres Hortigas. Zaragoza, Sept. 21, 1639. — Imprimatvr. Ded. — Al Lector. — Lo que contiene este Libro. La dicha merecida, fol. 8. El disfraçado, fol. 91. Mas puede amor que la sangre, fol. 132. Escarmiento de atreuidos, fol. 184. Las prueuas en la muger, fol. 325. La Torre de Florisbella, Comedia, fol. 271.

Pp. 1-270, text of the novelas; 271-352, text of the *Comedia*.

B. N. $\frac{R}{3263}$

Doubt has been cast upon the existence of an edition of 1640, mentioned by Gallardo, *Ensayo*, II, no. 1698. But Palau y Dulcet, *Manual*, II, p. 99, has the following entry: "*Sala de recreacion*, Zaragoza, Pedro Lanaja y Lamarca, 1640. 8°. 4 h. 252 pp. Figuró en la Biblioteca del Marqués de la Romana. La segunda ed., Zaragoza, 1649, 8°."

ZAYAS Y SOTOMAYOR, MARÍA DE

PARTE | SEGVNDA | DEL SARAO, | Y ENTRE-TENI-|MIENTO HONESTO, | de doña Maria de Zayas | Sotomayor. | 33 | Año (Printer's mark) 1649. | CON LICENCIA, | En Barcelona en la Emprenta administrada por Seba-|stian de Cormellas Mercader. Y a su costa.

8°. 8 ff. without fol. + 256 ff. fol.

Preliminary ff.: T.p. — Aprobacion, el Marstro Fray Pio Viues. Barcelona, Sept. 23, 1648. — Imprimatur. Sept. 23, 1648. — Imprimatur. Sept. 23, 1648. — Introdvcion.

Ff. 1-256 v., text.

B. N. $\frac{R}{11584}$

Nicolás Antonio, *Bib. Nov.*, I, p. 88, and, after him, Brunet, Ochoa, La Barrera, Salvá and Graesse, give as the first edition of the *Parte segunda* of Zayas' novelas, one published in Zaragoza in 1647. According to Nicolás Antonio, its title was *Novelas y Saraos*, and according to Ochoa, *Desengaños* (see the *Novelas*, ed. Baudry, Introduction, p. 1, note). None of the bibliographers describe the book, or indicate its whereabouts. The only edition of the *Parte segunda* known to me is the one described here.

1650

ANÓNIMO

NOVELAS | AMOROSAS DE | LOS MEIORES IN-
GENIOS | DE ESPAÑA. | DIRIGIDAS | A DON RAY-
MVNDO DE SALVA, Y DE CAR-|dona, señor de las
Baronias de Salua, Bisbal, y Or-|tiguos, en la Vegueria de
Villa Franca | de Panades. | Heraldic decoration. | CON
LICENCIA: | En Barcelona: en la emprenta administrada
por | Thomas Vassiana, Año 1650.

8°. 4 ff. without fol. + 371 pp. pag.
Preliminary ff.: T.p. — Ded. — [Licencia]. Feb. 8, 1650. — Imprimatur.
Feb. 9, 1650. — Imprimatur. — La Novelas qve ay en este Libro. 1 Las
fortunas de Diana. Fol. 1. 2 El Desdichado por la honra. 67. 3 La mas
prudente Vengança. 115. 4 Guzman el Brauo. 166. 5 Las dos venturas sin
pensar. 218. 6 El Pronostico cumplido. 261. 7 La Quinta de Laura. 288.
8 El celoso hasta morir. 349.

Pp. 1-371, text.

B. N. $\frac{R}{14303}$

1651

PÉREZ DE MONTALBÁN, JUAN

PARA | TODOS. | EXEMPLOS | MORALES, HVMA-
NOS, | Y DIVINOS. | EN QVE SE TRATAN DIVERSAS
| Ciencias, Materias, y Facultades. | REPARTIDOS EN
LOS SIETE DIAS DE | LA SEMANA. | DIRIGIDO A
FRANCISCO | Carrillo, Escriuano mayor de Rentas del
Rey | nuestro Señor, Familiar, y Notario del | Santo Oficio.
| Y CON ALGVNAS ADICIONES NVEVAS | en esta
octaua impression. | POR EL DOCTOR IVAN PEREZ DE
| Montaluan, Natural de Madrid, y Notario del | Santo
Oficio de la Inquisicion. | Año M. DC. LI. | 76. | A costa de
Lorenço Sanchez, Mercader de Libros. | Con licencia. En
Madrid, Por Melchor Sanchez.

4to. 8 ff. without fol. + 295 ff. fol. + 1 f. without fol.
Preliminary ff.: T.p. — Aprovacion, el P. M. Fr. Diego Nisseno. — Suma

de la licencia. Madrid, Dec. 23, 1651. — Suma de la Tassa. Madrid, May 31, 1651. — Fe de Erratas. Madrid, May 28, 1651. — Aprovacion, el M. Ioseph de Valdiuielso. Madrid, Jan. 18, 1632. — Tabla de todas las materias, exemplos y moralidades qve se tratan en este libro. — Introdvcion para toda la semana. — Al que ha de leer. — Advertencia al lector. — Ded. Madrid, May 30, 1651.

Ff. 1-273 v., text; ff. 274-295 v., Indice, o catalogo de todos los Pontifices, etc.; f. [296], colophon.

The novelas occur: Al cabo de los años mil, f. 65; El palacio encantado, f. 131 v.; El piadoso vandolero, f. 211 v.

B. N. P.   Z. 5989.

1654

AGUIRRE DEL POZO Y FELICES, MATÍAS

NAVIDAD | DE ZARAGOZA | REPARTIDA | EN QVATRO NOCHES | DEDICADAS | LA PRIMERA, A DON IAYME | Iuan Viota y Suelues. La segunda, a Don Antonio de | Vrries, señor de Nisano. La tercera, a Don Fernando | Antonio de Sayas, Pedroso, y Zapata, Cauallerizo de | su Magestad, y Comissario General en el Reino de Ara | gon. La quarta, a Don Antonio Perez de Pomar, Li-|ñan, Fernandez, y Heredia, Varon de Sigues, y | Mayorazgo del Condado de Contamina, y | Señorio de Cetina. | COM-PVESTA POR DON | MATIAS DE AGVIRRE, DEL | POZO, Y FELIZES. | CON LICENCIA. | En Çaragoça: Por Iuan de Ybar; en la Cuchilleria, Año 1654.

4to.   6 ff. without fol. + 390 pp. pag.

Preliminary ff.: T.p. — Aprobacion, el Doctor Vicente Antonio Ybañez de Aoyz. Zaragoza, May 4, 1654. — Imprimatur. — Aprobacion, Ivan Lorenzo Ybañez de Aoyz. Zaragoza, May 6, 1654. — Imprimatur. — Noche primera, dedicada a Don Jayme Ivan Viota y Svelves. — Prologo. — Erratas.

Pp. 1-385, text of the *Noches;* 386-390, Indice de las cosas mas notables de este libro.

Riesgo del mar y de amar, pp. 314-348, told on the fourth night, is the only novela contained in this book. It is included in the 1728 edition of Mariana de Carabajal's *Navidades.*

B. N. $\frac{R}{4528}$

LIZARAZU Y BERBINZANA, MANUEL LORENZO DE

ACASOS DE | FORVNA (*sic*), Y TRIVNFOS | DE AMOR. | EN DOS NOVELAS. | LA VNA ESCRITA SIN A. | Dirigidas à personas diferentes. | POR | DON MA-NVEL LORENZO | de Lizaraçu y Berbinçana, graduado de Ba-|chiller en entrambos Derechos en la Vni-|uersidad de Salamanca. | Small decoration. | Et qui audit dictat, veni. S. Ioan. vers. 17. | CON LICENCIA. | En Zaragoça, Por Diego Dormer, | Año de 1654.

Ornamental border.

4to. The contents, if complete, would be as follows: 8 ff. without fol.+ ff. 1-20 fol.+ff. [1] - 34 fol., the preliminary ff. containing: T.p. — Lauda-tory verses. — Aprovacion, el Rmo. P. M. Fr. Ioseph Vazquez. Madrid, Dec. 1, 1654. — Licencia. Madrid, Dec. 3, 1654. — Ded. A Don Fernando Ladron de Gvevara. — Al que leyere.

Ff. 1-20, text of *El principe Federico*. Following f. 20, ff. [1] and 2 contain: Ded. of *El mas cuerdo desengaño*. A Don Pedro de Lizarazu y Berbinzana; ff. 3-34, text of *El mas cuerdo desengaño*.

In this copy, three of the preliminary ff. are missing: two immediately following the t.p., containing the laudatory verses and the first two pages of Fr. Joseph Vazquez' Aprovacion; and one after the Licencia, containing the first two pages of the Ded. to Don Fernando Ladron de Guevara. The contents of the missing ff. can be ascertained by comparison with the other copy of the same work owned by the B. N., $\frac{R}{8124}$, which, although com-plete, is so confused in the order of the contents, that the less well-preserved copy has been chosen for description.

B. N. $\frac{R}{11824}$

ZURITA Y HARO, FERNANDO JACINTO DE

MERITOS | DISPONEN PREMIOS. | DISCVRSO LYRICO, | POR D. FERNANDO | IACINTO DE ZVRI-TA Y | Haro, señor de la Villa del Villar del | Saz, y Veinte y Quatro perpetuo | de la Ciudad de Xerez de la | Frontera.

| AL EXCELENTISSIMO | Señor D. Luis Mendez de Haro | y Guzman, &c. | CON LICENCIA EN MADRID: | POR DIEGO DIAZ DE LA CARRERA, | Año M DC. LIV.

8°. 6 ff. without fol. + 66 ff. fol.

Preliminary ff.: T.p. — Ded. (in octavas). — Parecer del M. Fr. Miguel de Cardenas. July 29, 1654. — Aprobacion i Censvra, el Rmo. P. M. Fr. Diego Nysseno. Madrid, Aug. 4, 1654. — Al Lector (redondillas). — Fee de Erratas. Madrid, Sept. 2, 1654. — Tassa. Sept. 3, 1654.

Ff. 1-66 r., text.

B. N. $\frac{R}{1874}$

This story was reprinted with its title-page and preliminary documents by Alonso y Padilla in the second edition of Martínez de Moya's *Fantasías de un susto*, Madrid, 1738.

1655

LAURA MAURICIA

EL | DESDEÑADO | MAS FIRME, | PRIMERA PAR-TE. | OFRECIDA | A LA EXCELENTISSIMA SEÑORA | DOÑA LVISA MARIA | DE | MENESES, | CONDESA DE PORTALEGRE, | MARQVESA | DE GOVEA,

Ornamental border.

4to. 2 ff. without fol. + 79 pp. pag.

Preliminary ff.: T.p. — Ded. Paris, May 30, 1655.

Pp. 1-79, text.

B. N. $\frac{R\text{-}i}{128}$

1656

PÉREZ DE MONTALBÁN, JUAN

PARA TODOS | EXEMPLOS | MORALES HVMA-NOS, Y DIVINOS. | EN QUE SE TRATAN DIVERSAS CIEN-|cias Materias, y Facultades. | REPARTIDOS EN LOS SIETE DIAS DE LA | Semana. | Y DIRIGIDOS A DIFERENTES | personas. | CON NVEVAS ADICIONES EN ESTA OC-|tava impression. | POR EL DOCTOR |

IVAN PEREZ DE MONTALVAN NATVRAL DE MA-DRID, | y Notario del Santo Officio de la Inqui-|sicion. | Año (Small decoration) 1656. | CON LICENCIA, | En Bar-celona: En la Enprenta Administrada por Francisco Caîs en la (illegible) | de los Algodoneros.

The only part of this volume belonging to the edition of 1656 is the above title-page, which has been pasted into a copy of the edition printed in Alcalá de Henares in 1666 (see below, p. 148).

B. N. $\frac{R}{6579}$

SVCESSOS | Y PRODIGIOS | DE AMOR. | EN OCHO NOVELAS EXEM-|plares. | AÑADIDO EN ESTA VL-TIMA | Impression el Orfeo a la Decima | Musa, del mismo Autor. | POR EL LICENCIADO IVAN | Perez de Montal-uan, natural | de Madrid. | Dirigidas a diuersas personas, | EM COIMBRA. | Na Officina de Thome Carualho Impres-sor | da Vniuersidade Anno 1656.

8°. 4 ff. without fol. + 488 pp. pag. + 7 pp. without pag. + pp. 1-76 pag. (two numbered 1).

Preliminary ff.: T.p. — Licenças do S. Officio. Lisboa, 12, 13 and 16 of October, 1655. — Tabla de las Novelas deste Libro. 1. La hermosa Aurora. 2 La fuerça del desengaño. 3 El embedioso (*sic*) castigado. 4 La mayor côfusiõ. 5 La Villana de Pinto. 6 La desgraciada amistad. 7 Los Primos amantes. 8 La Prodigiosa. Orfeo a la Decima Musa. — Laudatory verses. — [Fe de Erratas.] [Imprimatur.] [Tassa.]

Pp. 1-487, text of the *Sucessos*. P. 488 and the following unnumbered 7 pp. contain the t.p. and preliminary documents to the *Orfeo a la decima Musa;* pp. 1-76, text of the *Orfeo*.

B. P. L. D. 170a. 13.

1659

NAVARRETE Y RIBERA,
FRANCISCO DE

NOVELA DE LOS TRES HER-|manos, escrita sin el vso de la A.:

Premio el Letor lleuarà,   quando el discurso leyere,
si en alguna linea viere,   razon escrita con A.

4to. 4 ff. without fol. No title-page. The title stands at the head of the first page of the novela with the verse below, as shown above; f. 4 v., the colophon: Con Licencia en Madrid, por Gregorio Rodriguez, Año de 1659. | Vendese en casa de Iuan de Calatayu, y Montenegro, en la pla-| çuela de Santo Domingo.

B. N. $\frac{R}{11281}$

This story and another, the *Novela del caballero invisible, compuesta en equivocos burlescos* were included by Alonso y Padilla in his edition of Vélez de Guevara's *Diablo cojuelo*, Madrid, 1733. They were reprinted again with the same by Ramón Ruiz, Madrid, 1798.

ZAYAS Y SOTOMAYOR, MARÍA DE

PRIMERA, | Y | SEGVNDA | PARTE DE LAS NO-| VELAS AMOROSAS, Y EXEMPLA-|res de Doña Maria de Zayas y Sotoma-|yor, natural de Madrid. | CORREGI-DAS, Y EMENDADAS | en esta vltima Impression. | DE-DICANSE AL SEÑOR D. VICEN-|te Bañuelos y Suaço, del Consejo de su Ma-|gestad, Alcalde de su Casa, y | Corte, &c. | 65. o | Decoration | CON LICENCIA EN MADRID. | Por Melchor Sanchez. Año | de 1659. | Acosta de Mateo de la Bastida, Mercader de | Libros, en frente de San Felipe.

4to. 4 ff. without fol. + 258 ff. fol.
Preliminary ff.: T.p. — Ded. — Aprobacion, el Maestro Ioseph de Val-diuieso. Madrid, n.d. — Licencia, June 4, 1634. — Censvra, el Doctor Ivan Francisco Ginouès. Oct. 28, 1646. — Imprimatur. — Censvra, el Doctor Ivan Francisco Andres. Zaragoza, Nov. 11, 1646. — Imprimatur — Licen-cia. Madrid, March 7, 1659. — Fee de Erratas. Madrid, Oct. 10, 1659. — Tassa. — Tabla de las Novelas de la primera parte. 1 Aventurarse perdiendo, fol. 1. 2 La burlada Aminta, fol. 18. 3 El castigo de la miseria, fol. 31. 4 El preuenido engañado, fol. 43. 5 La fuerça del amor, fol. 59. 6 El desengaño (*sic*) amando, y premio de la virtud, fol. 66. 7 Al fin se paga todo, fol. 77. 8 El impossible vencido, fol. 86. 9 El Iuez de su causa, fol. 96. 10 El Iardin engañoso, fol. 104. — Tabla de la segvnda

J

Parte, diuidese en Saraos. Desengaño primero, fol. 113 B. Desengaño segundo, fol. 130. Desengaño tercero, fol. 141 B. Desengaño quarto, fol. 155. Desengaño quinto, fol. 165. Desengaño sexto, fol. 176 B. Desengaño septimo, fol. 192 B. Desengaño octavo, fol. 204. Desengaño nono, fol. 216. Desengaño decimo, fol. 241 B.

Ff. 1-109 v., text of the *Primera parte;* ff. 110-258, text of the *Segunda parte.*

H. S. A.

Dr. Lena E. Sylvania (*Doña María de Zayas y Sotomayor*, New York, 1922, p. 21) gives as the first edition of the combined First and Second Parts, one of 1648, Barcelona (no printer), to be found in the British Museum. I have been unable to find this edition there. Others which I have not seen are those of Valencia, Bordazar, 1712 (Graesse, VII, p. 508), Madrid, 1748, and Barcelona, 1752 (both mentioned by Brunet, IV, p. 560, Salva, II, no. 2040, and Graesse, VII, p. 508).

ZAYAS Y SOTOMAYOR, MARÍA DE

PRIMERA, | Y | SEGVNDA | PARTE DE LAS NOVE-LAS | AMOROSAS, Y EXEMPLARES DE | Doña Maria de Zayas, y Sotomayor, | natural de Madrid | CORREGI-DAS, Y ENMENDADAS | en esta vltima impression. | DEDICANSE AL SEÑOR DON VICENTE | Bañuelos, y Suaço, del Consejo de su Magestad, | Alcalde de su Casa, y Corte, &c. | Small ornament. | CON LICENCIA EN MA-DRID: Por | Melchor Sanchez, Año de 1659. | A costa de Mateo de la Bastida, Mercader de | Libros, enfrente de San Felipe.

4to. 2 ff. without fol. + 247 ff. fol.

Preliminary ff.: T.p. — Ded. — Aprobacion, el Maestro Ioseph de Valdivieso. Madrid, June, 1634. — Licencia. Madrid, June 4, 1634.

Ff. [1] - 104 v., text of the *Primera parte;* ff. 105 - 247 v., text of the *Segunda parte.* 2 cols.

A comparison with the edition of 1664, with which this agrees, shows that the one here described should contain four unnumbered preliminary ff. The last two of these as well as the first numbered f. have been torn out.

B. N. $\frac{R}{16681}$

1661

PÉREZ DE MONTALBÁN, JUAN

PARA | TODOS. | EXEMPLOS MORALES, | HVMA-
NOS, Y DIVINOS. | EN QVE SE TRATAN DIVERSAS
CIENCIAS, | Materias, y Facultades. | REPARTIDOS EN
LOS SIETE DIAS DE LA | SEMANA. | DIRIGIDO | AL
DOCTOR DON DIEGO DE LA CVEVA Y SALAZAR, |
Cura propio de la Parroquial de San Gines de la Villa de
Madrid, | y Examinador Synodal del Arçobispado de Toledo,
Colegial | del Insigne de Theologos de la Vniuersidad de |
Alcalà. | Y CON ALGVNAS ADICIONES NVEVAS EN |
esta nona impression. | POR EL DOCTOR IVAN PEREZ
DE MONTALVAN, | Natural de Madrid, y Notario del
Santo Oficio de la | Inquisicion. | 70. | A costa de la Herman-
dad de los Mercaderes de libros | de Madrid. | Con licencia,
En Alcalà por Maria Fernandez. Año 1661.

> 4to. 8 ff. without fol. + 548 pp. pag.
> Preliminary ff.: T.p. — Ded. — Aprovacion, el P. M. Fr. Diego Nisseno.
> — Suma de la licencia. — Suma de la Tassa. — Fee de Erratas. Alcalá de
> Henares, May 25, 1661. — Aprovacion, el Maestro Ioseph de Valdiuielso.
> Madrid, Jan. 18, 1632. — Tabla de todas las materias, exemplos, y morali-
> dades qve se tratan en este libro. — Introdvcion para toda la semana. —
> Al que ha de leer. — Advertencia al letor.
> Pp. 1-508, text; pp. 509-548, Indice, o catalogo de todos los Pontifices,
> etc.
> The three novelas occur: Al cabo de los años mil, p. 121; El Palacio en-
> cantado, p. 243; El piadoso vandolero, p. 392.
> B. P. L. **D. 170a. 7.

1662

LA CUEVA, FRANCISCO

MOGIGANGA | DEL GVSTO, | EN | SEIS NOVELAS.
| Y ESTORVO DE | VICIOS. | COMPVESTO POR | Don
Francisco la Cueba, | natural de la Villa de | Madrid. | Or-
nament. | CON LICENCIA, | En Çaragoça, Por Iuan de

Ybar. Año 1662. | A costa de Iosef Alfay, Mercader de Libros.

8°. 4 ff. without fol.+152 pp. pag.+4 ff. without fol.

Preliminary ff.: T.p. — Tabla de las Novelas que ay en este Libro. Don Floret, y Doña Pela. 13. Desdicha de Feliciano. 30. Dorido, y Clorinia. 74. Celinos, y Doña Pestaña. 102. El Astrologo Capigorra. 121. El burlado Labrador. 134.—Censvra, el M. R. P. M. Fr. Ivan de Campos. Zaragoza. July 8, 1662.—Aprobacion, el Doctor Ivan de Fuenbuena y Lazcano, Zaragoza, July 23, 1662. — Imprimatur. — Prologo al Letor.

Pp. 1-6, A mi Señora Doña Tomosa (*sic*) Valera, y Daria, Dama pedigueña de la Corte. Pp. 6-13, Mogiganga del Gvsto (an Introduction). Pp. 13-150 middle, text of the novelas. Pp. 150 middle-152, two anecdotes. The 4 ff. (without fol.) which follow contain: XACARA |NVEVA. | DE VN XAQVE, | QVE HAZE RELA | CION A OTRO AMIGO | suyo, de lo que le sucedio vna | tarde passeandose por | Madrid. | Compuesta por Alexandro de | Cepeda | Con licencia: En Madrid, por | Iulian de Paredcs, cn la Plazue-|la del Angel.

B. N. $\frac{R}{6956}$

Cotarelo y Mori, *La mogiganga del gusto por Don Andrés Sanz del Castillo*, ed. Cotarelo, Introducción, pp. xi-xii, calls La Cueva's *Mogiganga* a bibliographical fraud and identifies the source of all the stories contained therein except the first: numbers 2, 4, 5 and 6 are taken from Liñán y Verdugo's *Guía y avisos de forasteros*, and number 3 from *Guzmán de Alfarache*, Part I, chap. x.

LOZANO, DR. CHRISTÓBAL

SOLEDADES | DE LA VIDA, | Y DESENGAÑOS DEL MVNDO, | NOVELAS EXEMPLARES, | POR EL DOCTOR DON CHRISTOVAL LOZANO, | Comissario de la S̃anta Cruzada de la Villa de Hellin, | y su Partido; | CORREGIDAS Y ENMENDADAS EN ESTA | Segunda impression. | DEDICADAS | A DON DIEGO DE GAMARRA | Y VALCARCEL, | Cavallero del Orden de Santiago, &c. | Año (Heraldic decoration) 1662 | CON PRIVILEGIO. | EN MADRID: Por Francisco Sanz, Impressor del Reyno, | y Portero de Camara de su Magestad. | Acosta de Francisco Serrano de Figueroa, Familiar y Notario del Santo Oficio, | y Mercader de Libros en la Calle Mayor.

4to. 8 ff. without fol. + 378 pp. pag.

Preliminary ff.: T.p. — Ded. — Aprobacion, Don Pedro Calderon de la Barca. Madrid, July 12, 1658. — Licencia. Madrid, July 15, 1658. — Censvra, el Maestro Fr. Benito de Ribas. Madrid, April 11, 1662. — Suma del Privilegio, Sept., 1688 (*sic*). — Tassa. Dec. 19, 1662. — Prologo. — Indice de las Soledas, y Novelas contenidas en este Libro. Soledad primera, Pag. 1. Soledad segunda, Pag. 36. Soledad tercera, Pag. 51. Soledad quarta, Pag. 89. El mas mal pagado amor, y muger menos constante, Pag. 152. Todo es trazas, Pag. 180. Buscar su propia desdicha, Pag. 203. passar mal por querer bien, Pag. 228. El muerto zeloso, Pag. 252. Persecuciones de Lucinda, y tragicos sucessos de Don Carlos. Pag. 273.

Pp. 1-151, text of the Soledades; 152-378, text of the Novelas. 2 cols.

B. N. $\frac{R}{9097}$

The first edition of the *Soledadas*, entitled *Los monjes de Guadalupe. Soledades de la vida y desengaños del mundo. Novelas y comedias exemplares*, was published under the name of Dr. Christóbal Lozano's nephew, Don Gaspar Lozano Montesinos. It came out in 1658 and was reprinted in 1663, this time simply as *Soledades de la vida*, etc., but still attributed to Don Gaspar Lozano (see below, p. 145). These two editions contain besides the four stories called *Soledades*, six comedias, the titles of which are given below in the description of the edition of 1663. Meanwhile, in 1662, another edition of the book had appeared, which omitted the plays but contained six new novelas with individual titles (see Tabla above). The title-page of this edition bears the name of the real author, Dr. Christóbal Lozano, and the dedication, signed by his nephew, explains why the stories were originally attributed to him. All editions subsequent to that of 1663 are under the name of Dr. Christóbal Lozano and are identical in contents with that of 1662. The last and longest of the novelas contained therein, the *Persecuciones de Lucinda y tragicos sucesos de Don Carlos*, was printed separately in 1641 and 1664. Palau y Dulcet, *Manual del librero*, etc., vol. 4, p. 283, states that this story is contained in *Los monjes de Guadalupe*, but I think this is a mistake, since it is not mentioned by La Barrera in his detailed description of that book, nor is it found in the edition of 1663. Palau, who evidently assumes that the latter edition is a reprint of the *Soledades* of 1662 and not of *Los monjes de Guadalupe*, says that it does not contain the comedias, but this is an error. I have not been able to find an edition of *Los monjes de Guadalupe*, and have obtained my information about its contents from La Barrera y Leirado, *Catálogo*, etc., pp. 225-227.

Palau, *l.c.*, mentions several editions which I have not seen and whose whereabouts I do not know: Madrid, 1667 (no printer), id., Marin, 1733; id., 1759 (no printer); and Seville, 1712, of which Salvá owned a copy (cf. Salvá, *Catálogo*, II, no. 1876). He does not, however, list those of Madrid, Ariztia, 1716, and Seville, Viuda de Francisco Lorenzo Hermosella (*sic*), n.d. (between 1727 and 1733). La Barrera and Salvá also both cite the edition of 1759.

1663

CARABAJAL Y SAAVEDRA, MARIANA DE

NAVIDADES DE MADRID, | Y NOCHES ENTRE-TENIDAS, | EN OCHO NOVELAS. | COMPVESTO POR DOÑA MARIANA DE | Carauajal y Saauedra, natural de Granada. | DEDICADO AL EXCELENTISSIMO SEÑOR D. FRANCISCO | Eusebio de Peting, conde del Sacro Romano Imperio, Varon de Ober-|falquenstain, Señor de Groskrichaimb, Rumburg, y Vvilchin, | Burgrauio perpetuo de Lienz, &c. | Año (Large coat of arms) 1663. | CON PRIVILEGIO EN MADRID. Por Domingo Garcia Morràs. | A costa de Gregorio Rodriguez Impressor de libros. Vendese en su casa | en la Calle de los Maxadericos, al Corral de la Cruz.

4to.   6 ff. without fol. + 192 ff. fol.

Preliminary ff.: T.p. — Ded. — Al Lector. — Aprobacion, el Padre Fray Iuan Perez de Baldelomar. Madrid, Sept. 22, 1662. — Licencia. Madrid, Sept. 25, 1662. — Aprobacion, el Padre Fray Ignacio Gonçalez. Madrid, Nov. 12, 1662. — Fee de Erratas. Madrid, Aug. 13, 1663. — Svma del privilegio. Madrid, Dec. 17, 1662. — Svma de la Tassa. Madrid, Aug. 13, 1663. — Titvlos de las Novelas, y Fabvlas qve se contienen en este libro. 1 La Venus de Ferrara. 2 La dicha de Doristea. 3 El Amante Venturoso. 4 El Esclauo de su Esclauo. 5 Quien bien obra, siempre acierta. 6 Zelos vengan Desprecios. 7 La Industria vence Desdenes. 8 Amar sin saber à quien.

Ff. 1-192 r., text. 2 cols.

B. N. P.   Y²Rés.873.

Serrans y Sanz, *Apuntes para una biblioteca de escritoras españolas*, etc., I, p. 243, describes an edition of the *Navidades*, Madrid, Domingo García Morràs, 1668. I have been unable to find this edition.

LOZANO, DR. CHRISTÓBAL

SOLEDADES DE LA VIDA, | Y DESENGAÑOS | DEL MVNDO, | NOVELAS, Y COMEDIAS EXEMPLARES. | ESCRITAS POR EL LICENCIADO DON GASPAR | Lozano, Colegial Teologo, y Rector del Colegio de nuestra | Señora de la Anunciata de la ciudad de Murcia, | y natural de Hellin. | AL EXCELENTISSIMO SEÑOR DON PEDRO | Portocarrero, Aragon, Cordoua, y Cardona, Conde de Medellin, | Marques de Villareal, Duque de Camiña, y Gentilhombre | de la Camara de su Magestad, &c. | Año (Heraldic decoration) 1663. | En Madrid. Por Mateo Fernandez, Impressor del Rey nuestro Señor. | A costa de Francisco Serrano de Figueroa, Familiar, y Notario del Santo | Oficio, y Mercader de libros, Vendese en su casa en la calle Mayor.

4to. 8 ff. without fol. + 428 pp. pag.

Preliminary ff.: T.p. — Ded. (signed El Doctor Christoval Lozano). — Aprobacion, Don Pedro Calderon de la Barca. Madrid, July 12, 1658. — Licencia. Madrid, July 15, 1658. — Censvra, el Maestro Fray Benito de Ribas. Madrid, April 11, 1662. — Suma del Priuilegio. June 8, 1662 (granted to Don Gaspar Lozano). — Fee de Erratas. Madrid, Dec. 29, 1662. — Tassa. Madrid, Dec. 19, 1662. — Indice de las Nouelas, y Comedias de este libro. Soledades de la Vida, y Desengaños de el Mundo, Nouelas exemplares. fol. 1. Los Trabajos de Dauid, y Finezas de Miscol, fol. 183. Los Amantes Portugueses, y querer hasta morir, fol. 219. Herodes Ascalonita, y la Hermosa Mariana, fol. 273. El Estudiante de Dia, fol. 315. En Muger Vengança Honrosa, fol. 355. Los Pastores de Belen, Auto de el Nacimiento, fol. 405.

Pp. 1-182, text of the *Soledades;* 183-428, text of the *Comedias.*

H. S. A.

See note under *Soledades,* 1662.

PRADO, ANDRÉS DE

MERIENDAS | DEL INGENIO. | Y entretenimientos del Gusto. | EN SEIS NOVELAS. | AL | ILVSTRISSIMO SEÑOR | Don Bernardo Abarca de Bolea, | Castro, Fernandez de Yxar, | Heredia, y Portugal, Mar-|ques de Torres, &c. | POR D. ANDRES DE PRADO | Natural de Siguen-ça. | CON LICENCIA: | En Çaragoça: Por Iuan de Ybar, año 1663.

8°. 12 ff. without fol. + 292 pp. pag.

Preliminary ff.: T.p. — Censvra, el M. R. P. M. Fray Miguel Ramon Zapater. Zaragoza, July 20, 1663. — Imprimatur. — Censvra, el P. Fr. Ivsto Salabert. Zaragoza, July 25, 1663. — Imprimatur. — Ded. — Al Letor. — Lo qve contiene este Libro. El Cochero honroso, Novela 1. Pag. 1. La Vengada a su pesar, Novela II. Pag. 49. El Señalado, Novela III. Pag. 95. La Peregrina, Novela IV. Pag. 149. La mas esquiva Hermosura, Novela V. Pag. 181. Ardid de la Pobreza, Novela VI. Pag. 247. — Er-ratus. — Introdvccion a la obra.

Pp. 1-292, text.

B. N. $\frac{R}{13276}$

1664

LOZANO, DR. CHRISTÓBAL

PERSECVCIONES | DE LVCINDA, | DAMA VA-LENCIA-|NA, Y TRAGICOS | sucessos de Don | Carlos. | POR EL DOCTOR CHRIS-|toval Loçano, Comissario de la San-|ta Cruzada de la Villa de Hellin, y su | partido, y Pro-motor Fiscal de | la Reverenda Camara | Apostolica. | Dec-oration | CON LICENCIA. | En Valencia, por Benito Macè, y a su costa, junto | el Colegio del Señor Patriarca. Año 1664.

8°. 4 ff. without fol. + 285 pp. pag.

Preliminary ff.: T.p. — Aprouacion. el P. M. Fr. Lamberto Novella. Va-lencia, Oct. 6, 1636. — Licencia. Valencia, Oct. 29, 1636. — Imprimatur. — Al discreto Letor.

Pp. 1-285, text. The comedia *Darse zelos por vengarse* is interpolated in the text of the story and occupies pp. 96-200.

H. S. A.

Palau, *Manual del librero*, IV, p. 283 and Salvá, *Catálogo*, I, no. 1302, mention an edition of Valencia, Esparsa, 1641, 8°, 8 preliminary ff. + 288 pp.

ZAYAS Y SOTOMAYOR, MARÍA DE

PRIMERA, | Y | SEGVNDA | PARTE DE LAS NOVE-
LAS | AMOROSAS, Y EXEMPLARES DE | Doña Maria
de Zayas y Sotomayor, | natural de Madrid. | CORREGI-
DAS, Y EMENDADAS | en esta vltima impression. | DED-
ICANSE AL SEÑOR DON VICENTE | Bañuelos y Suazo,
del Consejo de su Magestad, | Alcalde de su Casa, y Corte,
&c. | Small ornament. | Plgs. 62. | CON LICENCIA EN
MADRID: Por Ioseph | Fernandez de Buendia. Año de
1664. | Acosta de Manuel Melendez, Mercader de Libros, |
en la Puerta del Sol, en la esquina de la calle | de los Cofre-
ros.

4to. 4 ff. without fol. + 247 ff. fol.
Preliminary ff.: T.p. — Ded. — Aprobacion, el Maestro Ioseph de Valdiuieso. Madrid, June, 1634. — Licencia. Madrid, June 4, 1634. — Censvra,
el Doctor Ivan Francisco Ginouès. [Zaragoza,] Oct. 28, 1646. — Imprimatur. — Censvra, el Doctor Ivan Francisco Andres. Zaragoza, Nov. 11,
1646. — Imprimatur. — Licencia. Madrid, March 7, 1656. — Fee de erratas. Madrid, Oct. 10, 1659. — Tassa. — Tabla de las novelas de la
primera parte. 1. Aventurarse perdiendo, fol. 1. 2 La burlada Aminta,
fol. 17. 3 El castigo de la miseria, fol. 29. 4 El preuenido engaño, fol. 41.
5 La fuerça del Amor, fol. 56. 6 El desengaño amando, y premio de la
virtud, fol. 63. 7 Al fin se paga todo, fol. 72. 8 El impossible vencido,
fol. 81. 9 El Iuez de su causa, fol. 91. 10 El Iardin engañoso, fol. 99.
Tabla de la segvnda parte, diuidese en Saraos. Desengaño primero, fol. 108.
Desengaño segundo, fol. 124. Desengaño tercero, fol. 135. Desengaño
quarto, fol. 148. Desengaño quinto, fol. 151. Desengaño sexto, fol. 169.
Desengaño septimo, fol. 184. Desengaño octavo, fol. 195. Desengaño
nono, fol. 203. Desengaño dezimo, fol. 231.

Ff. 1-104 v., text of the *Primera parte;* ff. 105-247 v., text of the *Parte
segunda.* 2 cols.

There are many errors of foliation in the edition of 1664, both through
the text, and in the references in the Tabla.

B. N. $\frac{R}{3061}$

1665

PÉREZ DE MONTALBÁN, JUAN

SVCESSOS, | Y PRODIGIOS | DE AMOR, | EN OCHO NOVELAS | EXEMPLARES. | COMPVESTAS POR EL DOCTOR | Iuan Perez de Montalvan, natural de Madrid, | y Notario del Santo Oficio de la | Inquisicion. | Small ornaments. | CON LICENCIA, | En Zaragoça: Por Iuan de Ibar. Año de 1665.

Ornamental border.

4to. 4 ff. without fol. + 288 pp. pag. + 112 pp. numbered 213-325.

Preliminary ff.: T.p. — Titvlos de las Novelas que tiene este Libro 1 La Hermosa Aurora. 2 La Fuerza del Desengaño. 3 El Embidioso. 4 La Mayor Confusion. 5 La Villana de Pinto. 6 La Desgraciada Amistad. 7 Los Primos Amantes. 8 La Prodigiosa. Al cabo de los años mil. 10 El Palacio encantado. 11 El Piadoso vandolero. (The last three titles are in ms.). — Aprobacion, y Licencia, Don Miguel Geronimo Martel. Zaragoza, March 8, 1665.—Imprimatur.—Pintvra, y descripçion del Grande Templo, y Casa de nuestra Señora de Monserrate, que esta à la vista de Barzelona (in verse).

Pp. 1-285, text of the *Sucessos;* pp. 286-288, Romance de vn Pastor Enamorado. Segvndo Romance. Romance Tercero. Pp. 213-322 (cf. supra), text of the last three novelas. Pp. 323-325, the three Romances of pp. 286-288 repeated. Pp. 1-285, without division into cols.; 286-288 and 213-325 in 2 cols.

B. N. $\frac{R}{4565}$

In this edition the names of the persons to whom the stories are dedicated are omitted in the Tabla, and the dedications themselves are left out of the text. — The last three novelas are those which appeared originally in Montalbán's *Para todos.* They do not form an integral part of this edition of the *Sucessos,* but were probably included in it at the time of binding. In pagination and in the printing in two cols., they correspond to the form in which they appear in the *Sucessos,* Barcelona, 1730, which see.

1666

PÉREZ DE MONTALBÁN, JUAN

PARA | TODOS. | EXEMPLOS MORALES, HVMANOS, Y DIVINOS. | EN QVE SE TRATAN DIVERSAS

CIENCIAS, | Materias, y Facultades. | REPARTIDOS EN LOS SIETE DIAS | DE LA SEMANA; | Y CON ALGVNAS ADICIONES NVEVAS | en esta Vndecima Impression. | POR EL DOCTOR IVAN PEREZ DE MONTALVAN | Natural de Madrid, y Notario del Santo Oficio de la Inquisicion. | AL EXCELENTISSIMO SEÑOR D. PEDRO GERONIMO | de Vrries Augustin y Navarra. | Año (Heraldic decoration) 1666. | Con licencia, En Alcalà, por Maria Fernandez. | A costa de Iuan de San Vicente, Mercader de Libros.

4to. 8 ff. without fol. + 548 pp. pag.
Preliminary ff.: T.p. — Ded. — Aprobacion, el P. M. Fr. Diego Nisseno. — Suma de la licencia. — Suma de la Tassa. — Fee de Erratas. Alcalá de Henares, May 25, 1666. — Aprobacion, el Maestro Ioseph de Valdiuieso. Madrid, Jan. 18, 1632. — Tabla de todas las materias, exemplos, y moralidades qve se tratan en este libro. — Introdvcion para toda la semana. — Al que ha de leer. — Advertencia al Letor.
Pp. 1-508, text; 509-548, Indice de todos los Pontifices, etc.
The three novelas occur: Al cabo de los años mil, p. 121; El palacio encantado, p. 143; El piadoso vandolero, p. 392.

B. N. $\frac{R}{8115}$

ROBLES, ISIDRO DE

VARIOS EFECTOS | DE AMOR, | EN ONZE NOVELAS | EXEMPLARES, NVEVAS, | NVNCA VISTAS, NI IMPRESSAS. | Las cinco escritas sin vna de las cinco letras vocales, | y las otras de gusto, y apacible | entretenimiento. | COMPVESTAS | Por diferentes Autores, los mejores Ingenios | de España. | RECOGIDAS | Por Isidro de Robles, natural desta Coronada | Villa de Madrid. | DEDICADAS | Al señor Don Pablo de Salazar y Haro, Capitan | de Infanteria Española. | CON PRIVILEGIO. | En Madrid, por Ioseph Fernandez de Buendia, Año 1666. | A costa de Isidro de Robles, Mercader de libros. Vendese en su casa en la | calle de Toledo, junto a la Porteria de la Concepcion Geronima.

4to. 7 ff. without fol. + 374 pp. pag. + 1 f. without fol.

Preliminary ff.: T.p. — Ded. — Remission, Madrid, April 13, 1665. — Aprobacion, el Padre Ioseph Martinez. Madrid, April 17, 1665. — Licencia. Madrid, April 23, 1665. — Aprobacion, el R. P. M. Fray Thomas de Auellaneda. April 28, 1665. — Suma del Priuilegio. May 19, 1665. — Suma de la Tassa. May 4, 1666. — Fee de Erratas. Madrid, May 2, 1666. — Tabla de las Nouelas que se contienen en este Libro. Los dos Soles de Toledo, sin la letra A. fol. 1. La Carroza con las damas, sin la letra E. fol. 34. La Perla de Portugal, sin la letra I. fol. 46. La Peregrina Hermitaña, sin la letra O. fol. 69. La Serrana de Cintia, sin la letra V. fol. 116. Las otras seis. No ay con el amor vengança, fol. 163. Los Amantes sin fortuna, fol. 212. El Picaro Amante, y Escarmiento de mugeres, fol. 245. La desdicha en la Constancia, fol. 262. Constante muger, y pobre, fol. 302. Los tres maridos burlados, fol. 330. — Al Lector.

Pp. 1-374, text; p. [375], colophon: Con priuilegio. | En Madrid, | Por Ioseph Fernandez de | Buendia, Año de | M.DC.LVI. (*sic*). 2 cols.

The author of the first six stories is Alonso de Alcalá y Herrara (see p. 124). *No ay con el amor vengança* is Castillo Solórzano's novela *El amor en la vengança; Los amantes sin fortuna* is Lope's *El desdichado por la honra* (somewhat simplified in style); *El picaro amante* is by Joseph Camerino; *La desdicha en la constancia* by Miguel Moreno; *Constante muger y pobre*, I have not identified; *Los tres maridos burlados* is by Tirso de Molina.

B. N. P.   Y² 11114.

1671

ALCALÁ Y HERRERA, ALONSO DE

VARIOS | EFEFTOS (*sic*) | DE AMOR | EN CINCO NOVELAS | exemplares, | I NVEVO ARTIFICIO DE | escreuir prosas, y versos sin vna de las cin-|co letras vocales, excluyendo vocal dife-|rente en cada Nouela, con vna carta sin la | letra A añadida en esta vltima impression. | AVTOR | ALONSO DE ALCALA, Y | Herrera, residente, y natural de la inclyta | Ciudad de Lisboa. | EN LISBOA | Na Officina de Francisco Villela, 1671. | Con todas las licencias necessarias.

8°. 10 ff. without fol. + 155 ff. fol.

Preliminary ff.: T.p. — Licenças. Lisbon, June 5, 1671; June 8, 1671; June 9, 1671; Oct. 22, 1671 (the Tassa). — Copia de una carta de Don Fernando de Alvia de Castro. Lisbon, Aug. 22, 1640. — Carta sin la letra A.

— Laudatory verses. — Al Lector. — Prologo.—Tabla de las cinco Novelas. Los dos Soles de Toledo, sin la letra A. fol. 1. La Carroça con las Damas, sin la letra E. fol. 32. vers. La Perla de Portugal, sin la letra I. fol. 43. La Peregrina Hermitaña, sin la letra O. fol. 63. vers. La Serrana de Sintra, sin la letra V. fol. 110.

Ff. 1-155 v., text.

All the *Licenças* are in Portuguese and were granted in Lisbon.

H. S. A.

1672

LOZANO, DR. CHRISTÓBAL

SOLEDADES | DE LA VIDA, | Y DESENGAÑOS DEL MVNDO, | NOVELAS EXEMPLARES. | POR EL DOC-TOR D. CHRISTOVAL LOZANO, | Comissario de la Santa Cruzada de la Villa de Hellin, y | su partido. | COR-REGIDAS, Y ENMENDADAS EN ESTA SEGVNDA | impression. | DEDICADAS A D. DIEGO DE GAMARRA Y VALCARCEL, | Cavallero del Orden de Santiago, &c. | Año (Heraldic decoration) 1672. | CON PRIVILEGIO, En Madrid, por Andres Garcia de la Iglesia. | A costa de Francisco Serrano de Figueroa, Familiar, y Notario del Santo | Oficio, y Mercader de libros en la calle mayor.

4to. 8 ff. without fol. + 378 pp. pag.

Preliminary ff.: T.p. — Ded. — Aprobacion, Don Pedro Calderon de la Barca. Madrid, July 12, 1658. — Licencia. Madrid, July 15, 1658. — Censvra, el Maestro Fray Benito de Ribas. Madrid, April 11, 1662. — Suma del Priuilegio. June 8, 1662. — Tassa. Dec. 19, 1662. — Prologo. — Indice de las Soledades, y Nouelas contenidas en este libro. Soledad primera. Fol. 1. Soledad segunda. Fol. 36. Soledad tercera. Fol. 51. Soledad quarta. Fol. 89. El mas mal pagado amor, y muger menos constante. Fol. 152. Todo es trazas. Fol. 180. Buscar su propia desdicha. Fol. 203. Passar mal, por querer bien. Fol. 228. El muerto zeloso. Fol. 252. Persecuciones de Luzinda, y tragicos sucessos de Don Carlos. Fol. 273.

Pp. 1-151, text of the *Soledades;* 152-378, text of the *Novelas.* 2 cols.

Although the first page of the text of this edition is marked "fol. 1," and the same word is used in the Indice, the numbering of the leaves is by pages as in the edition of 1662, with whose preliminary matter, contents and pagination those of the present edition are identical.

B. N. $\frac{3}{60251}$

1677

TÉLLEZ, FRAY GABRIEL
(Tirso de Molina)

DELEYTAR | APROVECHANDO. | POR EL MAES-
TRO | TIRSO DE MOLINA. | A | LA EXCELENTIS-
SIMA SEÑORA | Doña Maria de los Remedios y la Cueua,
Con-|desa de Fuensalida, y Virreyna de | Nauarra. | Pliegos
(Ornament) 86. y medio. | CON LICENCIA: | En Madrid:
Por Iuan Garcia Infançon. Año de 1677. | A costa de Mateo
de la Bastida. Mercader de libros.

> 4to.   6 ff. without fol. + 337 ff. fol. + 1 f. without fol.
> Preliminary ff.: T.p. — Ded. — Licencia. Madrid, May 24, 1632. — Apro-
> bacion, el Maestro Ioseph de Valdiuieso. Madrid, April 8, 1634. — Apro-
> bacion, el P. Fr. Geronimo de la Cruz, Madrid, June 22, 1634. — Suma de
> la Licencia. Madrid, March 15, 1677. — Fee de Erratas. Madrid, July 23,
> 1677. — A qualquiera. — Tabla de lo qve en este libro se contiene.
> Ff. 1-337 v., text; same f., below the text, the date: En Toledo à 26 de
> Febrero de 1632 años; f. [338] r., colophon: Con licencia. | En Madrid. |
> En la Imprenta Real. | Año M. DC. XXXV (*sic.*) |
> The three novelas occur: La patrona de las Musas, f. 7; Los triunfos
> de la verdad, f. 91 v.; El vandolero, f. 192 v.

B. P. L.   D. 152. 9.

1681

PÉREZ DE MONTALBÁN, JUAN

PARA | TODOS, | EXEMPLOS MORALES, | HVMA-
NOS, Y DIVINOS. | EN QVE SE TRATAN DIVERSAS |
Ciencias, Materias, y Facultades. | REPARTIDOS EN LOS
SIETE DIAS DE | la Semana. | POR EL DOCTOR IVAN
PEREZ DE | Montalvan, natural de Madrid, y Notario del
Santo | Oficio de la Inquisicion. | DIRIGIDOS AL GLO-
RIOSO APOSTOL | SAN IVAN EVANGELISTA. | Deco-

ration. | CON LICENCIA. | En Madrid: Por Melchor
Sanchez, y à su costa. año de 1681.

Ornamental border.

4to. 8 ff. without fol. + 548 pp. pag.
Preliminary ff.: T.p. — Ded. Al Discipvlo amado de Jesvs . . . San
Ívan Evangelista. — Aprobacion, el P. M. Fr. Diego Nisseno.—Aprobacion,
el Maestro Ioseph de Valdivielso. Madrid, Jan. 18, 1632. — Suma de la
Licencia. Madrid, Sept. 26, 1680. — Fee de Erratas. Madrid, July 14, 1681.
— Suma de la Tassa. — Tabla de todas las materias, exemplos, y morali-
dades qve se tratan en este libro. — Introdvcion para toda la semana. —
Al que ha de leer. — Advertencia al Letor.

Pp. 1-508, text; 509-548, Indice, o catalogo de todos los Pontifices, etc.

The novelas occur: Al cabo de los años mil, p. 121; El palacio encantado,
p. 243; El piadoso vandolero, p. 392.

B. N. $\frac{R}{2200}$

1683

VEGA, JOSEPH DE LA

RUMBOS PELIGROSOS, | Por donde navega con titulo
de Novelas, | la çosobrante (*sic*) Nave de la Temeridad |
temiendo los Peligrosos Esco-|llos de la Censura. | SVRCA
ESTE TEMPESTVOSO MAR | DON IOSSEPH DE LA
VEGA, | Con el Rendimiento, Veneracion, y Humildad | que
Presenta, Dedica, y Consagra, | à la Virtud, à la Prudencia,
y al Valor | del siempre Magnanimo, siempre Heroyco, y
siempre Grande, | Nuevo Trajano, nuevo Caton, y nuevo
Alexandro, | en el Zelo, en la Benevolencia, y en la Genero-
sidad, | El Excelentissimo Señor Don Manuel Diego Lopez
de | Zuñiga, Soto-Mayor, Guzman, y Mendoza. Duque |
Duque (*sic*) de Bexar, y Placencia, de Villanueva, | y Man-
das, Conde de Belalcazar, y Vis-|conde de Alcozel, Cavallero
de la | insigne Orden del Tuson | de oro, &c. | EN AM-
BERES | Año M DC LXXXIII.

4to. 17 ff. without fol. + 295 pp. pag. + 1 f. without fol.
Preliminary ff.: T.p. — Tabla. Fineza de la Amistad, y Triumpho [de
la] Inosencia. Novela Primera. *Entretenida.* Retratos de la Confusion,
y Confusio[n] [de] los Retratos. Novela Segunda. *Erudita.* Luchas de

Ingenio, y desafios de Amor. Novela Tercera. *Aguda*. El negro Amor, y el Negro amado. Novela Quarta. *Burlezca*. Progne, y Philomena. Novela Quinta. *Fabulosa*. El Assombro de las Sombras. Novela Sexta. *Grave*. — Ded. — Prologo al lector. — Digno elogio. Del muy Ilustre Don Baltasar Orobio. — Laudatory verses. — Dedicatoria. Al Señor Don Joseph de la Vega, mi Padre. — Prologo al Lector.

Pp. [1] - 295, text; f. [296] r., [Al] Lector; f. [297] v, Erratas que mudan el sentido.

In the address to the reader (Al Lector, f. [296] r.), the author explains that he was able to write only the first three of the six novelas promised, owing to the untimely death of his father. He refers to this address to the reader as a "prologo," although it comes at the end of the book, because it is the prologue of the three stories that were never written.

B. N. $\frac{R}{11471}$

1685

GUEVARA, LICENCIADO LUIS

INTERCADENCIAS | DE LA | CALENTURA | DE AMOR. | SVCESSOS YA TRAGICOS, Y | lamentables, ya dichosos, y bienlogrados. | POR EL LICENCIADO LVIS DE | Gueuara, natural de Segura. | DEDICADAS | A DON JAYME DE | CORDELLAS. | Bookseller's device | En BARCELONA: en la Imprenta de JOSEPH LLOPIS Año 1685. | A costa de Iuan Roca Librero; vendense à su casa en la Tapineria.

4to. 4 ff. without fol. + 225 pp. pag.

Preliminary ff.: T.p. — Aprobacion, el M. R. P. Fr. Angel Vidal. Barcelona, Aug. 4, 1683. — Imprimatur. May 22, 1865. — Censvra, el M. R. P. Presentado Fr. Felix Rol. Barcelona, Nov. 12, 1683. — Prologo al Lector. — Tabla de las Novelas de este Libro. Que son Dueñas, sucesso prospero, fol. 1. Los hermanos amantes, sucesso tragico. fol. 30. Los Bandoleros de Amor, sucesso prospero. fol. 57. Los contrapesos de un gusto, sucesso tragico. fol. 89. Los zelos provechosos, sucesso prospero. fol. 117. La desdichada firmesa (*sic*), sucesso tragico. fol. 144. La porfia hasta vencer, sucesso propero. fol. 163. Los zelos del otro mundo, sucesso tragico. fol. 197.

Pp. 1-225, text. 2 cols.

B. N. $\frac{R}{10259}$

1692

ROBLES, ISIDRO DE

VARIOS EFECTOS | DE AMOR, | EN ONZE NOVE-
LAS | EXEMPLARES, NVEVAS, | NVNCA VISTAS, NI
IMPRESSAS. | LAS CINCO ESCRITAS SIN VNA DE
LAS | cinco letras vocales, y las otras de gusto, y apacible |
entretenimiento. | COMPVESTAS | POR DIFERENTES
AVTORES, | los mejores Ingenios de España. | RECOGI-
DAS | Por Isidro de Robles, natural desta Coronada Villa de
Madrid. | AÑADIDAS EN ESTA SEGVNDA IMPRES-
SION. | DEDICADAS | A DON FRANCISCO ESTEVAN
| Rodriguez de los Rios, Secretario de su Mag. | y Familiar
del Santo Oficio. | Con licencia en Madrid. Por LORENZO
GARCIA. Año 1692. | Acosta de Francisco Fernandez. Mer-
cader de Libros. Vendese en | su casa en la Plaçuela del
Angel.

Ornamental border.

4to. 6 ff. without fol. + 318 pp. pag.
Preliminary ff.: T.p. — Ded. — Remission. Madrid, April 13, 1665. —
Aprobacion, el Padre Joseph Martinez. Madrid, April 17, 1665. — Licencia.
Madrid, April 23, 1665. — Aprobacion, el Rmo. P. M. Fr. Thomàs de
Avellaneda. Madrid, April 28, 1665. — Svma de la licencia. Oct. 20, 1692.
— Fee de erratas. Madrid, Oct. 16, 1692. — Svma de la Tassa. Oct. 20,
1692. — Tabla de las Novelas que se contienen en este Libro. Los dos
Soles de Toledo, sin la letra A. fol. 1. La Carroza con las Damas, sin la
letra E. fol. 26. La Perla de Portugal, sin la letra I. fol. 36. La Peregrina
Hermitaña, sin la letra O. fol. 55. La Serrana de Cintia, sin la letra V.
fol. 92. Las otras seis. No ay con el Amor Vengança, fol. 130. Los
Amantes sin fortuna, fol. 169. El Picaro Amante, y Escarmiento de
mugeres, burlesca, fol. 194. La desdicha en la constancia, fol. 207. Con-
stante muger, y pobre, fol. 238. Los tres maridos burlados, fol. 263. — Al
Lector.
Pp. 1-318, text of the novelas; p. [319] colophon. 2 cols.

H. S. A.

K

1702

PÉREZ DE MONTALBÁN, JUAN

PARA | TODOS, | EXEMPLOS | MORALES, HVMA-
NOS, | Y DIVINOS. | EN QVE SE TRATAN | DIVER-
SAS CIENCIAS, MATERIAS, | Y FACVLTADES. | RE-
PARTIDOS EN LOS | SIETE DIAS DE LA SEMANA. |
POR EL DOCTOR JVAN PEREZ | De Montalvàn, natural
de Ma-|drid, y Notario del S. Oficio de | la Inquisicion. |
CON LICENCIA. | En Pamplona. Año de 1702.

Ornamental border.

4to.   4 ff. without ff. + 548 pp. pag.

Preliminary ff.: T.p.—Aprobacion, el P. M. Fr. Diego Nisseno.—Tabla
de todas las materias, exemplos, y moralidades, que se tratan en este libro.
— Introdvcion para toda la semana. — Al Lector.

Pp. 1-508, text; 509-548, Indice, o catalogo de todos los Pontifices, etc.

The three novelas occur: Al cabo de los años mil, p. 121; El palacio encantado, p. 243; El piadoso vandolero, p. 398.

R. N. $\frac{R}{12576}$

SUCESSOS | Y | PRODIGIOS | DE AMOR. | EN OCHO
NOVELAS | EXEMPLARES. | Por el Licenciado Juan
Perez de Mon-|talvan, natural de Madrid. | Dirigidas à
diversas personas. | Nueva edicion. | Ornament. | EN
BRUSELAS, | Por FRANCISCO FOPPENS, | Impressor |
y Mercader de Libros. | M. DCC. II.

12mo.   6 ff. without fol. + 563 pages. pag.

Preliminary ff.: T.p. — Tabla de las Nouelas deste libro. 1 La hermosa
Aurora, fol. 1. 2 La fuerça del desengaño, fol. 68. 3 El embidioso castigado, fol. 130. 4 La mayor confusion, fol. 198. 5 La villana de Pinto,
fol. 263. 6 La desgraciada amistad, fol. 337. 7 Los Primos amantes, fol.
413. 8 La Prodigiosa, fol. 186 (*sic*). — Aprobacion, el Maestro Sebastian
de Mesa. Madrid, Feb. 27, 1624.—Aprobacion, Henrique Smeyers. Brussels,
Dec. 20, 1625. — Prologo. — Cencvra (*sic*), Lope de vega (*sic*) Carpio.
Madrid, March 8, 1624. — Laudatory verses.

Pp. 1-563, text.

The names of the different dedicatees follow the titles in the Tabla, and
corresponding dedications precede the novelas in the text.

B. N. P.   Y²11103.

1705

ZAYAS Y SOTOMAYOR, MARÍA DE

PRIMERA, | Y | SEGVNDA | PARTE DE LAS | NO-
VELAS AMOROSAS, Y EXEMPLARES | de Doña Maria
de Zayas y Sotomayor, | natural de Madrid. | CORREGI-
DAS, Y ENMENDADAS EN ESTA | vltima impression. |
Printer's mark. | Barcelona: en la Imprēta de IOSEPH
TEXIDÒ. Año 1705. | A su costa. Vendese en su casa en la
calle de S. Domingo.

Ornamental border.

4to. 3 ff. without fol. + 494 pp. pag.
Preliminary ff.: T.p. — Aprobacion, el Maestro Ioseph de Valdivieso.
Madrid, June, 1634. — Licencia. Madrid, June 4, 1634. — Censvra, el Doctor Ivan Francisco Ginovès. Zaragoza, Oct. 28, 1646. — Imprimatur. —
Censvra, el Doctor Ivan Francisco Andres, Zaragoza, Nov. 11, 1646. —
Imprimatur. — Tabla de las Novelas de la primera parte. 1 Aventurarse
perdiendo, fol. 1. 2 La burlada Aminta, fol. 32. 3 El castigo de la miseria,
fol. 57. 4 El prevenido engañado, fol. 81. 5 La fuerça del Amor, fol. 111.
6 El desengaño amado, y premio de la virtud, fol. 124. 7 Al fin se paga
todo, fol. 144. 8 El impossible vencido, fol. 162. 9 El Iuez de su causa,
fol. 181. 10 El Iardin engañoso, fol. 197. Tabla de la segvnda parte
dividese en Saraos. Desengaño primero, fol. 215. Desengaño segundo, fol.
247. Desengaño tercero, fol. 269. Desengaño quarto, fol. 295. Desengaño
quinto, fol. 314. Desengaño sexto, fol. 339. Desengaño septimo, fol. 368.
Desengaño octavo, fol. 390. Desengaño nono, fol. 413. Desengaño, fol. 462.
Pp. 1-208, text of the *Primera parte;* 209-494, text of the *Segunda parte.*
2 cols.

B. N. P. Y² 498.

1709

ROBLES, ISIDRO DE

*VARIOS PRODIGIOS | DE AMOR | EN ONZE NO-
VELAS | EXEMPLARES, NUEVAS, | NUNCA VISTAS,
NI IMPRESSAS. | LAS CINCO ESCRITAS SIN UNA DE
LAS | cinco letras vocales; y las otras de gusto, y | apacible
entretenimiento. | TERCERA IMPRESSION. | AÑADI-

DOS, Y ENMENDADOS TRES | Casos Prodigiosos. |
COMPUESTAS | Por diferentes Autores, los mejores In-
genios de España. | RECOGIDAS | Por Isidro de Robles,
natural de esta Coronada Villa | de Madrid. | DEDICADAS
| Al Excelentissimo señor Don Luis Joachin, Enriquez, de |
Guzman, Bracamonte, Davila, Velasco, Alarcon, Noreña, y |
Portugal; Conde de Alva de Liste, Marquès de Fuente | el
Sol, de Trocifal, y de Montalvan, &c. | CON LICENCIA:
EN MADRID | En la Imprenta de Agustin Fernandez, Año
1709. | A costa de la Hermandad del Glorioso S. Geronimo.

Ornamental border.

4to. 6 ff. without fol. + 288 pp. pag.
Preliminary ff.: T.p. — Ded. — Remission al Padre Joseph Martinez.
Madrid, April 13, 1665. — Aprobacion, el Padre Joseph Martinez. Madrid,
April 17, 1665. — Licencia. Madrid, April 23, 1665. — Aprobacion, el Rmo.
P. M. F. Thomàs de Avellaneda. April 28, 1665. — Suma de la Licencia.
Madrid, Sept. 3, 1709. — Fee de Erratas. Madrid, Sept. 28, 1709. — Suma
de la Tassa. Madrid, Sept. 28, 1709. — Prologo al Lector. — Tabla de las
Novelas que se contienen en este Libro. 1. Los dos Soles de Toledo, sin la
letra A. folio 1. 2. La Carroza con las Damas, sin la letra E. fol. 24. 3.
La Perla de Portugal, sin la letra I. fol. 32. 4. La Peregrina Hermitaña, sin
la letra O. fol. 49. 5. La Serrana de Cintia, sin la letra V. fol. 82. Las otras
seis. 6. No ay con el Amor Vengança. fol. 117. 7. Los Amantes sin fortuna.
fol. 152. 8. El Picaro Amante, y escarmiento de Mugeres, burlesca, fol. 175.
9. La desdicha en la constancia, fol. 187. 10. Constante muger, y pobre,
fol. 215. 11. Los tres maridos burlados, fol. 237. Caso prodigioso primero,
fol. 267. Caso prodigioso segundo, fol. 275. Caso prodigioso tercero, fol.
285.
Pp. 1-288, text. 2 cols.
B. M. 1073. i. 30.

VARIOS PRODIGIOS | DE AMOR. | EN ONCE NO-
VELAS | exemplares, nuevas, nunca vistas, | ni impressas. |
LAS CINCO ESCRITAS SIN | una de las cinco letras vo-
cales; y las otras | de gusto, y apacible entretenimiento. |
VLTIMA IMPRESSION. | AÑADIDOS, Y EMMENDA-
DOS TRES CASOS | Prodigiosos. | COMPUESTAS POR
DIFERENTES AUTORES, | los mejores ingenios de Es-
paña. | RECOGIDAS POR ISIDRO DE ROBLES, NATV-

RAL | de esta coronada Villa de Madrid. | BARCELONA. | En la Imprenta de Juan Pablo Martì Librero, delante la Plaza | de San Jayme. | Año 1709.

4to. 3 ff. without fol. + 324 pp. pag. + 1 f. without fol.

Preliminary ff.: T.p. — Aprobacion, el Padre Joseph Martinez. Madrid, April 17, 1665. — Licencia. Madrid, April 23, 1665. — Aprobacion, el Rmo. P. M. Fr. Thomàs de Avellaneda. April 28, 1665. — Prologo al Lector.

Pp. 1-324, text; final unnumbered f. r., Tabla de las Novelas Hue (*sic*) se contienen en este Libro. Los dos Soles de Tolledo (*sic*), sin la letra A. pag. 1. La Carroza con las Damas, sin la letra E. 27. La Perla de Portrgal (*sic*), sin la letra I. 36. La Peregrina Hermitaña, sin la letra O. 54. La Serrania de Cintìa (*sic*) sin la letra V. 92. No hai con el amor venganza. 131. Los Amantes sin fortuna. 170. El Picaro Amante, y escarmiento de Mugeres, burlesca. 196. La Desdicha en la Costancia. 209. Constante Muger, y Pobre. 241. Los tres Maridos burlados. 266. Caso prodigioso primero. 299. Caso prodigioso segundo. 309. Caso prodigioso tercero. 321. 2 cols.

B. N. $\frac{2}{43821}$

In the copy of this edition owned by the H. S. A., the Tabla is free from orthographical errors.

1713

LOZANO, DR. CHRISTÓBAL

SOLEDADES | DE LA VIDA, | Y DESENGAÑOS DEL MUNDO, | NOVELAS EXEMPLARES, | POR EL DOC-TOR | Don Christoval Lozano, Comis-|sario de la Santa Cruzada de la | villa de Hellin, y su | Partido, | CORREGI-DAS, Y ENMENDADAS | en esta Tercera impression: | Año (Decoration) 1713. | CON LICENCIA. | EN MA-DRID: Por Manuel Romàn.

Ornamental border.

4to. 4 ff. without fol. + 378 pp. pag.

Preliminary ff.: T.p. — Aprobacion, Don Pedro Calderon de la Barca. Madrid, July 8, 1658. — Licencia. Madrid, July 15, 1658. — Censvra, el Rmo. P. Fr. Francisco Palanco. Madrid, May 23, 1713. — Tassa. Dec. 19, 1662. — Prologo. — Indice de las Soledades, y Novelas contenidas en este Libro. Soledad primera, Pag. 1. Soledad segunda, pag. 36. Soledad tercera, Pag. 51. Soledad quarta, Pag. 89. El mas mal pagado amor, y muger menos constante, Pag. 152. Todo es trazas, Pag. 180. Buscar su propia desdicha, Pag. 203. Pasar mal por querer bien, Pag. 228. El muerto zeloso. Pag. 252. Persecuciones de Lucinda y tragicos sucessos de Don Carlos, Pag. 273.

Pp. 1-151, text of the *Soledades;* 152-378, text of the *Novelas.* 2 cols.

B. N. $\frac{3}{23916}$

1716

LOZANO, DR. CHRISTÓBAL

SOLEDADES | DE LA VIDA, | Y DESENGAÑOS | DE EL MVNDO, | NOVELAS EXEMPLARES. | POR EL DOCTOR DON CHRISTOVAL LOZANO, | Comissario de la Santa Cruzada de la Villa de He-|llin, y su Partido. | CORREGIDAS Y ENMENDADAS | en esta quarta impression. | Año (Decoration) 1716. | CON PRIVILEGIO EN MADRID: | En la Imprenta de Juan de Ariztia, a costa de Francisco Lasso, | Mercader de libros enfrente de San Phelipe el Real.

Ornamental border.

4to. 4 ff. without fol. + 376 pp. pag.

Preliminary ff.: T.p. — Aprobacion, Don Pedro Calderon de la Barca. Madrid, July 12, 1658. — Licencia. Madrid, July 15, 1658. — Censura, el Rmo. P. Fr. Francisco Palanco. Madrid, May 23, 1713. — [Licencia]. Madrid, Dec. 10, 1715. — Fee de Erratas. Madrid, March 4, 1716. — Svma de la Tassa. March 6, 1716. — Prologo. — Indice de las Soledades, y Novelas contenidas en este Libro. Soledad primera, Pag. 1. Soledad segunda, pag. 36. Soledad tercera, Pag. 51. Soledad quarta, Pag. 89. El mas mal pagado amor, y muger menos constante, Pag. 152. Todo es trazas, Pag. 180. Buscar su propia desdicha, Pag. 203. Passar mal por querer bien, Pag. 228. El muerto zeloso, Pag. 252. Persecuciones de Lucinda, y tragicos sucessos de Don Carlos, Pag 272.

Pp. 1-151, text of the *Soledades;* 152-376, text of the *Novelas.* 2 cols.

B. N. P. Y² 503.

1722

LOZANO, DR. CHRISTÓBAL

SOLEDADES | DE LA VIDA, | Y DESENGAÑOS | DE EL MUNDO, | NOVELAS EXEMPLARES. | Por el Doctor D. Christoval | Lozano, Comissario de la | Santa Cruzada de la Vi-|lla de Hellin, y su | Partido. | CORREGIDAS, Y ENMENDADAS | en esta quinta impression. | CON LICENCIA. | En Madrid: Por Francisco Martinez Abad, y à su costa. | Hallarase en su casa en la calle de Atocha. Año 1722.

Ornamental border around the page and around the words: *Con licencia.*

4to. 4 ff. without fol. + 378 pp. pag.

Preliminary ff.: T.p. — Aprobacion, Don Pedro Calderon de la Barca. Madrid, July 12, 1658. — Licencia. Madrid, July 15, 1958 (*sic*). — Censvra, el Rmo. P. Fr. Francisco Palanco. Madrid, May 23, 1713. — Licencia. — Fee de Erratas. Madrid, May 20, 1722. — Svma de la Tassa. — Prologo. — Indice de las Soledades, y Novelas contenidas en este Libro. Soledad primera, Pag. 1. Soledad segunda, Pag. 36. Soledad tercera, Pag. 51. Soledad quarta, Pag. 89. El mas mal pagado amor, y muger menos constante. P. 152. Todo es trazas, Pag. 180. Buscar su propria (*sic*) desdicha. Pag. 203. Passar mal por querer bien, Pag. 228. El muerto zeloso, Pag. 252. Persecuciones de Lucinda, y tragicos sucessos de Don Carlos. Pag. 272.

Pp. 1-151, text of the *Soledades;* 152-378, text of the *Novelas.* 2 cols.

B.N. $\frac{2}{44104}$

SOLEDADES | DE LA VIDA, | Y DESENGAÑOS | DE EL MUNDO. | NOVELAS EXEMPLARES. | Por el Doctor Don Christo-|val Lozano, Comissario de la | Santa Cruzada de la Villa de | Hellin, y su Partido. | CORREGIDAS, Y ENMENDADAS | en esta sexta impression. | CON LICENCIA. | Barcelona; Por Pablo Campins Impressor. Año 1722. | Se hallará en su casa en la calle de Amargós.

Ornamental border around the page and around the words: *Con licencia.*

4to. 4 ff. without fol. + 392 pp. pag.

Preliminary ff.: T.p. — Aprobacion, Don Pedro Calderon de la Barca. Madrid, July 18, 1658. — Licencia. Madrid, July 15, 1658. — Censura, el

Rmo. P. Fr. Francisco Pelanco. Madrid, May 23, 1713. — Licencia. — Fee de Erratas. Madrid, March 20, 1722. — Suma de la Tassa. — Prologo. — Indice de las Soledades y Novelas contenidas en este Libro. Soledad Primera, Pag. 1. Soledad Segunda, Pag. 38. Soledad Tercera, Pag. 54. Soledad Quarta. Pag. 94. El mas mal pagado amor, y muger menos constante, Pag. 159. Todo es trazas, Pag. 188. Buscar su propria (*sic*) desdicha, Pag. 212. Passar mal por querer bien, Pag. 238. El muerto zeloso, Pag. 263. Persecuciones de Lucinda, y tragicos sucessos de Don Carlos. Pag. 285.

Pp. 1-159, text of the *Soledades;* 159-392, text of the *Novelas.* 2 cols.

B. P. L. D. 166. 13.

The B. P. L. has a modern reprint of this edition; shelf-mark D. 167.4.

1723

PÉREZ DE MONTALBÁN, JUAN

SUCESSOS, | Y PRODIGIOS | DE AMOR, | EN OCHO NOVELAS | EXEMPLARES. | COMPUESTAS POR EL DOCTOR | Juan Perez de Montalvàn, natural de Ma-|drid, y Notario del Santo Oficio de la | Inquisicion. | AÑADIDO (*sic*) AORA NUEVAMENTE LAS TRES | Novelas, que estàn en su Para -Todos; y el Poëma | del Orfeo en Castellano, compuesto por el | mismo Autor. | CORREGIDO SEGUN EL EXPURGATORIO | del año de 1707. | Pls. 49. | CON LICENCIA. | En Madrid: Por Juan Sanz, Portero de Camara de su Magestad, | y Impressor de su Real, y Supremo Consejo de Castilla. | Año de 1723. | Y à su costa, vendese en su Imprenta en la Calle de la Paz.

4to. 4 ff. without fol. + 383 pp. pag.
Preliminary ff.: T.p. — Titulos de las Novelas que tiene este Libro; y el Poèma del Orfeo. 1 La Hermosa Aurora. Pag. 1. 2 La Fuerza del Desengaño. pag. 27. 3 El Embidioso castigado. pag. 51. 4 La Mayor Confusion, pag. 76. 5 La Villana de Pinto. pag. 96. 6 La Desgraciada Amistad. pag. 127. 7 Los Primos Amantes. pag. 157. 8 La Prodigiosa. pag. 184. 9 Al cabo de los Años mil. pag. 213. 10 El Palacio Encantado. pag. 252. 11 El Piadoso Vandolero. pag. 285. Y el Poèma del Orfeo en Castellano en 4 Cantos. pag. 335. — Aprobacion, y licencia, D. Miguèl Geronimo Martèl. Zaragoza, March 8, 1665. — Imprimatur. — Licencia, y

tassa. — Pintura, y descripcion del Grande Templo, y Casa de Nuestra Señora de Monserrate, que està à la vista de Barcelona. Del Doctor Juan Perez de Montalvàn.

Pp. 1-322, text of the *Sucessos*, 2 cols.; 323-325, Romance de un pastor enamorado. Segundo Romance. Romance tercero. 2 cols.; 326, blank. 327-334, t.p. and preliminary documents to the *Orfeo;* 335-384, text of the *Orfeo.*

B. P. L.   D. 170a.5

1724

AGREDA Y VARGAS, DIEGO DE

NOVELAS | MORALES, | Y EXEMPLARES, | DE-BAXO DE CVYO TITVLO | se hallaràn sucessos dignos de | mirarlos cuydadosamente, por | ser casos verdaderos. | DEDICADAS | A DOÑA FRANCISCA | de Vergara y Frutos. | SV AVTOR | DON DIEGO DE AGREDA | y Vargas, Cavallero del Orden | de Calatrava. | CON PRIVI-LEGIO. | EN MADRID: Por los Herederos | de Antonio Gonçalez de Reyes. | Año de 1724. | A costa de Francisco Medel del Castillo. | Mercader de Libros, hallaràse en su | puesto en las Gradas de S. Felipe, y en su | casa en la Plaçuela de la Calle de la Paz.

Ornamental border.

8°.   8 ff. without fol. + 686 pp. pag. + 1 f. without fol.

Preliminary ff.: T.p. — Ded. — Aprobacion, el Rmo. Padre Juan Garcia, Madrid, May 10, 1724. — Svma del Privilegio. Madrid, March 30, 1724. — Svma de la Tassa. Madrid, May 10, 1724. — Fee de Erratas. Madrid, May 10, 1724. — Tabla de las Novelas que se contienen en este Libro. I. Aurelio, y Alexandra. Pag. 1. II. El Premio de la Virtud, y Castigo del Vicio. Pag. 51. III. El Hermano Indiscreto. Pag. 102. IV. Eduardo, Rey de Inglaterra. Pag. 167. V. El Daño de los Zelos. Pag. 229. VI. La Ocasion Desdichada. Pag. 286. VII. La Resistencia Premiada. Pag. 362. VIII. El Premio de la Traycien. Pag. 419. IX. La Correspondencia Honrosa. Pag. 474. X. Federico, y Ardenia. Pag. 526. XI. Carlos, y Laura. Pag. 578. XII. El Viejo Enamorado. Pag. 625. — Al Lector.

Pp. 1-686, text of the novelas; f. [687] r. and v, list of books to be found in the shop of Francisco Medel del Castillo.

H. S. A.

ZAYAS Y SOTOMAYOR, MARÍA DE

PRIMERA, | Y | SEGVNDA PARTE | DE LAS NOVE-
LAS | AMOROSAS, Y EXEMPLARES | DE | DOÑA
MARIA DE ZAYAS, | y Sotomayor, natural de Madrid. |
CORREGIDAS, Y ENMENDADAS EN ESTA | vltima
impression. | Ornament. | CON LICENCIA.: En Madrid,
por Manuel Ròman, Impres-|sor del Ayuntamiento, y Nota-
rio Apostolico. Año de 1724.

Ornamental border.

4to. 2 ff. without fol. + pp. 1-218 pag. + 1 f. without fol. + pp. 219-518 pp.
Preliminary ff.: T.p. — Aprobacion, el Maestro Joseph de Valdivieso.
Madrid, June, 1634. — Suma de la Licencia. — Fee de erratas. Madrid,
June 27, 1724. — Svma de la Tassa. Madrid, June 30, 1724. — Tabla de las
Novelas de la Primera Parte. 1 Aventurarse perdiendo, fol. 1. 2 La
burlada Aminta, fol. 34. 3 El Castigo de la miseria, fol. 59. 4 El
prevenido engañado, fol. 84. 5 La fuerça del Amor, fol. 116. 6 El
desengaño amado, y premio de la virtud, fol. 130. 7 Al fin se paga todo,
fol. 151. 8 El impossible vencido, fol. 170. 9 El Juez de su causa, fol.
190. 10 El Jardin engañoso, fol. 197. — Tabla de la Segvnda Parte:
dividese en Saraos. Desengaño primero, fol. 225. Desengaño segundo, fol.
259. Desengaño tercero, fol. 282. Desengaño quarto, fol. 309. Desengaño
quinto, fol. 329. Desengaño sexto, fol. 353. Desengaño septimo, fol. 385.
Desengaño octavo, fol. 408. Desengaño nono, fol. 433. Desengaño dezimo,
fol. 485.

Pp. 1-218, text of the *Primera parte;* on the following unnumbered f.
recto, the t.p. and verso, the Tabla of the *Segunda parte;* pp. 219-518, text
of the *Segunda parte.* 2 cols.

B. N. $\frac{R}{50854}$

1728

CARABAJAL Y SAAVEDRA, MARIANA DE

NOVELAS | ENTRETENIDAS. | COMPUESTAS | POR
DOÑA MARIANA | DE CARABAJAL Y SAAVEDRA, |
NATURAL DE GRANADA. | Año (Printer's mark) 1728. |
Pliegos 43. | CON LICENCIA. | En Madrid. Se hallarà en

la Imprenta, y Libreria de Don Pedro | Joseph Alonso de Padilla, vive en la Calle de Santo | Thomàs, junto al Contraste.

4to. 4 ff. without fol. + 336 pp. pag.

Preliminary ff.: T.p. — Al Lector. — Aprobacion, el Padre Fr. Juan Perez de Baldelomar. Madrid, Sept. 22, 1662. — Licencia. Madrid, Sept. 25, 1662. — Aprobacion, el Padre Fr. Ignacio Gonzalez. Madrid, Nov. 12, 1662. — Suma de la licencia. Madrid, Aug. 18, 1727. — Erratas de este libro. Madrid, Aug. 13, 1728. — Tassa. — Tabla de las Novelas que se contienen en este libro. La Venus de Ferrara. pag. 1. La dicha de Doristea. pag. 29. El Amante Venturosos. pag. 53. El Esclavo de su Esclavo. pag. 69. Quien bien obra, siempre acierta. pag. 85. Zelos vengan Desprecios. pag. 97. La Industria vence Desdenes. pag. 110. Amar sin saber à quien. pag. 155. Lisarda, y Ricardo. pag. 255 (*sic*). Riesgo del Mar, y de Amar. pag. 303. — Announcement of other collections of novelas about to appear.

Pp. 1-250, text of the novelas of Doña Mariana de Carabajal; below, Fin de las Novelas de Doña Mariana de Caravajal. Pp. 251-302, text of *Lisarda, y Ricardo;* 303-336, text of *Riesgo del mar, y de amar.* 2 cols.

B. P. L. D. 167. 3.

Lisarda y Ricardo is by Pérez de Montalbán and is the first story in his *Para todos*, where it is entitled *Al cabo de los años mil. Riesgo del mar* is by Aguirre del Pozo and is to be found in his *Navidad de Zaragoza.*

1729

ROBLES, ISIDRO DE

VARIOS PRODIGIOS | DE AMOR, | EN ONCE NOVELAS EXEMPLARES, | nuevas, nunca vistas, ni impressas. | LAS CINCO ESCRITAS SIN UNA DE LAS CINCO | letras vocales: y las otras de gusto, y apacible entre-|tenimiento. | QUINTA IMPRESSION: | AÑADIDOS, Y ENMENDADOS TRES CASOS | Prodigiosos. Compuestas por diferentes Autores, los | mejores ingenios de España. | Recogidas por Isidro de Robles, natural de esta Coronada Villa | de Madrid. | Pliegos 37 | Año de (Printer's mark) 1729. | CON LICENCIA: | En Madrid. A costa de Don Pedro Joseph Alonso de Padilla, Im-|pressor, y Mercader de Libros;

se hallarà en su casa en la Ca-|lle de Santo Thomàs, junto al Contraste.

4to. 4 ff. without fol. + 288 pp. pag.

Preliminary ff.: T.p. — Aprobacion, el Padre Joseph Martinez. Madrid, April 17, 1665. — Licencia. Madrid, April 23, 1665. — Aprobacion, el Rmo. P. M. Fr. Thomàs de Avellaneda. Madrid, April 28, 1665. — Svma de la licencia.—Fee de Erratas. Madrid, December 9, 1729.—Svma de la Tassa. — Prologo al Lector. — Tabla de las Novelas qve se contienen en este Libro. Los dos Soles de Toledo, sin la letra A. folio 1. La Carroza con las Damas, sin la letra E. fol. 24. La Perla de Portugal, sin la letra I, fol. 32. La Peregrina Hermitaña, sin la letra O. fol. 49. La Serrana de Cintia, sin la letra V. fol. 82. — Las otras seis. No ay con el Amor Venganza. fol. 117. Los Amantes sin fortuna. fol. 152. El Picaro Amante, y Escarmiento de Mugeres, burlesca. fol. 175. La Desdicha en la Constancia. fol. 187. Constante muger, y pobre. fol. 215. Los tres Maridos burlados. fol. 237. Caso prodigioso primero. fol. 267. Caso prodigioso segundo. Fol. 275. Caso prodigioso tercero. fol. 285.

Pp. 1-288, text. 2 cols.

H. S. A.

ZAYAS Y SOTOMAYOR, MARÍA DE

PRIMERA, | Y | SEGUNDA PARTE | DE LAS NO-VELAS | AMOROSAS, | Y | EXEMPLARES | DE DOÑA MARIA | DE ZAYAS | Y SOTOMAYOR, | natural de Ma-drid. | CORREGIDAS; Y ENMENDADAS EN ESTA | ultima impression. | Pliegos (Printer's mark) 65. y medio. | Año de 1729. | CON LICENCIA. | EN MADRID: A costa de Don Pedro Joseph Alonso y Padilla; se ha-|llarà en su Imprenta, y Libreria, en la Calle de Santo Thomàs, | junto al Contraste.

4to. 2 ff. without fol. + pp. 1-218 pag. + 1 f. without fol. + pp. 219-518 pag.

Preliminary ff.: T.p. — Aprobacion, el Maestro Joseph de Valdivieso. Madrid, June 8, 1634. — Suma de la licencia. — Fee de Erratas. Madrid, Jan. 7, 1729. — Tassa. Madrid, Jan. 9, 1729. — Tabla de las Novelas de la primera Parte. I. Aventurarse perdiendo, pag. 1. II. La burlada Aminta, pag. 34. III. El Castigo de la Miseria, pag. 59. IV. El Prevenido engañado, pag. 84. V. La fuerza del Amor, pag. 116. VI. El desengaño amado, y premio de la virtud, pag. 130. VII. Al fin se paga todo, pag. 151. VIII. El impossible vencido, pag. 170. IX. El Juez de su Causa, pag. 190. X. El Jardin engañoso, pag. 197. — Tabla de la segunda Parte; dividese en Saraos. Desengaño primero, pag. 225. Desengaño segundo, pag. 259. Desengaño tercero, pag. 282. Desengaño quarto, pag. 309. Desengaño quinto, pag. 329. Desengaño sexto, pag. 353. Desengaño septimo, pag. 385. Desengaño octavo, pag. 408. Desengaño nono, pag. 433. Desengaño decimo, pag. 485.

Pp. 1-218, text of the *Primera parte:* on the following unnumbered f. recto, the t.p. and verso, the Tabla of the *Segunda parte;* pp. 219-518, the text of the *Segunda parte.* 2 cols.

B. N. P. Y² 499.

1730

PÉREZ DE MONTALBÁN, JUAN

SUCESSOS, | Y PRODIGIOS | DE AMOR, | EN OCHO NOVELAS | EXEMPLARES. | COMPUESTAS POR EL DOCTOR JUAN | Perez de Montalvàn, natural de Madrid, y | Notario del Santo Oficio de la Inqui-|sicion. | AÑADIDAS AORA NUEVAMENTE LAS | tres Novelas, que estàn en su Para-Todos; y el Poëma del Orfeo en Castellano, com-| puesto por el mismo Autor. | CORREGIDO SEGUN EL EXPURGATORIO DEL | año de 1707. | Pls. 49. | CON LICENCIA. | En Barcelona: Año de 1730.

Ornamental border.

4to. 4 ff. without fol. + 383 pp. pag.
Preliminary ff.: T.p. — Titulos de las Novelas que tiene este libro; y el poema del Orfeo. 1. La Hermosa Aurora. Pag. 1. 2. La Fuerza del Desengaño. pag. 27. 3. El Embidioso Castigado. pag. 51. 4. La Mayor Confusion. pag. 76. 5. La Villana de Pinto. pag. 96. 6. La Desgraciada Amistad. pag. 127. 7. Los Primos Amantes. pag. 157. 8. La Prodigiosa. pag. 184. 9. Al cabo de los Años mil. pag. 213. 10. El Palacio Encantado. pag. 252. 11. El Piadoso Vandolero. pag. 285. Y el Poèma del Orfeo en Castellano en 4 Cantos. p. 335. — Aprobacion, y Licencia, D. Miguèl Geronimo Martèl. Zaragoza, March 8, 1664. — Imprimatur. — Tassa. — Pintura, y Descripcion del gran Templo, y Casa de Nuestra Señora de Monserrate, que està à la vista de Barcelona.

Pp. 1-322, text of the *Sucessos,* 2 cols.; 323-325, Romance de un Pastor

Enamorado. Segundo Romance. Romance Tercero. 2 cols.; 326, blank and unnumbered; 327-334, t.p. and preliminary matter of the *Orfeo;* 335-383, text of the *Orfeo*.

B. N. $\frac{R}{18196}$

1732

CASTILLO SOLÓRZANO, ALONSO DE

LA QUINTA | DE LAURA, | QUE CONTIENE SEIS | Novelas entretenidas. | POR DON ALONSO CASTILLO | Solorzano. | Pliegos (Printer's mark) 18). | Tercera impression. | Año 1732. | CON LICENCIA. En Madrid: A costa de Don Pedro Joseph | Alonso y Padilla, Librero de Camara de su | Magestad. Se hallarà en su Imprenta, y Li-| breria, calle de Santo Thomàs, junto al | Contraste.

8°. 8 ff. without fol.+272 pp. pag.
Preliminary ff.: T.p. — Licencia. — Fee de Erratas. — Suma de la Tassa. — Prologo al Lector. — Tabla de las Novelas que contiene este Libro. Novela primera. La Ingratitud Castigada, pag. 8. Novela segunda. La Inclinacion Española, pag. 88. Novela tercera. El Desdèn buelto en favor, y Novela escrita sin y, p. 148. Novela quarta. No ay mal, que no venga por bien, pag. 175. Novela quinta. Lances de Amor, y Fortuna, pag. 213. Novela sexta. El Duende de Zaragoza, pag. 245. — Cathalogo de Libros, entretenidos de Novelas . . . hecho por D. Pedro Joseph Alonso y Padilla, etc.
Pp. 1-272, text; below, colophon.

B. P. L. D. 168. 17.

1733

CÉSPEDES Y MENESES, GONZALO DE

VARIA FORTUNA | DE EL | SOLDADO PINDARO. | POR | D. GONZALO DE CESPEDES Y MENESES, | vecino, y natural de Madrid. | AÑADIDO EN ESTA ULTI-MA IMPRESSION | otro Libro de el mismo Autor, que estaba impresso, y no | se hallaba, por averse distinguido (*sic*) la impression, | cuyo ti-|tulo es: Historias Peregrinas, y Exemplares, con el | origen fundamentos, y excelencias de Espa-|ña, y Ciudades donde sucedieron. | TERCERA IM-

PRESSION. | Año de (printer's mark) 1733. | Plieg. 60. | CON LICENCIA. | En Madrid. A costa de Don Pedro Joseph Alonso | y Padilla, Librero de Camara del Rey nuestro señor. Se hallarà en su | Imprenta, y Libreria, en la calle de Santo Thomàs, junto al Contraste.

4to. 2 ff. without fol. + 236 ff. fol.

Preliminary ff.: T.p. — Suma de la Licencia. Madrid, Sept. 11, 1733. — Fee de Erratas. Madrid, Nov. 28, 1733. — Suma de la Tassa. Madrid, Dec. 1, 1733. — Tabla de los Assumptos mas principales que contiene este Libro. Varia fortuna de el Soldado Pindaro, pag. 1. Breve resumen de las excelencias de España, Theatro de estas peregrinas historias, pag. 138. El Buen Zelo premiado, historia primera, en la Ciudad de Zaragoza . . . p. 142. El Desdèn del Alameda, historia segunda, en la Ciudad de Sevilla . . . pag. 156. La constante Cordovesa, historia tercera, en la Ciudad de Cordova . . . pag. 171. Pachecos y Palomeques, historia quarta, en la Ciudad de Toledo . . . pag. 187. Sucessos tragicos de Don Enrique de Silva, historia quinta, en la Ciudad de Lisboa . . . p. 203. Los dos Mendozas, historia sexta, sucedida en Madrid . . . p. 220.

Ff. 1-136 v, text of *Varia fortuna de el Soldado Pindaro;* f. [137] r, t.p. of the *Historias peregrinas;* ff. 138-236 v., text of the *Historias.* 2 cols.

B. N. $\frac{R}{20923}$

PÉREZ DE MONTALBÁN, JUAN

SVCESSOS, | I PRODIGIOS | DE AMOR, | EN OCHO NOVELAS | EXEMPLARES. | COMPUESTAS POR EL DOCTOR JUAN | Perez de Montalvàn, natural de Madrid, i | Notario de el Santo Oficio de la | Inquisicion. | AÑADIDAS AHORA NUEVAMENTE | las tres Novelas que estàn en su PARA TODOS; | i el Poèma de el Orfeo de Castellano, | compuesto por el mismo | Autor. | CORREGIDO SEGUN EL EXPURGATORIO | de el año de 1707. | Pliegos 47. i med. | Decoration. | CON LICENCIA | En Sevilla, en la Imprenta de los GOMEZ, en | la Calle Ancha, frente de el Real | Convento de San Pablo. | Año de 1733.

Ornamental border.

4to. 2 ff. without fol. + 375 pp. pag.

Preliminary ff.: T.p. — Titulos de las Novelas que tiene este libro, i el poema de el Orfeo.　1. La Hermosa Aurora, pag. 1.　2. La Fuerza de el Desengaño pag 27.　3. El Embidioso Castigado. Pag. 50.　4. La Mayor Confusion. Pag. 75.　5. La Villana de Pinto. pag. 98.　La Desgraciada Amistad. Pag. 126.　7 Los Primos Amantes. Pag 155.　8 La Prodigiosa. Pag. 181.　9. Al cabo de los años mil. Pag. 208.　10. El Palacio Encantado. Pag. 246.　11. El Piadoso Vandolero. Pag. 278.　I el Poèma de el Orfeo en Castellano en quatro Cantos. Pag. 327. — Fee de erratas. Madrid, Dec. 11 1733. — Tassa. Madrid. Dec. 22, 1733.

Pp. 1-314, text of the *Sucessos*. 2 cols. Pp. 319-375, prefatory documents and text of the *Orfeo*.

This copy is incomplete, lacking pp. 315-318 inc. The text ends abruptly on p. 314 with the words, "i los oyentes con admiraciones cortesanas de su." A comparison with Gómez, 1734, shows that the novelas end on p. 315; pp. 316-318 contain the three *Romances de un Pastor enamorado*.

H. S. A.

1734

PÉREZ DE MONTALBÁN, JUAN

SVCESSOS, | I PRODIGIOS | DE AMOR, | EN OCHO NOVELAS | EXEMPLARES. | COMPUESTAS POR EL DOCTOR JUAN | Perez de Montalvàn, natural de Madrid, i | Notario de el Santo Oficio de la | Inquisicion. | AÑADIDAS AHORA NUEVAMENTE | las tres Novelas, que estàn en su PARA-TODOS; i el Poèma de el Orfeo en Castellano, | compuesto por el mismo | Autor. | CORREGIDO SEGUN EL EXPURGATORIO | de el año de 1707. | Pliegos 47. i med. | Decoration. | CON LICENCIA: | En Sevilla, en la Imprenta de los GOMEZ, en | la Calle Ancha, frente de el Real | Convento de San Pablo. | Año de 1734.

Ornamental border.

4to. 2 ff. without fol. + 375 pp. pag.

Preliminary ff.: T.p. — Titulos de las novelas que tiene este libro, i el poema de el Orfeo. 1. La Hermosa Aurora. Pag. 1. 2. La Fuerza de el Desengaño. Pag. 27. 3. El Embidioso Castigado. Pag. 50. 4. La Mayor Confusion. Pag. 75. 5. La Villana de Pinto. Pag. 98. 6. La Desgraciada Amistad. Pag. 126. 7. Los Primos Amantes. Pag. 155. 8. La Prodigiosa. Pag. 181. 9. Al cabo de los años mil. Pag. 208. 10. El Palacio Encantado. Pag 246. 11. El Piadoso Vandolero. Pag. 278. I el Poèma de el Orfeo en

Castellano en quatro Cantos. Pag. 327. — Fee de Erratas. Madrid, Dec. 11, 1733. — Tassa. Madrid, Dec. 22, 1733.

Pp. 1-315, text of the *Sucessos*, 2 cols.; 316-318, Romance de un Pastor enamorado. Segundo Romance. Romance Tercero. 2 cols.; 319-326, t.p. and preliminary matter of the *Orfeo;* 327-375, text of the *Orfeo.*

A reprint of Sevilla, Gomez, 1733.

B. N. P. Y² 501.

PÉREZ DE MONTALBÁN, JUAN

SVCESSOS, | Y PRODIGIOS | DE AMOR. | NOVELAS | EXEMPLARES, | COMPUESTAS | POR EL DR. D. JUAN PEREZ DE | Montalvàn, natural de Madrid, y No-| tario del Santo Oficio de la | Inquisicion. | AÑADIDAS AORA NUEVAMENTE | las tres Novelas, que estàn en su | Para-Todos. | Decoration. | CON LICENCIA. | BAR-CELONA: Por PABLO CAMPINS Impressor. | Año 1734. | Se hallarà en su casa en la calle de Amargòs.

Ornamental border.

4to. 2 ff. without fol. + 336 pp. pag.

Preliminary ff.: T.p. — Aprobacion, y Licencia, D. Miguèl Geronimo Martèl. Zaragoza, March 8, 1664. — Licencia, y Tassa del Real Consejo. Madrid, Oct. 22, 1734. — Fee de Erratas. Madrid, Nov. 18, 1734. — Tabla de las Novelas que tiene este Libro. 1 La Hermosa Aurora. Pag. 1. 2 La Fuerza del Desengaño. pag. 28. 3 El Embidioso Castigado. pag. 53. 4 La Mayor Confusion. pag. 79. 5 La Villana de Pinto. pag. 103. 6 La Des-graciada Amistad. pag. 133. 7 Los Primos Amantes, pag. 164. 8 La Prodigiosa Historia (*sic*), pag. 192. 9 Al cabo de los Años Mil. pag. 222. 10 El Palacio Encantado. pag. 263. 11 El Piadoso Vandolero. pag. 298. —

Pp. 1-236, text. 2 cols.

B. N. $\frac{R}{6184}$

The B. N. possesses two other copies of the same edition, both of which contain besides the nine novelas of Montalbán, Tirso de Molina's *Los tres maridos burlados,* with independent t.p. and pag. as follows: NOVELA | BVRLESCA, | Y ENTRETENIDA, | DONDE SE DECLARAN TRES FAMOSAS | burlas, que honradamente hicieron a sus Maridos, | tres Mugeres de la insigne Villa de | Madrid. | Escrita por vn Ingenio de esta corte. | Pp. 1-31. 2 cols.

$\frac{R}{1781}$ $\frac{2}{52009}$

SANZ DEL CASTILLO, ANDRÉS

LA MOGIGANGA | DEL GUSTO EN SEIS NOVELAS, | POR DON ANDRES DEL CASTILLO | natural de la Villa de Brihuega, en el | Arzobispado de Toledo. | SEGUN-DA IMPRESSION. | Añadido vn Cathalogo de Libros de No-|velas, Cuentos, Historias, y Casos tragicos, | para dar noticia à los Aficionados. | Año (Printer's mark) 1734. | Pliegos 19. | CON LICENCIA. En Madrid. A costa | de D. Pedro Joseph Alonso y Padilla, Li-|brero de Camara de su Magestad: se hallarà | en su Imprenta, y Libreria, Calle de | Santo Thomàs, junto al Contraste.

8°. 2 ff. without fol. + 285 pp. pag.
Preliminary ff.: T.p.—Licencia.—Fee de Erratas. Madrid, June 8, 1734. — Suma de la Tassa. — Indice de las Novelas contenidas en este Libro, intitulado La Mogiganga del Gusto. 1. El Monstruo de Manzanares. Folio 1. 2. Quien bien anda en bien acaba. Folio 57. 3. El Estudiante Confuso, Fol. 97. 4. La Muerte de el Avariento, y Guzmàn de Juan de Dios, Folio 155. 5. Pagar con la misma prenda, Folio 201. 6. La Libertada Inocente, y Castigo en el Engaño, Fol. 242.
Pp. 1-235, text.

B. P. L.   D. 160 a. 10.

ZAYAS Y SOTOMAYOR, MARÍA DE

PRIMERA, | Y SEGUNDA PARTE | DE LAS NOVE-LAS | AMOROSAS, | Y EXEMPLARES | DE DOÑA MARIA DE ZAYAS | Y SOTOMAYOR, | NATURAL DE MADRID. | AÑADIDO EN ESTA IMPRESSION UN CATHALOGO | de Libros de Novelas, Cuentos, Historias y Casos tragicos, | para dàr noticia à los Aficionados. | CORREGIDAS, Y ENMENDADAS EN ESTA | vltima impression. | Pliegos (Printer's shield) 66. | Año de 1734. | CON LICENCIA. | EN MADRID: A costa de D. Pedro Joseph Alonso y Padilla, Librero | de Camara de su Magestad; se hallarà en su Imprenta, y Libreria, | Calle de Santo Thomàs, | junto al Contraste.

4to. 4 ff. without fol. + pp. 1-218, pag. + 1 f. without fol. + pp. 219-518 pag.

Preliminary ff.: T.p. — Aprobacion, el Maestro Joseph de Valdivieso. Madrid, June 8, 1634. — Suma de la licencia. — Fee de Erratas. Madrid, May 8, 1734. — [Tassa]. Madrid, May 15, 1734. — Tabla de las Novelas de la primera Parte. 1 Aventurarse perdiendo, pag. 1. 2 La burlada Aminta, pag. 34. 3 El Castigo de la Miseria, pag. 59. 4 El Prevenido engañado, pag. 84. 5 La fuerza del Amor, pag. 116. 6 El desengaño amado, y premio de la virtud, p. 130. 7 Al fin se paga todo, pag. 151. 8 El impossible vencido, pag. 170. 9 El Juez de su Causa, pag. 190. 10 El Jardin engañoso, pag. 197. — Tabla de la Segvnda Parte; dividese en Saraos. Desengaño primero, pag. 225. Desengaño segundo, pag. 259. Desengaño tercero, pag. 282. Desengaño quarto, pag. 309. Desengaño quinto, pag. 329. Desengaño sexto, pag. 353. Desengaño septimo, pag. 385. Desengaño octavo, pag. 408. Desengaño nono, pag. 433. Desengaño dezimo, pag. 485. — Cathalogo de libros Entretenidos de Novelas, etc.

Pp. 1-218, text of the *Primera parte;* on the following unnumbered f. recto, the t.p. and verso, the Tabla of the *Segunda parte;* pp. 219-518, text of the *Segunda parte.* 2 cols.

B. N. $\frac{2}{4181}$

NOVELAS | EXEMPLARES | Y | AMOROSAS, | DE | DOÑA MARIA | DE ZAYAS | Y | SOTOMAYOR, | NATURAL DE MADRID. | PRIMERA, Y SEGUNDA PARTE. | CORREGIDAS, Y ENMENDADAS | en esta ultima Impression. | Decorative line. | CON LICENCIA. | Barcelona: Por PABLO CAMPINS Impressor, | en la calle de Amargòs. Año 1734.

Ornamental border.

4to. 3 ff. without fol. + 494 pp. pag.

Preliminary ff.: T.p. — Aprobacion, el Maestro Joseph de Valdivieso. Madrid, June 16, 1634. — Licencia. July 4, 1634. — Licencia del Real Consejo. Madrid, Oct. 22, 1734. — Fee de Erratas. Madrid, Dec. 7, 1734. Suma de la Tassa. Madrid, Dec. 15, 1734. — Tabla de las Novelas de la Primera Parte. Introduccion, fol. 1. 1 Aventurarse perdiendo, fol. 4. 2 La burlada Aminta, fol. 32. 3 El castigo de la miseria. fol. 57. 4 El Prevenido engañado, fol. 81. 5 La fuerça del Amor, fol. 111. 6 El desengaño amado, y premio de la virtud, fol. 124. 7 Al fin se paga todo, fol. 144. 8 El Impossible vencido, fol. 162. 9 El Juez de su causa, fol. 181. 10 El Jardín engañoso, fol. 197. Tabla de los Saraos de la Segunda Parte. Introduccion, fol. 209. 1 La Esclava de su Amante, fol. 215. 2 La mas infame vengança, fol. 247. 3 La Inocencia castigada, fol. 269. 4 El Verdugo de su Esposa, fol. 295. 5 Tarde llega el desengaño, fol. 314. 6 Amar solo por vencer, fol. 337. 7 Mal presagio casar lexos, fol. 268. 8 El Traydor contra su sangre, fol. 390. 9 La Perseguida Triunfante, fol. 413. 10 Estragos que causa el vicio, fol. 462.

Pp. 1-208, text of the *Primera parte;* 209-494, text of the *Segunda parte.*

1736

CAMERINO, JOSEPH

NOVELAS | AMOROSAS. | POR JOSEPH CAMERI-NO, | Procurador de los Reales Consejos, Notario, y | Secretario de Breves, y Comissiones Apostoli-|cas en el Tribunal de la Nunciatura | de su Santidad. | CORREGIDAS, Y EN-MENDADAS | en esta segunda impression. | POR DON NOBETI PONCHI | Y Oya Marsac. | Año (Printer's shield) de 1736. | CON LICENCIA: En Madrid. A costa de D. Pedro Joseph Alonso | y Padilla, Librero de Camara de su Mag. Se hallarà en su Imprenta, y | Libreria, Calle de Santo Thomàs, junto al Contraste.

4to. 8 ff. without fol. + 294 pp. pag. + 5 ff. without fol.
Preliminary ff.: T.p. — Censvra, el P. M. Fr. Diego de Campo. Madrid, Nov. 13, 1623. — id., el Doctor Diego Vela. Madrid, Nov. 13, 1623. — Laudatory verses. — Svma de la licencia. — Fee de Erratas. — Svma de la Tassa. — List of books to be found in Padilla's book shop. — Proemio al Lector. — Tabla de las novelas que se contienen en este libro. 1. El casamiento desdichado. 2. El Picaro amante. 3. La Ingratitud hasta la muerte. 4. El Amante desleal. 5. La Triunfante porfia. 6. La Voluntad dividida. 7. La Firmeza bien lograda. 8. Los Peligros de la ausencia. 9. La Soberbia castigada. 10. La Persiana. 11. Los Efectos de la fuerza. 12. La Catalana hermosa. . . .

Pp. 1-293, text of the novelas; below, Fin. — Fee de Erratas. — P. 294 and 5 unnumbered ff. following: List of books to be found at Padilla's shop (repetition of list given above).—Cathalogo de Libros entretenidos de Novelas etc. — Fin. — Pliegos 40. — Colophon.

B. P. L.   D. 167. 5.

PÉREZ DE MONTALBÁN, JUAN

PARA | TODOS, | EXEMPLOS | MORALES, HUMA-
NOS, | Y DIVINOS. | EN QUE SE TRATAN | DIVERSAS
CIENCIAS, | MATERIAS, Y | FACULTADES. | RE-
PARTIDOS EN LOS SIETE | DIAS DE LA SEMANA |
POR EL DOCT. JUAN PEREZ DE | Montalvàn, natural
de Madrid, y | Notario del Santo Oficio de | la Inquisicion.
| Ornament. | Con licencia: En Sevilla, en la Imprenta, y |
Libreria de los GOMEZ, frente de el | Real Convento de S.
Pablo. | Año de 1736.

Ornamental border.

4to. 4 ff. without fol. + 536 pp. pag.
Preliminary ff.: T.p. — Aprobacion, el P. M. Fr. Diego Nisseno. — Tabla
de todas las materias, exemplos, y moralidades, que se tratan en este libro.
— Introducion para toda la semana. — Al Lector. — Fee de Erratas. Ma-
drid, Oct. 29, 1736. — Tassa. Madrid, Oct. 30, 1736.
Pp. 1-497, text; 498-536, Indice, o catalogo de todos los Pontifices etc.
The novelas occur: Al cabo de los años mil, p. 115; El palacio encantado,
p. 233; El piadoso vandolero, p. 382.

H. S. A.

1741

LOZANO, DR. CHRISTÓBAL

SOLEDADES | DE LA VIDA, | Y DESENGAÑOS |
DEL MUNDO. | NOVELAS EXEMPLARES. | POR EL
DOCTOR DON CHRISTOVAL LOZANO, | Comissario de
la Santa Cruzada, del Partido de Hellin, Promotor Fiscal |
de la Reverenda Camara Apostolica, y Capellan de su
Magestad, | en su Real Capilla de los Señores Reyes Nuevos
de la | Santa Iglesia de Toledo. | CORREGIDAS, Y EN-
MENDADAS EN ESTA OCTAVA | Impression. | Pliegos
(Double eagle) 48. | CON LICENCIA. EN MADRID. | En
la Oficina de los Herederos | de Juan de Ariztia. Año de M.
DCC. XLI. | A costa de Juan de San Martin, se hallarà en
su casa en la Imprenta | de la Calle de la Montera.

4to. 4 ff. without fol. + 376 pp. pag.

Preliminary ff.: T.p. — Aprobacion, Don Pedro Calderon de la Barca. Madrid, July 12, 1658. — Licencia, Madrid, July 15, 1658. — Censura, el Rmo. P. Fr. Francisco Palanco. Madrid, May 23, 1658 (*sic*). — Licencia. Madrid, Jan. 18, 1740. — Fee de Erratas. — Suma de la Tassa. — Prologo. — Indice de las Soledades y Novelas contenidas en este libro. Soledad primera. Pag. 1. Soledad segunda. Pag. 36. Soledad tercera. Pag. 51. Soledad quarta. Pag. 89. El amor mas mal pagado, y muger menos constante. Pag. 152. Todo es Trazas. Pag. 180. Buscar su propia desdicha. Pag. 203. Passar mal por querer bien. Pag. 228. El muerto zeloso. Pag. 252. Persecuciones de Lucinda, y tragicos sucessos de Don Carlos. Pag 273.

Pp. 1-151, text of the *Soledades;* 152-376, text of the *Novelas.* 2 cols.

B. N. $\frac{R}{17791}$

1748

LOZANO, DR. CHRISTÓBAL

SOLEDADES | DE LA VIDA, | Y DESENGAÑOS | DEL MUNDO. | NOVELAS EXEMPLARES. | POR EL DOCTOR DON CHRISTOVAL LOZANO, | Comissario de la Santa Cruzada de la Villa | de Hellin, | y su Partido. | CORREGIDAS, Y ENMENDADAS | en esta decima impression. | Año (Printer's mark) 1748. | CON LICENCIA. | En MADRID: A costa de Don Pedro Joseph Alonso y Padilla, Librero | de Camara del Rey. Se hallarà en su Imprenta, y Librerìa | calle de Santo Thomàs, junto al Contraste.

4to. 8 ff. without fol. + 376 pp. pag.

Preliminary ff.: T.p. — Catalogo de Libros entretenidos etc. . . . sacado de la Bibliotheca que escriviò Don Pedro Joseph Alonso y Padilla. — Indice de las Soledades, y Novelas contenidas en este Libro. Soledad primera. Pag. 1. Soledad segunda. Pag. 36. Soledad tercera. Pag. 51. Soledad quarta. Pag. 89. El amor mas mal pagado, y muger menos constante. Pag. 152. Todo es Trazas. Pag. 180. Buscar su propia desdicha. Pag. 203. Passar mal por querer bien. Pag. 228. El muerto zeloso. Pag. 252. Persecuciones de Lucinda, y tragicos sucessos de Don Carlos. Pag. 273. — Licencia del Consejo. — Fee de Erratas. — Suma de la Tassa. — Prologo.

Pp. 1-151, text of the *Soledades;* 152-376, text of the *Novelas;* below, colophon. 2 cols.

B. N. P. Y² 3697.

1753

LIÑÁN Y VERDUGO, ANTONIO

GUIA, | Y AVISOS DE FORASTEROS, | QUE VIENEN
A LA CORTE: | HISTORIA DE MUCHA DIVERSION,
| gusto, y apacible entretenimiento, donde veràn | lo que les
sucediò à unos recien-|venidos: | SE LES ENSEÑA A
HUIR DE LOS PELIGROS | que hay en la Corte; y debaxo
de Novelas morales, | y exemplares Escarmientos, se les
avisa, y ad-|vierte de còmo acudiràn à sus negocios | cuerda-
mente | SV AVTOR | El Licenciado Don Antonio Liñan y
Verdugo. | Decoration. | CON LICENCIA. | En Madrid:
En la Imprenta de Francisco Xavier Garcia, | Calle de la
Salud. Año de 1753. | Se hallarà en la Librerìa y nueva
Lonja de comedias de Joseph | Garcia Lanza, en la Plazuela
del Angel.

4to. 8. ff. without fol. + 226 pp. pag. + 1 f. without fol.
Preliminary ff.: T.p. — Censura, el M. R. P. Presentado Fr. Joseph
Alonso Pinedo. Madrid, July 11, 1753.—Licencia. Madrid, July 14, 1753.
— Aprobacion, el Lic. Espinel. Madrid, July 19, 1620. — Licencia. Madrid,
Sept. 2, 1752. — Fee de Erratas. Madrid, July 11, 1753. — Tassa. Madrid,
July 19, 1753. — Laudatory verses. — Discurso Apologetico.

Pp. 1-226, text; f. [227] r. and v.; List of books to be found in the book
shop of Joseph Garcia.

There are several bad errors in the pagination of this edition but the
text is continuous.

B. P. L.   D. 166. 22.

1760

ROBLES, ISIDRO DE

VARIOS PRODIGIOS | DE AMOR, | EN ONCE NO-
VELAS | exemplares, nuevas, nunca vistas, | ni impressas:
| LAS CINCO ESCRITAS SIN UNA | de las cinco letras
vocales; y las otras de gusto, | y apacible entretenimiento. |
ULTIMA IMPRESSION. | AÑADIDOS, Y EMMENDA-
DOS TRES CASOS | Prodigiosos. | COMPUESTAS POR

DIFERENTES AUTORES, | los mejores ingenios de España. | RECOGIDAS POR ISIDRO DE ROBLES, | natural de esta coronada Villa de Madrid. | BARCELONA. | En la Imprenta de Maria Angela Martì Viuda, en la Plaza | de San Jayme. Año 1760.

4to. 4 ff. without fol. + 324 pp. pag. + 1 f. without fol.

Preliminary ff.: T.p. — Aprobacion, el Padre Joseph Martinez. April 17, 1665. — Licencia. Madrid, April 23, 1665. — Aprobacion, el Rmo. P. M. Fr. Thomàs de Avellaneda. April 28, 1665. — Licencia. Madrid, Nov. 16, 1758. — Fee de Erratas. Madrid, April 18, 1760. — Tassa. Madrid, April 28, 1760. — Prologo al Lector.

Pp. 1-324, text. Final unnumbered f.: Tabla de las Novelas que se contienen en este Libro. Los dos Soles de Toledo, sin la Letra A. pag. 1. La Carroza con las Damas, sin la letra E. 27. La Perla de Portugal, sin la letra I. 36. La Peregrina Hermitaña, sin la letra O. 54. La Serrania de Cintìa, sin la letra V. 92. No hai con el amor venganza. 131. Los Amantes sin fortuna. 170. El Picaro Amante, y escarmiento de Mugeres, burlesca. 196. La Desdicha en la Constancia. 209. Constante Muger, y Pobre. 241. Los tres maridos burlados. 266. Caso prodigioso primero. 299. Caso prodigioso segundo. 309. Caso prodigioso tercero. 321. 2 cols.

B. P. L. D. 160. 12.

1764

ZAYAS Y SOTOMAYOR, MARÍA DE

NOVELAS | EXEMPLARES, | Y | AMOROSAS, | DE | DOÑA MARIA | DE ZAYAS, | Y | SOTOMAYOR, | NATURAL DE MADRID. | PRIMERA, Y SEGUNDA PARTE. | CORREGIDAS, Y EMMENDADAS | en esta ultima Impression. | BARCELONA: En la Imprenta de Maria Angela Martì viuda, | en la plaza de S. Jayme. Año 1764. | CON LICENCIA DE LOS SUPERIORES.

4to. 3 ff. without fol. + 536 pp. pag.

Preliminary ff.: T.p. — Aprobacion, el Maestro Joseph de Valdivieso. Madrid, June 16, 5634 (*sic*). — Licencia. Madrid, July 4, 1634. — Licencia. Madrid, Jan. 14, 1763. — Erratas. — Tabla de las Novelas de la Primera Parte. Introduccion. p. 1. 1 Aventurarse perdiendo, pag. 5. 2 La burlada Aminta, pag. 35. 3 El Castigo de la Miseria, pag. 61. 4 El prevenido

Engañado, pag. 87. 5 La Fuerza del Amor, pag. 119. 6 El Desengaño amado, y premio de la Virtud, p. 133. 7 Al fin se paga todo, pag. 156. 8 El Impossible vencido, pag. 175. 9 El Juez de su Causa, pag. 196 10 El Jardin engañoso, pag. 213. — Tabla de los Saraos de la Segunda Parte. Introduccion, pag. 226. 1 La Esclava de su Amante, pag. 233. 2. La mas infame Venganza, pag. 268. 3 La Inocencia castigada, pag. 291. 4 El Verdugo de su Esposa, pag. 329. 5 Tarde llega el Desengaño, pag. 340. 6 Amar solo por vencer, pag. 365. 7 Mal presagio casar lexos, pag. 398. 8 El Traydor contra su Sangre, pag. 423. 9 La Perseguida triunfante, pag. 448. 10 Estragos que causa el Vicio, pag. 502.

Pp. 1-225, text of the *Primera parte;* 226-536, text of the *Segunda parte.* 2 cols.

B. N. P. Y² 5958.

1765

TÉLLEZ, FRAY GABRIEL

(Tirso de Molina)

DELEYTAR | ARROVECHANDO. | POR EL FAMO-SO | TIRSO DE MOLINA. | TOMO PRIMERO. | DEDI-CADO | A DON LUIS FERNANDEZ DE CORDOVA | y Arze, Señor de la Villa del Carpio, Cauallero | del Avito de Santiago, y Ventiquatro de la | Ciudad de Cordova, &c. | Printer's mark. | CON LICENCIA: | En Madrid, en la Imprenta de Antonio Marin, año de 1765. | Se hallarà en la Porteria del Convento de la Marced Calzada | de esta Corte.

2 vols. 4to. The title-page of Tomo II is identical with that of Tomo I except for the necessary substitution of "segundo" for "primero" after "Tomo."

Tomo I: 8 ff. without fol. + 502 pp. pag.

Preliminary ff.: T.p. — Ded. — Prologo, y Noticia del Autor de esta obra. — Este Libro esta reimpresso con las Licencias necessarias. — Tabla de lo que en este tomo primero se contiene.

Pp. 1-502. text.

Tomo I contains La patrona de las Musas, p. 9, and El triunfo de la verdad, p. 229.

Tomo II: 4 ff. without fol. + 372 pp. pag.

Preliminary ff.: T.p. — Noticia del autor de esta obra, y algunas advertencias sobre ella. — Este libro està reimpresso con las licencias necessarias. — Tabla de lo que en este tomo se contiene.

Pp. 1-372, text.

Tomo II contains El vandolero, p. 2.

B. P. L.   D. 160 b. 80.

1777

VEGA CARPIO, LOPE FÉLIX DE

COLECCION | DE LAS OBRAS SUELTAS, | ASSI EN PROSA, COMO EN VERSO, | DE | D. FREY LOPE FE-LIX | DE VEGA CARPIO, | DEL HABITO DE SAN JUAN. | TOMO VIII Quod tentabam dicere versus erat. | Ovid. Trest. lib. iv. El. x. v. 26. | CON LAS LICENCIAS NECESSARIAS. | EN MADRID. Año de M. DCC. LXXVII. | En la Imprenta de Don Antonio de Sancha: | En la Aduana vieja, donde se hallará.

4to.   1 f. without fol. + pp. [I] - XVI and 1-487 pag.

Preliminary f.: recto, t.p., verso, blank.   Pp. [I] - XI: Prologo del Editor. — P. [XII], blank. — P. XIII: T.p. of the *Novelas:* NOVELAS | POR EL PHENIX DE ESPAÑA | FREY LOPE FELIX | DE VEGA CARPIO, | DEL HABITO DE SAN JUAN, | PROCURADOR FISCAL | DE LA CAMARA APOSTOLICA, | DIRIGIDAS | A LA SEÑORA MARCIA | LEONARDA. | — P. [XIV], blank. — P. XV, Obras contenidas en este tomo de las Novelas. I. Las fortunas de Diana. pag. 1. II. El Desdichado por la Honra. pag. 68. III. La mas prudente venganza. pag. 117. IV. Guzman el Bravo. pag. 168. V. Las dos venturas sin pensar. pag. 220. VI. El pronostico cumplido. pag. 264. VII. La Quinta de Laura. pag. 291. VIII. El zeloso hasta morir. pag. 353. El castigo sin venganza, Tragedia, pag. 379. — Verso of p. XV, blank. — P. XVI, Aprobacion, Fray Antonio Ferrer, Barcelona, Feb. 8, 1650. — Imprimatur Feb. 9, 1650. — Verso of p. XVI, blank.

Pp. 1-371, text of the *Novelas;* p. [372], blank; p. [373], t.p. of *El castigo sin venganza;* p. [374], blank; pp. 375-378, wanting; 379-384, preliminary matter of the *tragedia;* 385-487, text of *El castigo sin venganza.*

B. P. L.   D. 147. 9.

The *Colección,* etc., of which this is volume VIII, consists of twenty-one volumes printed from 1776-1778.

1786

ZAYAS Y SOTOMAYOR, MARÍA DE

NOVELAS | EXEMPLARES, | Y AMOROSAS, | DE DOÑA MARIA | DE ZAYAS Y SOTOMAYOR, | NATU-RAL DE MADRID. | PRIMERA, Y SEGUNDA PARTE. | CORREGIDAS, Y ENMENDADAS | en esta ultima Impression. | Decoration. | CON LAS LICENCIAS NECE-SARIAS. | MADRID: En la Imprenta de DON PEDRO MARIN. | Año 1786.

4to. 2 ff. without fol. + 536 pp. pag.

Preliminary ff.: T.p. — Tabla de las Novelas de la primera parte. Introduccion. pag. 1. 1 Aventurarse perdiendo. 5. 2 La burlada Aminta. 35. 3 El Castigo de la Miseria. 61. 4 El Prevenido Engañado. 87. La Fuerza del Amor. 119. 6 El Desengaño amado, y premio de la Virtud, 33. 7 Al fin se paga todo. 156. 8 El Impossible vencido. 175. 9 El Juez de su Causa. 196. 10 El Jardin engañoso. 213. — Tabla de los Saraos de la segunda parte. Introduccion. Pag. 226. 1 La Esclava de su Amante. 233. 2 La mas infame Venganza. 268. 3 La inocencia castigada. 291. 4 El Verdugo de su Esposa. 329. 5 Tarde llega el Desengaño 340. 6 Amar solo por vencer. 365. 7 Mal presagio casar lexos. 398. 8 El Traydor contra su Sangre. 423. 9 La Perseguida triunfante. 448. 10. Estragos que causa el Vicio. 502.

Pp. 1-225, text of the *Primera parte;* pp. 226-536, text of the *Segunda parte.* 2 cols.

B. N. $\frac{2}{44396}$

1794

COLECCIQN | DE NOVELAS ESCOGIDAS, | COM-PUESTAS | POR LOS MEJORES INGENIOS ESPA-ÑOLES. | TOMO PRIMERO. | CON LICENCIA. | MA-DRID, EN LA IMPRENTA REAL, | AÑO DE 1794. | Se hallará en la Librería de Castillo, frente a las | gradas de San Felipe, y en el Puesto de Cerro, | Calle de Alcalá.

8°. Eight volumes with date, place of printing, printer and contents as follows:

Tomo primero. Madrid, Imprenta Real, 1794 (*sic*).

2 ff. without fol. + pp. 5-416 pag.

Contents: Los tres maridos burlados — No hay con el amor venganza — Los dos soles de Toledo — La peregrina hermitaña — Los contrapesos de un gusto — Los vandoleros de amor.

Nos. 1-4, attributed to Isidro de Robles, are, respectively, no. 1, by Tirso de Molina, no. 2, by Castillo Solórzano and nos. 3 and 4, by Alcalá y Herrera. Nos. 5 and 6 are, as stated, by Luis de Guevara.

Tomo segundo. Madrid, Imprenta de Gonzalez, M DCC LXXXVIII. T.p. + pp. 3-391 pag.

Contents: La desdichada firmeza — Los celos provechosos — La profia hasta vencer — Los hermanos amantes — Los celos del otro mundo — Qué son dueñas.

All the novelas are by Luis de Guevara.

Tomo tercero. Madrid, Imprenta de Gonzalez, M DCC LXXXVIII. T.p. + 3-411 (mistakenly numbered 311).

Contents: Tres casos prodigiosos — La serrana de Cintia — La inclinacion española — El disfrazado — Mas puede amor que la sangre — Escarmiento de atrevidos.

No. 1, attributed here to Isidro de Robles, is by Baltasar Mateo Velázquez. No. 2, "por un ingenio de esta corte," is by Alcalá y Herrera and nos. 3-6 are by Castillo Solórzano. The Indice of this volume is included in volume IV.

Tomo quarto. Madrid, Imprenta de Gonzalez, M DCC LXXXVIII. T.p. + 3-369 pag.

Contents: El cochero honroso — La vengada a su pesar — El señalado — La peregrina — La mas esquiva hermosura — Ardid de la pobreza — La desobediencia de los hijos castigada — Los comicos amantes.

Nos. 1-6 are by Andrés de Prado; no. 7 is by Matías de los Reyes and no. 8 by Salas Barbadillo.

Tomo quinto. Madrid, Imprenta de Gonzalez, M DCC LXXXVIII. T.p. + pp. 3-424 pag.

Contents: Aurelio y Alexandra — El premio de la virtud, y castigo del vicio — El hermano indiscreto — Eduardo, Rey de Inglaterra—El pescador venturoso — El gallardo montañes, y filosofo Christiano — Las pruebas en la muger.

Nos. 1-4 are by Agreda y Vargas; nos. 5 and 6 by Salas Barbadillo. No. 7 is by Castillo Solórzano.

Tomo sexto. Madrid, Imprenta de Gonzalez, M DCC LXXXV. T.p. + pp. 3-480 pag.

Contents: El daño de los zelos — La ocasion desdichada — La resistencia premiada — El premio de la traicion — La dicha merecida — El pretendiente oculto y casamiento efectuado.

Nos. 1-4 are by Agreda y Vargas; nos. 5 and 6 by Castillo Solórzano.

Tomo septimo. Madrid, Imprenta de Gonzalez, M DCC LXXXIX. T.p. + pp. 3-470 pag. + 8 ff. without fol.

Contents: El amor por la piedad — El soberbio castigado — El defensor contra si — Nadie crea de ligero — La duquesa de Mantua — La muerte del avariento y Guzman de Juan de Dios.

Nos. 1, 2, 3 and 5 are by Castillo Solórzano; no. 4 by Baltasar Mateo Velázquez and no. 6 by Andrés Sanz del Castillo.

Tomo octavo. Madrid, Imprenta de Gonzalez, M DCC LXXXXI.

T.p. + pp. 3-464 pag. + 8 ff. without fol.

Contents: No hay desdicha que no acabe — La carroza con las damas — Amar y aborrecer a un tiempo mismo — La torre encantada—El amante liberal — Rinconete y Cortadillo — La española inglesa.

Nos. 1, 3 and 4 are attributed to "un ingenio de esta Corte." No. 2 is by Alcalá y Herrera and the remaining 3 are by Cervantes.

B. P. L.   D. 160a. 60.

1795

ZAYAS Y SOTOMAYOR, MARÍA DE

NOVELAS | EXEMPLARES | Y AMOROSAS, | DE DOÑA MARIA | DE ZAYAS Y SOTOMAYOR, | NATU-RAL DE MADRID. | PRIMERA Y SEGUNDA PARTE. | Corregidas y enmendadas en esta última | Impression. | Printer's monogram. | MADRID: MDCCXCV. | Por Don Plácido Barco Lopez. | Con las licencias necessarias.

4to. 2 ff. without fol. + 536 pp. pag.

Preliminary ff.: T.p. — Tabla de las Novelas de la Primera Parte. Introduccion, Pag. 1. 1 Aventurarse perdiendo, 5. 2 La burlada Aminta, 35. 3 El Castigo de la Miseria, 61. 4 El prevenido Engañado, 87. 5 La Fuerza del Amor, 119. 6 El Desengañado amado, y premio de la Virtud, 133. 7 Al fin se paga todo, 156. 8 El Impossible vencido, 175. 9 El Juez de su Causa, 196. 10 El Jardin engañoso, 213. — Tabla de los Saraos de la Segunda Parte. Introduccion, Pag. 226. 1 La Esclava de su Amante, 233. 2 La mas infame Venganza, 268. 3 La Inocencia castigada, 291. 4 El Verdugo de su Esposa, 329. 5 Tarde llega el Desengaño, 340. 6 Amar solo por vencer, 365. 7 Mal presagio casar lejos, 398. 8 El Traydor contra su Sangre, 423. 9 La Perseguida triunfante, 448. 10 Estragos que causa el Vicio, Pag. 502.

Pp. 1-225, text of the *Primera parte;* 226-536, text of the *Parte segunda.* 2 cols.

B. N. P.   Y² 5957.

UNDATED EDITIONS
Ca. 1650
VELÁZQUEZ, BALTASAR MATEO

EL FILOSOFO | DEL ALDEA. | Y SVS CONVERSA-CIONES FAMI-|liares, y exemplares, por casos, y sucessos | casuales y prodigiosos. | SV AVTOR. | EL ALFEREZ DON BALTASAR MATEO | Velazquez. | DEDICADO A DON PEDRO GVTIERREZ DE | Miranda, Assentista de Millones de su | Magestad, que Dios guarde. | CON LICENCIA, EN MADRID. | Acosta de Iuan Fernandez Libre-ro, viue arri-|mado al Estudio de la Compañia | de Iesus.

8°. 4 ff. without fol. + 106 ff. fol.

Preliminary ff.: T.p. — Ded. — Aprobacion, el P. M. Fr. Christoual de Torres. — Imprimatur. — Imprimatur.—Al Lector.—Endecasilabo de quien dizen las primeras letras (Doña Sabyna de Porres).

Ff. 1-106 r, text; f. 96 r, - 106 r, Castillo Solórzano's story *El duende de Zaragoza.*

B.N. $\frac{R}{19527}$

EL FILOSOFO | DEL ALDEA. | Y SVS CONVERSA-CIONES FAMI-|liares, y exemplares, por casos, y sucessos | casuales, y prodigiosos. | SV AVTOR. EL ALFEREZ DON BALTASAR MATEO | Velazquez. | DEDICADO. A DON PEDRO GVTIERREZ DE | Miranda, Assentista de Millones de su | Magestad, que Dios guarde. | CON LICENCIA, EN ZARAGOZA | Por Diego de Ormer, Impressor de la Ciudad y Hos-|pital Real de nuestra Señora de | Gracia.

8°. 4 ff. without fol. + 106 ff. fol.

Preliminary ff.: T.p. — Ded. — Aprobacion, el P. M. Fr. Christoual de Torres. — Imprimatur. — Imprimatur. — Al Lector.—Endecasilabo a quien dizen las primeras letras. (Doña Sabyna de Porres).

Ff. 1-106 r, text; ff. 96 r, - 106 r, Castillo Solórzano's story *El duende de Zaragoza.*

B.N. $\frac{R}{16266}$

Except for the title-page this printing is identical with the preceding.

EL FILOSOFO | DEL ALDEA. | Y SVS CONVERSA-
CIONES FAMI-|liares, y exemplares, por casos, y sucessos |
casuales, y prodigiosos. | SV AVTOR. EL ALFEREZ DON
BALTASAR MATEO | Velazquez. | DEDICADO. A D.
DIEGO DE ARROYO | Rozas, Escriuano mayor de Rentas
| de su Magestad. | Con Licencia. En Zaragoça, por Diego
del-|mer (*sic*), Impressor del Hospital de nuestra | Señora
de Gracia.

8°. 2 ff. without ff. + 106 ff. fol.
Preliminary ff.: T.p. — Ded.
Ff. 1-106 r, text; ff. 96 r, - 106 r, Castillo Solórzano's story *El duende de Zaragoza.*

The printing of the title-page is impaired by a crease accidentally produced in the paper at the time of printing and subsequently straightened
out.

H. S. A.

SVCESSOS PRODIGIOSOS | EN DIFERENTES CA-
SOS CASVALES, | y prodigiosos. | CONTADOS | POR EL
FILOSOPHO DE ALDEA. | SV AVTOR. | EL ALFEREZ
DON BALTASAR MALO (*sic*) | Velazquez. | Decoration. |
Por Diego de Ormer, Impressor de la Ciudad, | y Hospital
Real de Nuestra Señora | de Gracia.

8°. 4 ff. without fol. + 106 ff. fol.
Preliminary ff.: T.p. — Tabla de los svcessos qve se contienen en este
libro. 1 Cuenta el Filosofo el modo de criar los hijos. 2 Sucesso de
Polimo, y Sigeldo. 3 Sucesso de las dos Isabeles. 4 Sucesso de Agueda la
mal casada. 5 Sucesso del rey Evandro. 6 Sucesso de Paulo el Estudiante.
7 Sucesso de Polimo. 8 Sucesso del Estudiante. 9 Sucesso de vn Des-
pensero. 10 Sucesso del Orindo. 11 Sucesso del Alcalde. 12 Sucesso de
los Amantes. — A vna Dama que se preciaua de aborrecida de su Galan,
Assunto, y consonantes forçados (Sonnet). — En vna sospecha porfiada,
poniendose de parte de la razon (Sonnet). — Aprobacion, el P. M. Fr.
Christoual de Torres. — Imprimatur. — Imprimatur. — Al Lector.
Ff. 1-106 r, text; ff. 6 r, - 106 r, Castillo Solórzano's story *El duende de Zaragoza.*

H. S. A.

These undated editions cannot be earlier than 1649, the year in which

El duende de Zaragoza appeared in Castillo Solórzano's *La quinta de Laura.*
The texts of the four are identical; even the same errors in pagination occur
in them all.

1719[*]

ROBLES, ISIDRO DE

VARIOS PRODIGIOS | DE AMOR, | EN ONZE NO-
VELAS | EXEMPLARES, NUEVAS, | NUNCA VISTAS,
NI IMPRESSAS. | LAS CINCO ESCRITAS SIN VNA DE
LAS | cinco letras vocales; y las otras de gusto, y apacible
| entretenimiento. | QUARTA IMPRESSION. | AÑADI-
DOS, Y ENMENDADOS TRES | Casos Prodigiosos. |
COMPUESTAS | Por diferentes Autores, los mejores In-
genios de España. | RECOGIDAS | Por Isidro de Robles,
natural de esta Coronada Villa | de Madrid. | DEDICADAS
| AL GLORIOSO SAN GERONIMO, PADRE, | y Pro-
tector de los Mercaderes de Libros desta Corte. | CON LI-
CENCIA. | EN MADRID: En la Imprenta de Juan de
Ariztia.

Ornamental border.

4to. 4 ff. without fol. + 288 pp. pag.

Preliminary ff.: T.p. — Ded. — Aprobacion, el Padre Joseph Martinez.
Madrid, April 17, 1665. — Licencia. Madrid, April 23, 1665. — Aprobacion,
el Rmo. P. M. Fr. Thomàs de Avellaneda. April, 28, 1665. — Svma de la
licencia. Madrid, Oct. 26, 1718. — Fee de Erratas. Madrid, May 31, 1719.
— Suma de la Tassa. June 15, 1719. — Prologo al lector. — Tabla de las
novelas que se contienen en este Libro. Los dos Soles de Toledo, sin la
letra A. folio 1. La Carroza con las Damas, sin la letra E. fol. 24. La
Perla de Portugàl, sin la letra I. fol. 32. La Peregrina Hermitaña, sin la
letra O. fol. 49. La Serrana de Cintia, sin la letra V. fol. 82. — Las otras
seis. No ay con el Amor Vengança. fol. 117. Los Amantes sin fortuna.
fol. 152. El Picaro Amante, y escarmiento de Mugeres, burlesca. fol. 175.
La Desdicha en la Constancia. fol. 187. Constante muger, y pobre. fol.
215. Los tres maridos burlados. fol. 237. Caso prodigioso primero. fol.
267. Caso prodigioso segundo. fol. 275. Caso prodigioso tercero. fol. 285.

Pp. 1-288, text. 2 cols.

B.N. P. Y² 504.

---

[*] The date of the Tassa.

1725-1738*

ROBLES, ISIDRO DE

NOVELA FAMOSA, | Y EXEMPLAR | NO HAY CON-
TRA EL | AMOR VENGANZA. | RECOPILADA POR
ISIDRO DE ROBLES, | natural de la Villa, y Corte de Ma-
drid. | EN LA QUAL SE REFIEREN LOS TRAGICOS |
sucessos de un Caballero Ingles, llamado Eduardo, por los |
amores de una Dama Inglesa, llamada Isabela, muger de |
el Almirante de Inglaterra, y de el dichoso fin, | que tuvieron
sus trabajosos quebrantos, como verà el curioso Lector. |
Con licencia, en Sevilla: En la Imprenta Castellana, y Latina
| de JOSEPH ANTONIO DE HERMOSILLA, | Mercader
de Libros, en calle de | Genova.

Ornamental border. A woodcut stands above the title, and the words
"4 plieg. y med." on either side of the word Genova.

4to. T.p.+pp. 3-36. 2 cols.

This is the first story of Castillo Solórzano's *Tardes entretenidas*, where
it is entitled *El amor en la venganza*.

B.N. $\frac{R}{14131}$

NOVELA FAMOSA, | Y EXEMPLAR, | LA PERE-
GRINA | HERMITAÑA, | ESCRITA SIN LA LETRA O,
| RECOPILADA POR ISIDRO DE ROBLES, | natural de
la Villa, y Corte de Madrid. | EN LA QUAL SE REFIE-
REN LOS INFELICES | sucessos de Andrès de Cantillana,
y Laura de Cespedes, | naturales de Sevilla, y el dichoso, y
feliz fin, | que tuvieron sus trabajosos quebran-|tos, como
verà el curioso | Lector. | Con licencia, en Sevilla, en la Im-
prenta Castellana, y Latina | de JOSEPH ANTONIO DE
HERMOSILLA, | Mercader de Libros en calle de Genova.

* According to Escudero y Perosso, *Tip. Hisp.*, p. 49, Joseph Antonio de Hermosillo
did printing between 1725-1738.

M

Ornamental border. A woodcut stands above the title.

4to. T.p. without fol. + pp. 3-32 pag. 2 cols.

This is the fourth story of Alcalá y Herrera's *Varios efetos de amor.*

B.N. $\frac{R}{14149}$

NOVELA FAMOSA, | Y BVRLESCA, | LOS TRES MARIDOS | BVRLADOS. | ESCRITA POR ISIDRO DE ROBLES, | natural de la Villa, y Corte de Madrid. | EN QUE SE REFIEREN TRES CHASCOS, QUE | con grande discrecion dieron tres Mugeres casadas à sus Ma-|ridos, por tiempo de Carnestolendas, por alcanzar un premio, | con los mas extraños modos, que la astucia pudo inven-|tar, ni cele-brar, con las circunstancias, que | verà el curioso Lector. | Con licencia, en Sevilla: En la Imprenta Castellana, y Latina | de JOSEPH ANTONIO DE HERMOSILLA, | Mercader de Libros, en calle de | Genova.

Ornamental border. The words "Pliegos quatro" and a woodcut precede the title.

4to. T.p. + pp. 3-32 pag. 2 cols.

Los tres maridos burlados is by Tirso de Molina and found in the *Cigarrales de Toledo.*

B.N. $\frac{R}{14151}$

1727-1733[*]

LOZANO, DR. CRISTÓBAL

*SOLEDADES | DE LA VIDA, | Y DESENGAÑOS | DE EL MVNDO, | NOVELAS EXEMPLARES. | POR | EL DOC. D. CHRISTOVAL LOZANO, | Comissario de la Santa Cruzada | de la Villa de Hellin, y su | Partido, | CORREGIDAS, Y EMMENDADAS EN | esta sexta impression. | CON LICENCIA: | En Sevilla, en la Imprenta

---

[*] Escudero y Perosso, *op. cit.,* p. 50, gives these as the dates between which books are found printed by the widow of Francisco Lorenzo de Hermosilla.

Castellana, y Latina de | la Viuda de Francisco Lorenzo de Her-|mosella (*sic*), en calle de Genova.

8°. 2 ff. without fol + 380 pp. pag.

Preliminary ff.: T.p. — Prologo, Doctor Don Gaspar Lozano Montesinos. — Indice de las Soledades y Novelas contenidas en este Libro. Soledad Primera. p. 1. Soledad segunda. p. 36. Soledad tercera. p. 51. Soledad quarta. p. 89. El mas mal pagado amor, y muger menos constante, p. 152. Todo es Trazas, p. 180. Buscar su propria desdicha, p. 203. Passar mal por querer bien, p. 228. El muerto zeloso, p. 252. Persecuciones de Lucinda, y tragicos sucessos de Don Carlos, p. 273.

Pp. 1-151, text of the *Soledades;* 252-380, text of the *Novelas.*

B.M. 1074 i. 22.

1736*

ZAYAS Y SOTOMAYOR, MARÍA DE

NOVELAS | EXEMPLARES, | Y | AMOROSAS, | DE | DOÑA MARIA | DE ZAYAS, | Y | SOTOMAYOR, | NATURAL DE MADRID. | PRIMERA, Y SEGUNDA PARTE. | CORREGIDAS Y EMMENDADAS | en esta ultima Impression. | Barcelona: Por JOSEPH GIRALT | Impressor, en la plaza de Santa Ana.

4to. 3 ff. without fol. + 536 pp. pag.

Preliminary ff.: T.p. — Aprobacion, el Maestro Joseph de Valdivieso. Madrid, June 16, 1634. — Licencia. Madrid, July 4, 1634. — Licencia. Madrid, Oct. 6, 1735. — Fee de Erratas. Madrid, April, 8, 1736. — Suma de la Tassa. Madrid, April, 9, 1736. — Tabla de las Novelas de la Primera Parte. Introduccion, p. 1. 1 Aventurarse perdiendo, pag. 5. 2 La burlada Aminta, pag. 35. 3 El Castigo de la Miseria, pag. 61. 4 El Prevenido Engañado., pag. 87. 5 La Fuerza del Amor, pag. 119. 6 El Desengaño amada, (*sic*) y premio de la Virtud, p. 133. 7 Al fin se paga todo, pag. 156. 8 El Impossible vencido, pag. 175. 9 El Juez de su Causa, pag. 196. 10 El Jardin engañoso, pag. 213. — Tabla de los Saraos de la Segunda Parte. Introduccion, pag. 226. 1 La Esclava de su Amante, pag. 233. 2 La mas infame Venganza, pag. 268. 3. La Inocencia castigada, pag. 291. 4 El Verdugo de su Esposa, pag. 329. 5 Tarde llega el Desengaño. pag. 340. 6 Amar solo por vencer, pag. 365. 7 Mal presagio casar lexos, pag.

---

* The date of the Tassa.

398. 8 El Traydor contra su Sangre, pag. 423. 9 La Perseguida triunfante, pag. 448. 10 Estragos que causa el Vicio, pag. 502.

Pp. 1-225, text of the *Primera parte;* pp. 226-536, text of the *Segunda
parte.* 2 cols.

B. N. P. 4to Y² 5766.

1759*

TIMONEDA, JUAN

EL DISCRETO | TERTULIANTE. | PRIMERA PAR-
TE | DE LAS PATRAÑAS | DE JUAN DE TIMONEDA,
| EN LAS QUALES SE TRATA | de admirables quentos
graciosos, novelas | exemplares, marañas, y delicadas inven |
ciones para saber contar el sabio, y dis | creto relatador. |
SACADAS SEGUNDA VEZ A LUZ | por Ioseph de Afranca
y Mendoza, quien las | dedica a Don Francisco de Afranca y
Mendo-|za, hijo del Vizconde de San Miguèl de Ote-|ro, y
Capitàn Comandante. | CON LICENCIA En Madrid, en la
Oficina de | Manuel Martin. Se hallarà en la Librerìa de
Pedro Texero, | Calle de Atocha, junto à San Sebastiàn.

8°. 8 ff. without ff. + 252 pp. pag. + 2 ff. without fol.

Preliminary ff.: T.p. — Ded. — Licencia. Madrid, July 6, 1759. — Fee de
Erratas. Madrid, Oct. 10, 1759. — Tassa. Madrid, Oct. 19, 1759. — Prologo
al Lector.

Pp. 1-252, text of the Patrañas. The following 2 unnumbered ff. contain: Indice de las Patrañas contenidas en este Tomo primero, intitulado
el Discreto Tertuliante. Patraña primera, Argentina, y Tolomeo pag. 1.
2. Por su bondad Griselida. pag. 10. 3. Por amor murió el Quistor, pag.
33. 4. Arsenio por ser Amante. pag. 38. 5. Un niño en la Mar hallado.
pag. 59. 6. A causa de cien cruzados. pag. 69. 7. La Duquesa de la Rosa.
pag. 75. 8. Ceberino cautivaron. pag. 89. 9. Por causa de un Cadenòn.
pag. 97. 10. Apolonio por casar, pag. 103. 11. A un Ciego de un retrete.
pag. 164. 12. Una niña à Feliciano. pag. 167. 13. A un muy honrado
Abad. pag. 177. 14. Finèa en haver perdido. pag. 180. 15. Quiso Astiages
por suerte. pag. 195. 16. Julian por ser cabido. pag. 203. 17. Porque decìa
Claudino, pag. 210. 18. Tancredo causò, y Febea. pag. 214. 19. La mala

---

* The date of the Tassa.

madrastra hizo. pag. 229. 20. Por Urbino Federico. pag. 240. — Sonetos de Don Ioseph de Afranca y Mendoza, a Juan de Timoneda.

Patrañas 8 and 21 are omitted in this edition.

B. P. L. D. 160a. 24.

TRANSLATIONS

AGREDA Y VARGAS, DIEGO DE

Novvelles morales, en svitte de celles de Cervantes . . . Tirées de l'Espagnol de Don Diego Agreda, & mises en nostre langue Par I. Bavdoin. A Paris, chez Toussainct dv Bray & Iean Lesvesque . . . M. DC. XXI.

This volume contains only the twelve stories of Agreda y Vargas' *Novelas morales.*

B. N. P. Y² 13105.

CASTILLO SOLÓRZANO, ALONSO DE

Les Divertissements de Cassandre e de Diane, ou les Nouvelles de Castillo et de Taleyro . . . A Paris. Chez Jean Jombert. M. DC. LXXXV.

Contents: Les Desordres de la nuit, ou les freres rivaux — A Fourbe, fourbe et demy — L'Amour se paye par l'amour — L'heureux succes d'un mauvais dessein—La Jalouse d'elle-meme—L'Artifice funeste a son auteur — Les Ennemis reconciliez.

Translated by Vanel. The first five stories of this volume are from the *Alivios de Casandra* of Castillo Solórzano; the two remaining are from the *Auroras de Diana* of Castro y Anaya. The name Taleyro is a corruption of the name of Don Jaime de Talayero, to whom the *Auroras* were dedicated. — Scarron in the *Roman Comique* (1655) had translated three of the novelas of the *Alivios de Casandra*, namely the first, second and fifth of the present collection, whose titles in the original are: *La confusión de una noche, A un engaño otro mayor* and *Los efectos que hace amor.*

B. N. P. Y² 72582-84.

Three ingenious Spanish Novels. namely: I. The Loving

Revenge . . . II. The Lucky Escape . . . III. The Witty Extravagant . . . rendered into French . . . Translated by a Person of Quality [J. D.]. The second edition. London, 1712.

(Citation from the Catalogue of the British Museum. B.M. 12490 aaaa9).

CÉSPEDES Y MENESES, G.
AND LUGO Y DÁVILA, F.

Les Novvelles de Lancelot. Tirées des plus celebres Auteurs Espagnols. Première Partie. A Paris, chez Pierre Billaine . . . 1628.

Contents: Les Esclaues Illustres—Le Rauissement heureux—L'Infidelle cõfidente — La Deuote hypocrite — L'Insolente Belle-mere — L'Hermaphrodite.

Stories 1, 4, and 6 are the following from Lugo y Dávila's *Teatro popular: Premiado el amor constante, Las dos hermanas* and *El andrógino;* nos. 3 and 5 are the first and fourth novelas in Céspedes y Meneses' *Historias peregrinas: El buen zelo premiado* and *Pachecos y Palomeques;* no. 2, unidentified.

B.N.P. Y² 11088.

A novel by Milon Delaville, *Les Frères Jumeaux,* Paris, 1730, which professes to be a "Nouvelle Historique Tirée de l'Espagnol," contains an episode identical with the main plot of *El andrógino* and uses Lugo y Dávila's *El médico de Cadiz* as an incidental story told by one of the characters to another. (B.N.P. Y² 11038).

PÉREZ DE MONTALBÁN, JUAN

Prodigi d'Amore, rappresentati in varie novelle dal Dottore Montalbano. E traportati dallo Spagnolo in Italiano dal P. B. Biasio Cialdini . . . In Venetia, M. DC. XXXVII. Presso Cristoforo Tomasini.

Contains the 8 novelas of Montalbán's *Sucesos y prodigios de amor.*

B.N.P. Y² 11104.

The B.M. Catalogue cites another edition of this translation: Venetia, Tomasini, 1640. (B.M. G. 16456).

Les Novvelles de Montalvan. Traduites d'Espagnol, Par le Sieur de Rampalle. A Paris. Chez Pierre Rocolet . . . M. DC. XLIV.

Contains the 8 novelas of the *Sucesos y prodigios de amor.*

B. N. P.   Y² 11105.

Three of the stories of the *Sucesos y prodigios* were translated into English towards the middle of the seventeenth century: *Aurora and the Prince* (novela 1), Translated by Thomas Stanley, Esq., London, 1647 (B. M.   E. 1146); 2nd edition, London, 1650 (B. M.   E. 1422). — *The Imperious Brother* (novela 3), Translated by Edward Phillips, London, 1656 (B. M. E. 1569). — *The Illustrious Shepherdess* (novela 6), Translated by Edward Phillips, London, 1656 (B. M.   E. 1588). — The fourth novela, *La desgraciada amistad* was printed in English in *A Select Collection of Novels*, etc., London, John Watts, 1729, Vol. II, p. 235, where it is called *The Force of Friendship.*

La Semaine de Montalban ou Les Mariages mal-assortis. Contenus en huit Nouvelles tirées du Paratodos du même Auteur. Traduites de l'Espagnol par . . . A Paris. Chez Gvillavme de Luyne . . . M. DC. LXXXIV.

2 vols.

Contents: Vol. I. L'Amour conjugal—La double infidelité—L'Amazone ou le Faux Brave — La Perseverance heureuse. Vol. II. Le Palais enchanté — La Force du Sang — Le Genereux Bandy — Il ne faut jamais faire de son Maistre son confident.

A ms. note on the flyleaf of vol. 1 says "Traduit par Vanel d'après Barbier." The translator in his preface *Au Lecteur* (vol. I, f. 2) makes the following explanations about the contents of the book. "Ceux qui auront lû le Paratodos de Montalban, auront peine à le reconnoître dans la traduction que j'en ay faite . . . La troisiéme Nouvelle de mon Livre est l'introduction de celui de l'Espagnol; j'y ay adjouté les avantures de L'Amazone, qui sont arrivées a une personne de qualité en Bretagne. La fin tragique de Calderon est tirée de l'Histoire, mais il y a des circonstances qui ont du rapport à une Histoire Moderne. J'ay changé entierement la cinquiéme Nouvelle, qui dans l'Espagnol a pour titre le Palais Enchanté et qui est remplie d'incidens fabuleux. La Force du Sang est une Histoire veritable, aussi bien que celle de l'Amazone. J'ai cru vous devoir donner cet éclaircissement, afin que vous ne m'accusiez pas de n'estre pas un fidelle Traducteur."

B. N. P.   Rés. Y² 2362-2363.

A second edition was printed in 1685: *La Semaine de Montalban, ou Les Mariages mal-assortis* . . . tirées du Para todos . . . Suivant la copie imprimée à Paris. 2. tom. [Amsterdam?], 1685. (B.M. 12513.a.2).

Cf. below, p. 195).

ZAYAS Y SOTOMAYOR, MARÍA DE

Les Novvelles amovrevses et exemplaires composees en espagnol par . . . Dona Maria de Zayas y Sotto Maior. Et traduites en nostre langue par Antoine de Methel Escuier Sieur Douuille . . . A Paris, Chez Gvillavme de Lvynes . . . M. DC. LVI.

This volume is made up of six separately printed stories of Zayas', each, except the first, with its own title-page and all with individual pagination. Contents: La Precavtion inutile — S'aventvrer en perdant — La Belle invisible, ou la constance eprovvée — L'Amovr se paye avec amovr — La Vengeance d'Aminte affrontee — A la fin tovt se paye.

B. N. P. Y² 74799-804.

Mr. E. B. Place, *Doña Maria de Zayas*, etc., p. 12, says that this collection was reprinted in 1685. His authorities are the *Catalogue des livres de Mme de Pompadour*, Paris, 1765, p. 232 and Ristelhuber's edition of D'Ouville's *Contes aux heures perdues*, Paris, 1876, Int. p. xxiv.

Nouvelles de Dona Maria Dezayas Traduites de l'Espagnol . . . A Paris, En la Boutique de G. Quinet . . . M. DC. LXXX.

3 vols.
Contents: Vol. I. L'heureux Desespoir — Aminte trahie, ou l'honneur vangé — L'Avare puny. — Vol. II. La Précaution inutile — La force de l'Amour — L'Amour desabusé, ou la recompense de la Vertu — Vn bienfait n'est jamais perdu — Vol. III. Rien n'est impossible a l'Amour — La Femme Juge & Partie — Le Songe, ou le Jardin enchanté — L'Esclave volontaire.

B. N. P. Y² 11093-4-5 and Y² 74805-07.

Both of these copies are imperfect, the first lacking the title-page of Vol. 2 and the second Vol. III entire.

Scarron in the *Roman comique,* 1655, translated Zayas'
El juez de su causa (Novelas, Pte. I, Nov. 10) and in his
Nouvelles tragi-comiques, 1656, included three of her stories,
*El prevenido engaño, El castigo de la miseria, Al fin se paga
todo* (Pte. I, Novs. 3, 2 and 8).

PÉREZ DE MONTALBÁN, J.
AND ZAYAS Y SOTOMAYOR, M.

A week's Entertainment at a Wedding Containing Six
Surprizing and Diverting Adventures. Viz. I. Monday, The
unhappy Mistakes retrieved by good Fortune. II. Tuesday.
The fatal Mischiefs of unbounded Lust. III. Wednesday.
The inhuman Father and bloody Son. IV. Thursday. The
danger of Back-Doors. V. Friday. The lewd Wife and
perfidious Gallant. VI. Saturday. The generous Robber.
With a most Diverting Introduction: Being an Account of a
Spanish Wedding. Written in Spanish by the Author of Don
Quixot, and now first Translated into English. London
J. Woodward, . . . 1710.

A second title-page immediately following the above is dated 1709.

Not one of the stories in this volume is by Cervantes, although all of
them are translated from the Spanish. They are, in their order, from the
following originals: I. *Al cabo de los años mil,* Montalbán (Para todos,
nov. 1); II. *Los estragos que causa el vicio,* (Zayas, Pte. II, nov. 10); III.
El traidor contra su sangre, (Zayas, Pte. II, nov. 8); IV. Unidentified; V.
Al fin se paga todo, (Zayas, Pte. I, nov. 7); VI. *El piadoso vandolero.*
Montalbán, (Para todos, nov. 3). — The Introduction by E. Ward, author
of the *London Spy,* is a parody of the type of Introduction usually found
in collections of seventeenth-century Spanish novelas.

B. N. P. Y² 11072.

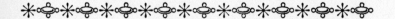

INDEX OF AUTHORS

The dates given in the Index are those of the editions described in the Bibliography. "Tr." after a date means that the work cited is a translation. A question mark shows the approximate year of an undated edition.

ABAD DE AYALA, JACINTO — El más desdichado amante — 1641

AGREDA Y VARGAS, DIEGO — Novelas morales — 1620, 1621, 1621 (tr.), 1724

Cf. *Col. de nov. esc.* — 1794

AGUIRRE DEL POZO Y FELICES, MATÍAS — Navidad de Zaragoza — 1654

ALCALÁ Y HERRERA, ALONSO DE — Varios efetos de amor — 1641, 1671

Cf. below, Robles, *Varios efetos (prodigios) de amor;* also *Col. de nov. esc.* — 1794

ANÓNIMO — Novelas amorosas de los mejores ingenios de España — 1648, 1649, 1650

CAMERINO, JOSEPH — Novelas amorosas — 1624, 1736

Cf. below, Robles, *op. cit.*

CARABAJAL Y SAAVEDRA, MARIANA DE — Navidades de Madrid — 1663, 1728

CASTILLO SOLÓRZANO, ALONSO DE — Tardes entretenidas — 1625

Jornadas alegres — 1626

Tiempo de regocijo — 1627

Huerta de Valencia — 1629

Noches de placer — 1631

Fiestas del jardín — 1634

Los alivios de Casandra — 1640, 1641, 1685 (Tr.)

La quinta de Laura — 1649, 1732

Sala de recreación — 1649

Cf. above, Anónimo, *Novelas amorosas,* etc.; below, Robles, *op. cit.;* also *Col. de nov. esc.* — 1794

203

ALPHABETICAL LIST OF NOVELAS

A causa de cien cruzados	Timoneda	
A lo que obliga el honor	Castillo Solórzano	(See Bibliography, p. 106)
A un ciego de un retrete	Timoneda	
A un engaño: otro mayor	Castillo Solórzano	(Alivios de Casandra)
A un muy honrado abad	Timoneda	
Al cabo de los años mil	Pérez de Montalbán	(Para todos)
Al fin se paga todo	Zayas y Sotomayor	(Novelas, Pte. I)
El amante desleal	Camerino	
El amante liberal	Cervantes	
El amante venturoso	Carabajal y Saavedra	
Los amantes sin fortuna	Lope de Vega	(See Bibliography, p. 150)
Los amantes sin terceros	Piña	(Novelas ejemplares)
Amar por exemplo	Piña	(Novelas ejemplares)
Amar sin saber a quien	Carabajal y Saavedra	
Amar sólo por vencer	Zayas y Sotomayor	(Novelas, Pte. II)
Amar y aborrecer a un tiempo mismo	Anonymous	(Colección de novelas escogidas)
Amor con amor se paga	Castillo Solórzano	(Alivios de Casandra)
El amor en la venganza	Castillo Solórzano	(Tardes entretenidas)
El amor por la piedad	Castillo Solórzano	(Huerta de Valencia)
Del andrógino	Lugo y Dávila	
Antes morir que decir verdad	Salas Barbadillo	(Corrección de vicios)
Apolonio por casar	Timoneda	
Ardid de la pobreza	Prado	
Argentina y Tholomeo	Timoneda	
Arsenio por ser amante	Timoneda	
El asombro de las sombras	de la Vega, Joseph	
El astrólogo capigorra	La Cueva	
Atrevimiento y ventura	Castillo Solórzano	(Noches de placer)
Aurelio y Alexandra	Agreda y Vargas	
Aventurarse perdiendo	Zayas y Sotomayor	(Novelas, Pte. I)

El ayo de su hijo	Castillo Solórzano	(Tiempo de regocijo)
El bandolero	Tirso de Molina	(Deleitar aprovechan-do)
Los bandoleros de amor	Guevara, Luis	
El bien hacer no se pierde	Castillo Solórzano	(Noches de placer)
El buen celo premiado	Céspedes y Meneses	
La burlada Aminta	Zayas y Sotomayor	(Novelas, Pte. I)
El burlado labrador	La Cueva	(See Bibliography, p. 142)
Buscar su propia desdicha	Lozano	
El caballero leal a su señor	Mey	
Cada uno hace como quien es	Lugo y Dávila	
Carlos y Laura	Agreda y Vargas	
La carroza con las damas	Alcalá y Herrera	
El casado por amor	Piña	(Novelas ejemplares)
El casamiento desdichado	Camerino	
El casamiento engañoso	Cervantes	
Los casos acaso	Velázquez	
El castigo de la miseria	Zayas y Sotomayor	(Novelas, Pte. I)
La catalana hermosa	Camerino	
La cautela sin efeto	Castillo Solórzano	(Noches de placer)
Ceberino captivaron	Timoneda	
Celinos y Doña Pestaña	La Cueva	(See Bibliography, p. 142)
Los celos del otro mundo	Guevara, Luis	
Los celos provechosos	Guevara, Luis	
Celos vengan desprecios	Carabajal y Saavedra	
El celoso desengañado	Piña	(Novelas ejemplares)
El celoso estremeño	Cervantes	
El celoso hasta la muerte	Castillo Solórzano	(Noches de placer)
El coche mendigón y en-vergonzante	Salas Barbadillo	(Casa del placer honesto)
El cochero honroso	Prado	
La comadre	Cortés de Tolosa	(Discursos morales)
Los cómicos amantes	Salas Barbadillo	(Casa del placer honesto)
La confusión de una noche	Castillo Solórzano	(Alivios de Casandra)
Cómo fué descubierta la fuente del desengaño	Eslava	
El conde de las legumbres	Castillo Solórzano	(See Bibliography, p. 106)
La constante cordobesa	Céspedes y Meneses	
Constante muger, y pobre	Robles	(Varios efetos de amor)
Los contrapesos de un gusto	Guevara, Luis	
La correspondencia honrosa	Agreda y Vargas	

La crianza bien lograda	Castillo Solórzano	(Fiestas del jardín)
La cruel aragonesa	Castillo Solórzano	(Jornadas alegres)
El cuerdo amante	Moreno	
El culto graduado	Castillo Solórzano	(Tardes entretenidas)
El curioso impertinente	Cervantes	(See Bibliography, p. 89)
El curioso maldiciente	Salas Barbadillo	(Casa del placer honesto)
La dama del perro muerto	Salas Barbadillo	(Corrección de vicios)
El daño de los celos	Agreda y Vargas	
El defensor contra sí	Castillo Solórzano	(Huerta de Valencia) (See Bibliography,
El descanso en el desprecio	Salas Barbadillo	p. 91)
El desdén del Alameda	Céspedes y Meneses	
El desdén vuelto en favor	Castillo Solórzano	(Quinta de Laura)
El desdeñado más firme	Laura Mauricia	
La desdicha de Feliciano	La Cueva	(See Bibliography, p. 142)
La desdicha en la constancia	Moreno	
El desdichado por la honra	Lope de Vega	(La Circe)
El desengañado amando	Zayas y Sotomayor	(Novelas, Pte. I)
La desgraciada amistad	Pérez de Montalbán	(Sucesos y prodigios de amor)
El desgraciado	Cortés de Tolosa	(Lazarillo de Manzanares)
La dicha de Doristea	Carabajal y Saavedra	
La dicha merecida	Castillo Solórzano	(Sala de recreación)
El disfrazado	Castillo Solórzano	(Sala de recreación)
Do defiende Camila el género femenino	Eslava	
Don Floret y Doña Pela	La Cueva	
Dorido y Clorinia	La Cueva	(See Bibliography, p. 142)
Las dos dichas sin pensar	Castillo Solórzano	(Noches de placer)
Las dos doncellas	Cervantes	
Las dos hermanas	Lugo y Dávila	
Los dos Mendozas	Céspedes y Meneses	
Los dos soles de Toledo	Alcalá y Herrera	
El duende de Zaragoza	Castillo Solórzano	(Quinta de Laura)
El duque de Milán	Castillo Solórzano	(Tiempo de regocijo)
La duquesa de la Rosa	Timoneda	
La duquesa de Mantua	Castillo Solórzano	(Huerta de Valencia)
La duquesa de Normandía	Piña	(Novelas ejemplares)
Eduardo, rey de Inglaterra	Agreda y Vargas	
Los efectos de la fuerza	Camerino	

N

Los efectos que hace amor	Castillo Solórzano	(Alivios de Casandra)
El emperador y su hija	Mey	
En el delito el remedio	Castillo Solórzano	(Alivios de Casandra)
Engañar con la verdad	Castillo Solórzano	(Tardes entretenidas)
El engaño en la verdad	Piña	(Novelas ejemplares)
El envidioso castigado	Pérez de Montalbán	(Sucesos y prodigios de amor)
Escarmentar en cabeza agena	Lugo y Dávila	
Escarmiento de atrevidos	Castillo Solórzano	(Sala de recreación)
El escarmiento del viejo verde	Salas Barbadillo	(Corrección de vicios)
La esclava de su amante	Zayas y Sotomayor	(Novelas, Pte. II)
El esclavo de su esclavo	Carabajal y Saavedra	
La española inglesa	Cervantes	
Estragos que causa el vicio	Zayas y Sotomayor	(Novelas, Pte. II)
El estudiante confuso	Sanz del Castillo	
La fantasma de Valencia	Castillo Solórzano	(Tardes entretenidas)
Federico y Ardenia	Agreda y Vargas	
Finea en haber perdido	Timoneda	
Fineza de la amistad y triunfo de la inocencia	de la Vega, Joseph	
La firmeza bien lograda	Camerino	
Las fortunas de Diana	Lope de Vega	(La Filomena)
Fortunas de don Antonio Hurtado de Mendoza	Piña	(Varias fortunas)
Fortunas de la Duquesa de Milán, Leonor Esforcia	Piña	(Varias fortunas)
Fortunas del segundo Orlando	Piña	(Varias fortunas)
La fuerza castigada	Castillo Solórzano	(Noches de placer)
La fuerza de amor	Zayas y Sotomayor	(Novelas, Pte. I)
La fuerza de la sangre	Cervantes	
La fuerza del desengaño	Pérez de Montalbán	(Sucesos y prodigios de amor)
Las galeras del Vende-humo	Salas Barbadillo	(Corrección de vicios)
El gallardo montañés	Salas Barbadillo	(Casa del placer honesto)
Geroncia reyna por ser	Timoneda	
La gitanilla	Cervantes	
Guzmán el bravo	Lope de Vega	(La Circe)
La hermanía	Lugo y Dávila	
El hermano indiscreto	Agreda y Vargas	
Los hermanos amantes	Guevara, Luis	
Los hermanos parecidos	Castillo Solórzano	(Fiestas del jardín)
La hermosa Aurora	Pérez de Montalbán	(Sucesos y prodigios de amor)

Historia de la peña de los dos enamorados de Antequera	de los Reyes	(Para algunos)
El honor recuperado	Castillo Solórzano	(Noches de placer)
La ilustre fregona	Cervantes	
El imposible vencido	Zayas y Sotomayor	(Novelas, Pte. I)
El incendio del galeón de Pompeo Colona	Eslava	
La inclinación española	Castillo Solórzano	(Quinta de Laura)
La industria vence desdenes	Carabajal y Saavedra	
La ingratitud castigada	Castillo Solórzano	(Quinta de Laura)
La ingratitud hasta la muerte	Camerino	
La ingratitud y el castigo	Castillo Solórzano	(Noches de placer)
El ingrato Federico	Castillo Solórzano	(Noches de placer)
La injusta ley derogada	Castillo Solórzano	(**Fiestas del jardín**)
El inobediente	Castillo Solórzano	(Noches de placer)
La inocencia castigada	Zayas y Sotomayor	(Novelas, Pte. II)
El jardín engañoso	Zayas y Sotomayor	(Novelas, Pte. I)
Julián por ser cabido	Timoneda	
El juez de su causa	Zayas y Sotomayor	(Novelas, Pte. I)
La justicia de Celin Sultan gran Turco, y la venganza de Zayda	Eslava	
De la juventud	Lugo y Dávila	
El ladrón convertido a ventero	Salas Barbadillo	(See Bibliography, p. 91)
Lances de amor y fortuna	Castillo Solórzano	(Quinta de Laura)
La libertad merecida	Castillo Solórzano	(Jornadas alegres)
La libertada inocente, y castigo en el engaño	Sanz del Castillo	
El licenciado Periquín	Cortés de Tolosa	(Discursos morales)
El licenciado Vidriera	Cervantes	
Luchas de ingenio y desafíos de amor	de la Vega	
El majadero obstinado	Salas Barbadillo	(Casa del placer honesto)
El mal fin de Juan de Buenalma	Salas Barbadillo	(Corrección de vicios)
Mal presagio casar lejos	Zayas y Sotomayor	(Novelas, Pte. II)
La mala madrastra hizo	Timoneda	
El más cuerdo desengaño	Lizarazu y Berbinzana	
El más desdichado amante	Abad de Ayala	
La más esquiva hermosura	Prado	
La más infame venganza	Zayas y Sotomayor	(Novelas, Pte. II)

El más mal pagado amor, y mujer menos constante	Lozano	
La más prudente venganza	Lope de Vega	(La Circe)
Más puede amor que la sangre	Castillo Solórzano	(Sala de recreación)
El matemático dichoso	Piña	(Novelas ejemplares)
La mayor acción del hombre	Salas Barbadillo	(See Bibliography, p. 91)
Del médico de Cádiz	Lugo y Dávila	
La mejor cura del matasanos	Salas Barbadillo	(Corrección de vicios)
Méritos disponen premios	Zurita y Haro	
El monstruo de Manzanares	Sanz del Castillo	
La muerte del avariento, y Guzmán de Juan de Dios	Sanz del Castillo	
El muerto celoso	Lozano	
El nacimiento de Carlo Magno rey de Francia	Eslava	
El nacimiento de la reyna Telus de Tartaria	Eslava	
El nacimiento de Roldán y sus niñerías	Eslava	
El nacimiento de la verdad	Cortés de Tolosa	(Discursos morales)
Las narices del buscavidas	Salas Barbadillo	(Corrección de vicios)
El negro amor, y el negro amado	de la Vega	
La niña de los embustes	Salas Barbadillo	(Corrección de vicios)
No hay con el amor venganza	Robles	(See Bibliography, p. 150)
No hay desdicha que no acabe	Anonymous	(Colección de novelas escogidas)
No hay mal que no venga por bien	Castillo Solórzano	(Quinta de Laura)
No hay mal que no venga por bien	Castillo Solórzano	(Jornadas alegres)
Novela de un hombre muy miserable llamado Gonzalo	Cortés de Tolosa	(Discursos morales)
La obligación cumplida	Castillo Solórzano	(Jornadas alegres)
El obstinado arrepentido	Castillo Solórzano	(Jornadas alegres)
La ocasión desdichada	Agreda y Vargas	
Pachecos y Palomeques	Céspedes y Meneses	
Pagar con la misma prenda	Sanz del Castillo	
El palacio encantado	Pérez de Montalbán	(Para todos)
Pasar mal, por querer bien	Lozano	
La patrona de las musas	Tirso de Molina	(Deleitar aprovechando)

Los peligros de la ausencia	Camerino	
La pérdida del navío de Albanio	Eslava	
La peregrina	Prado	
La peregrina hermitaña	Alcalá y Herrera	
Los perros Cipión y Berganza	Cervantes	
Persecuciones de Lucinda, y trágicos sucesos de Don Carlos	Lozano	
La perseguida triunfante	Zayas y Sotomayor	(Novelas, Pte. II)
La persiana	Camerino	
El pescador venturoso	Salas Barbadillo	(Casa del placer honesto)
El piadoso bandolero	Pérez de Montalbán	(Para todos)
El pícaro amante	Camerino	
Por amor murió el Quistor	Timoneda	
Por causa de un cadenón	Timoneda	
Por su bondad Griselida	Timoneda	
Por Urbino Federico	Timoneda	
La porfía hasta vencer	Guevara, Luis	
Porque decía Claudino	Timoneda	
Premiado el amor constante	Lugo y Dávila	
El premio de la traición	Agreda y Vargas	
El premio de la virtud	Castillo Solórzano	(Noches de placer)
El premio de la virtud, y castigo del vicio	Agreda y Vargas	
El pretendiente discreto	Salas Barbadillo	(See Bibliography, p. 91)
El prevenido engañado	Zayas y Sotomayor	(Novelas, Pte. I)
Los primos amantes	Pérez de Montalbán	(Sucesos y prodigios de amor)
El príncipe Federico	Lizarazu y Berbinzana	
La prodigiosa	Pérez de Montalbán	(Sucesos y prodigios de amor)
Progne y Philomena	de la Vega	
El pronóstico cumplido	Castillo Solórzano	(Noches de placer)
Próspera y adversa fortuna del Tirano Guillermo de la gran Bretaña	Piña	(Varias fortunas)
El proteo de Madrid	Castillo Solórzano	(Tardes entretenidas)
Qué son dueñas	Guevara, Luis	
Quien bien anda, en bien acaba	Sanz del Castillo	
Quien bien obra, siempre acierta	Carabajal y Saavedra	

Quien fué el esclavo Bernart	Eslava	
Quien todo lo quiere, todo lo pierde	Castillo Solórzano	(See Bibliography, p. 106)
La quinta de Diana	Castillo Solórzano	(Tiempo de regocijo)
La quinta de Laura	Castillo Solórzano	(Novelas amorosas de los mejores ingenios de España)
Relación del caso de Águeda la mal casada	Velázquez	
Relación del caso de donayre que sucedió a Lorindo en el Aldea	Velázquez	
Relación de la lastimosa pérdida del Reyno de Ebandro	Velázquez	
Relación del suceso trágico de Polimo y Sigeldo, su hijo	Velázquez	
Riesgo del mar y de amar	Aguirre del Pozo y Felices	
Retratos de la confusión y confusión de los retratos	de la Vega	
Rinconete y Cortadillo	Cervantes	
El señalado	Prado	
La señora Cornelia	Cervantes	
La serrana de Sintra	Alcalá y Herrera	
La soberbia castigada	Camerino	
La soberbia del Rey Niciforo, y incendio de sus naves	Eslava	
El soberbio castigado	Castillo Solórzano	(Huerta de Valencia)
El socorro en el peligro	Castillo Solórzano	(Tardes entretenidas)
Sucesos trágicos de Don Enrique de Silva	Céspedes y Meneses	
Tarde llega el desengaño	Zayas y Sotomayor	(Novelas, Pte. II)
Todo es trazas	Lozano	
La torre encantada	Anonymous	(Colección de novelas escogidas)
Los trabajos y cautiverio del Rey Clodomiro y la pastoral de Arcadia	Eslava	
El traidor contra su sangre	Zayas y Sotomayor	(Novelas, Pte. II)
Los tres hermanos	Navarrete y Ribera	
Los tres maridos burlados	Tirso de Molina	(Cigarrales de Toledo)
La triunfante porfía	Camerino	
Los triunfos de la verdad	Tirso de Molina	(Deleitar aprovechando)

La vengada a su pesar	Prado
La Venus de Ferrara	Carabajal y Saavedra
El verdugo de su esposa	Zayas y Sotomayor (Novelas, Pte. II)
El viejo enamorado	Agreda y Vargas
La villana de Pinto	Pérez de Montalbán (Sucesos y prodigios de amor)
La voluntad dividida	Camerino
La vuelta del ruiseñor	Castillo Solórzano (Fiestas del jardín)

BIBLIOGRAPHIES CITED

Brunet, J.-Ch. Manuel du Libraire. Bruxelles, Société Belge de Librairie. 1838-1845. 5 vols.

Escudero y Perosso, Fr. Tipografía hispalense. Madrid, Sucesores de Rivadeneyra, 1894.

Gallardo, B. J. Ensayo de una biblioteca española de libros raros y curiosos. Madrid, Rivadeneyra, 1866-1889. 4 vols.

Givanel i Mas, Joán. Catàleg de la Col·leció cervántica formada per D. Isidro Bonsoms i Sicart i cedida per ell a la Biblioteca de Catalunya. Por Joán Givanel i Mas. Barcelona, Institut d'Estudis Catalans. 1916-1925. 3 vols.

Graesse, J. G. T. Trésor de livres rares y précieux. Berlin, Joseph Altman. 1922. 7 vols.

La Barrera y Leirado, C. A. Catálogo del teatro antiguo español. Madrid, Rivadeneyra, 1860.

Nicolás Antonio. Biblioteca nova. Madrid, Ibarra. 1783-1788. 2 vols.

Palau y Dulcet. M. Manual del librero hispano-americano. Barcelona, Librería anticuaria. 1923-1926. 5 vols. (A-O).

Ríus, L. Bibliografía crítica de las obras de Miguel de Cervantes Saavedra. Madrid, Murillo. 1895-1904. 3 vols.

Salvá y Mallen, P. Catálogo de la biblioteca de Salvá. Valencia, Ferrer de Orga. 1872. 2 vols.

Serrano y Sanz, M. Apuntes para una biblioteca de escritoras españolas desde el año 1401 al 1833. Madrid, Sucesores de Rivadeneyra. 1903-1905. 2 vols.

This book is
VOLUME EIGHT
of the Anniversary Series published in
Commemoration of the Fiftieth Anniversary
SMITH COLLEGE, NORTHAMPTON, MASS.,
and printed by THE SOUTHWORTH PRESS
of Portland, Maine
MDCCCCXXVII